“十三五”职业教育新能源汽车专业“互联网+”创新教材

电动汽车总装技术

景平利 李倩龙 刘振博 主编 / 罗灯远 主审

“互联网+”创新教材

机械工业出版社
CHINA MACHINE PRESS

西藏农业信息发展建议与对策

尹中江　魏　虹　王晶静　主编

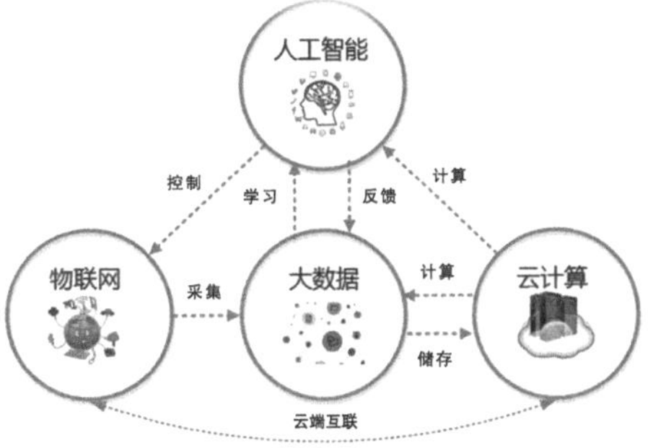

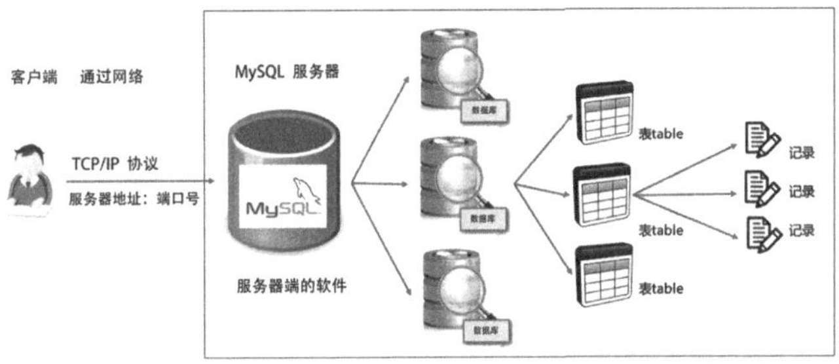

中国农业科学技术出版社

图书在版编目（CIP）数据

西藏农业信息发展建议与对策 / 尹中江，魏虹，王晶静主编 . 一 北京：中国农业科学技术出版社，2022.12

ISBN 978-7-5116-6011-4

Ⅰ. ①西… Ⅱ. ①尹… ②魏… ③王… Ⅲ. ①信息技术－应用－农业发展－研究－西藏 Ⅳ. ① F327.75-39

中国版本图书馆 CIP 数据核字（2022）第 211798 号

责任编辑 陶 莲
责任校对 李向荣
责任印制 姜义伟 王思文

出 版 者 中国农业科学技术出版社
北京市中关村南大街 12 号 邮编：100081
电 话 （010）82109705（编辑室）（010）82109702（发行部）
（010）82109709（读者服务部）
网 址 https://castp.caas.cn
经 销 者 各地新华书店
印 刷 者 北京建宏印刷有限公司
开 本 185 mm × 260 mm 1/16
印 张 11
字 数 240 千字
版 次 2022 年 12 月第 1 版 2022 年 12 月第 1 次印刷
定 价 80.00 元

#《西藏农业信息发展建议与对策》

编 委 会

主　　编：尹中江　魏　虹　王晶静

副主编：罗黎鸣　巴桑普赤　聂迎利　黄海皎　孔令博　林　巧

参编人员（以姓氏笔画为序）：

王晶静　尹中江　巴桑普赤　孔令博　西热强马　曲　吉

危文波　米玛普尺　张永鹏　林　巧　罗黎鸣　聂迎利

黄海皎　梁艳华　廖文华　魏　虹

前 言

信息技术飞速发展，海量信息和数据伴随着我们的生活，渗入到每一个领域、每一个行业、每一个角落之中，也成为工作、生活、经济、发展等不可或缺的生产要素，深深地融入并成为我们生活的一部分；伴随互联网（互联网+）、物联网、4G、5G等技术的发展，深刻影响着我们的思维、工作、生活……，各种新思想、新技术等孕育而生，由于数据的数量大、类型多、时效快、价值密度低的特点，也产生了海量数据的数据挖掘、数据分析、数据算法、数据预测、数据智能、数据安全、数据再利用等新方法、新工具，成为了新发展的重要内容、展现了一个全新的时代。农业信息技术发展、农业大数据、农业物联网、农业人工智能等先进技术不断创新与应用，加快加剧了传统农业向现代农业迈进、转型的节奏步伐；国内许多科研院所、科研企业也不断在农业信息化领域开拓创新，取得了许多成果，也为农业生产实践活动提供了技术依据、技术方法、技术模式等；无论是社会和国家，还是企业和个人，都要深刻理解其必要性和紧迫性，科学决策，新技术的研究、投入、应用正当其时；当前在技术变革中，要更加注重技术应用的安全性、数据的安全性、数据拥有权、隐私性保护等问题，保持战略定力，均是开展各项工作的安全基石。

保护好西藏生态环境，提高生态环境治理水平，推动青藏高原生物多样性保护，切实保护好地球第三极生态，坚定不移走生态优先、建设人与自然和谐共生、绿色发展的西藏现代农业之路。从事西藏农业生产、农业科研工作，决不能忽视西藏农业所面临的具体问题、不忘西藏农牧民实际困难。依靠最新农业技术成果、依靠技术带动，加强技术引导、推进农村全面小康不松劲，努力实现西藏的粮食安全、农业增效、农民增收，实现西藏广大农牧民致富过上幸福小康新生活，推动新时代西藏农业高质量发展！

西藏南起北纬26°50′，北至36°53′，西起东经78°25′，东至99°06′。气候上由于地形、地貌和大气环流的影响，独特且复杂多样；海拔梯度变化剧烈，导致即使是同一行政区划内，局部气候也差异强烈；由于自然条件、交通运输、高寒缺氧、人才资源等因素影响，造成农业基础、农业设施、农业技术、农业信息、农业人才、农业研究领域，同国内其他地区存在着明显的差距。本书形成的西藏农业信息建议与对策，可加快西藏现代农业战略定位、战略布局、战略决策，利于其阶段规划、具体策划、分步展开、定点实施，为西藏农业现代化发展，提供了新契机、新思路、新技术、新方法，为加快建设西藏农业信息化的步伐提供了新思路和新策略。

全书共分六篇及展望和结语。在篇章的安排上，以农业大数据应用为重点，由农业大数据可操作应用拓宽为基础，贯穿了农业物联网、农业人工智能与智慧农业和农业区块链等前沿技术发展的内在必然联系。第一篇阐述了大数据起源、国内外发展现状、创新阶段及发展趋势，并列举一些实际应用案例，使读者对农业大数据有一个整体了解；通过介绍国内不同研究领域，不同应用方向以及实际研究应用情况，论述了国内农业大数据技术方法、取得的相关技术成果等，以供不同农业工作部门、工作层次的学者对西藏农业开展农业大数据的相关研究时参考；第二篇阐述了农业物联网的国内外发展现状及发展趋势，让读者对农业物联网有一个总体的了解；第三篇阐述了农业人工智能与智慧农业的国内外发展现状、发展趋势及创新阶段；第四篇阐述了农业区块链等其他前沿新兴技术的发展趋势情况；第五篇分析了西藏农业信息发展中存在的一些实际问题；第六篇依据作者从事西藏农业研究的工作经历、工作经验提出发展西藏农业信息的一些建议、措施和对策；在展望和结语部分，针对农业大数据存在的问题，向读者展示了西藏发展农业信息化还有许多实际问题要克服、解决。

全书是以西藏自治区科学技术协会2021年立项的“西藏农业信息发展建设对策与措施”调研咨询报告为底本，对相关内容进行修订、增删、修补、充实。成书的过程中，查阅了大量学术资料，以2000—2020年20年间学术研究成果为主线，尤其偏重2010—2020年10年间的学术研究成果，经过排查和筛选，从农业大数据学位论文259篇中，筛选98篇；从农业物联网学位论文766篇中筛选82篇；从农业人工智能学位论文250篇中筛选14篇；从智慧农业学位论文538篇中筛选48篇；同时，翻阅参考了14本信息网络等专业学术著作；查阅筛选了1 103篇相关学术期刊论文，再根据学术内容，针对符合西藏农业的工作方法、经验进行相关取舍；结合查阅相关百度百科等网页资料；在智慧农业工作实例中，参考了中国农业科学院农业资源与农业区划研究所邹金秋老师的研究成果及资料，还结合了一些项目材料，并结合了作者的一些西藏实际研究工作成果及实际工作情况。针对西藏农业研究工作，筛选、归纳、汇集、凝练、提升，总结提取更利于西藏农业发展，可供直接或间接利用的学术知识、学术方法、研究案例、试验研究步骤方法等，最终形成了本书。

成书过程中，得到了中国农业科学院农业信息研究所魏虹、王晶静、聂迎利、孔令博、林巧老师的大力支持和帮助；感谢西藏自治区科学技术协会对本工作的支持；感谢西藏自治区作物学会、西藏自治区农牧科学院农业研究所和从事本书研究工作同仁的全力支持。

虽然作者在全书的撰写过程中投入了大量的时间和精力，进行了许多努力，但因作者自身知识水平和能力所限，书中难免有错误和不足之处，敬请读者指正。

作　者

2022 年 7 月 16 日

目录

第一篇 大数据与农业大数据

大数据（Big Data，IT 行业术语），或称巨量数据，是指涉及的资料量规模巨大，大到了已经无法用当前的技术和工具来处理，数据成为制约产业发展的瓶颈因素，从而产生数据革命。对数据的处理包括收集、整理、分类、存储、分析、预测和输送等方面，以达到在合理时间内撷取、管理、处理，并整理成为解决管理、资讯、经营与决策参考资料的目的。在维克托·迈尔－舍恩伯格及肯尼斯·库克耶编写的《大数据时代》中，大数据指不用随机分析法（抽样调查）这样的捷径，而采用所有数据进行分析处理。大数据具有 5V 特点（IBM 提出）：Volume（大量）、Velocity（高速）、Variety（多样）、Value（低价值密度）、Veracity（真实性）[1]。

农业大数据（Agricultural Big Data）是融合了农业地域性、季节性、多样性、周期性等自身特征后产生的来源广泛、类型多样、结构复杂，具有潜在价值并难以应用通常方法处理和分析的数据集合。农业大数据保留了大数据自身具有的规模巨大、类型多样、价值密度低、处理速度快、精确度高和复杂度高等基本特征，并使农业内部的信息流得到了延展和深化。农业大数据是大数据理念、技术和方法在农业的实践。农业大数据涉及耕地、播种、施肥、杀虫、收割、存储、育种等各环节，是跨行业、跨专业、跨业务的数据分析与挖掘，以及数据可视化。农业大数据由结构化数据和非结构化数据构成，随着农业的发展建设和物联网的应用，非结构化数据呈现出快速增长的势头，其数量将大大超过结构化数据[2，3]。

在大数据时代下，农业生产仍然存在诸多未解决的问题，这不仅会对农业生产、智慧发展产生诸多局限性，同时也会对农业生产造成诸多影响，因此，只有针对问题展开分析，才可以寻找出有效解决方式。基于此，将会针对大数据时代下大数据＋物联网、互联网＋智慧农业生产等问题展开分析，进而制定出大数据＋物联网、互联网＋智慧农业生产等解决建议，旨在为相关工作人员提供借鉴方法、参考和帮助。

在大数据时代下，互联网已经成为现代社会、领域、生产等方面发展的主要因素，在这一基础下，促使现代农业也开始逐渐向着互联网、智慧等方向快速发展，同时互联网不断发展虽然为现代社会与农业发展带来诸多契机与便利，农业在大数据环境背景发展趋势下，农业大数据、农业物联网、智慧农业等仍然存在诸多问题，例如：职业农民培训体系不健全、种植结构尚不完善、科技推广难、科技脱贫致富工作还需完善等问题，这类问题最终就会成为限制农业发展的重要因素，只有从根本上解决这类问题，才可以有效实现大数据时代下互联网＋智慧农业生产[4]。

1. 国际发展现状及趋势

1.1 云计算和Hadoop技术孕育而生

云计算①（Cloud Computing）又称为网格计算，是分布式计算的一种，指的是通过网络“云”将巨大的数据计算处理程序分解成无数个小程序，然后通过多部服务器组成的系统进行处理和分析，这些小程序得到分析结果并返回给用户。简单地说，就是通过分布式计算，解决任务分发，并进行计算结果的合并。云计算可以在很短的时间内（几秒钟）完成对数以万计的数据的处理，从而实现强大的网络服务功能。

Hadoop 技术②是一个由 Apache 基金会所开发的分布式系统基础架构。用户可以在不了解分布式底层细节的情况下，开发分布式程序。充分利用集群的威力进行高速运算和存储。Hadoop实现了一个分布式文件系统(Distributed File System)，其中HDFS(Hadoop Distributed File System) 是一个组件。HDFS 有高容错性的特点，经过设计后，能够实现在低廉的硬件上进行部署；可以提供高吞吐量来访问应用程序的数据，很适合那些有着超大数据集的应用程序。HDFS 放宽了 POSIX 的要求，可以以流的形式访问文件系统中的数据。Hadoop 的框架最核心的设计就是：HDFS 和 MapReduce。HDFS 为海量的数据提供了存储，而 MapReduce 则为海量的数据提供了计算[5]。

随着人类对现实世界认识的不断深入，伴随着信息量的增大和新认知的产生，相应产生了海量数据处理、计算、存储问题。云计算是 IT 领域、各行业应用中最受关注的解决此类问题的焦点方法和应用技术。从 1980 年就开始被研究、被使用的虚拟化技术和分布式系统等是云计算所使用的相关技术，也是一直延续至今仍然使用的技术。云计算作为一种发展技术，并不能算作新技术，而是以分布式系统和分布处理技术为基础，主要是融合了计算能力、存储、网络等进行组织管理的虚拟化技术的一种新构架。基于云计算这样的新构架，经过实际应用化发展，成为重要的技术服务工具。

云计算技术的发展初期，是以其基础设施服务及解决方案等作为解决问题的方法和工具逐步开始发展的，代表性案例有亚马逊（Amazon）的 EC2（Elastic Compute Cloud，http://aws.amazon.com/ec2/）、S3（Simple Storage Service，http://aws.amazon.com/s3/）和 Citrix（www.citrix.com）等服务。亚马逊公司是通过计算、网络、存储等方面的虚拟技术，开始向客户租赁计算、网络、存储等资源的所谓“公共云”事业的公司。通过对各项资源的利用，逐渐能够进行海量数据的分析，正因为拥有处理海

① 百度百科 . 云计算 . [EB/OL]. https://baike.baidu.com/item/%E4%BA%91%E8%AE%A1%E7%AE%97/9969353?fr=aladdin。

② 魏祖宽，刘兆宏，基于 Hadoop 的大数据分析和处理 [M]. 北京：电子工业出版社，2017，1-12。

量数据的能力，从而在大数据领域占据了主导地位。现在的亚马逊，正和 Hadoop 一起，重心逐渐向可以在分布环境中处理数据的大数据领域转移。在这之前，对于不断累积的业务数据的处理一直是困扰了很多企业的难题。Facebook、Twiter 这样积累了大量客户数据的公司，Google、Yahoo 这样提供搜索引擎服务的公司，都面临着海量信息的处理难题。这些企业需要面对与处理大量的数据，所面临的共同问题是不能只通过单一高性能的服务器来处理，导致难以及时有效地处理、解决，解决办法就是将数据分散（分发）到多个服务器，由多个服务器同时处理，而分布式处理技术才开始受到广泛关注。在众多处理技术中，Hadoop 是目前最受瞩目、应用范围最广的技术。

Hadoop 拥有适合处理大数据的最完美分布式环境，更加受人们的关注，在 Yahoo（雅虎）、Facebook（脸书）等很多世界知名的大公司中已经得到了使用。同样 Hadoop 还具有能够通过自有的分布式环境平台进行大数据处理的很多优势：①通过为数据处理提供存储、计算资源等高效化的管理工具，从而能够处理更多任务；②根据使用者（用户）的需求，提供可扩展为无限大的存储空间和计算资源，同时能够更快地处理更多的数据；③通过多个服务器间的协作，能够自动检测到服务器故障，实现无间断工作。作为拥有大量优势和不断发展的新架构，可以说 Hadoop 已经占据了云计算核心轴的地位，分布式文件系统可算作云计算的核心要素。Hadoop 是将多数的计算机、存储资源，用网络连接后形成整套系统的一项技术。使得分布式系统不仅可以进行大容量的数据存储和管理，同时能够很快地处理海量的复杂计算。Hadoop 作为代表性的分布式系统由分布式文件系统和分布式处理系统构成。分布式文件系统能将在单一服务器不能处理的海量数据，通过数千个（或更多数量）服务器，以网络捆绑的形式进行使用，就好像是一个系统只保有一个服务器一样。分布式处理系统能同时将存储在不同服务器的数据进行并行处理。集众多优势于一体的 Hadoop 构架，能支持从数据存储到数据处理过程中一系列分布式系统上的操作，Hadoop 构架是分布式系统的领跑者。

Hadoop 是大数据实用操作应用最广泛、典型的技术之一。Hadoop 在近来的许多开放源码项目中受到了广泛关注，更为重要的是 Hadoop 通过开源代码形式提供了软件平台产品。它跟开源代码的代表产品 Linux 一样，受很多企业关注，不断在解决问题的实际应用中改变、发展、提升、优化。

1.2 Hadoop 的起源

Hadoop 起源于 2002 年的网页搜索引擎 Apache Lucene（Lucene 项目又可被称为 Nutch 的前身）项目。而在此之前的 1999 年，正是网络的暴发性增长阶段。由于网络的发展，导致数据量呈等比级数增长，从网页上筛选文档中所需要文本的技术开始兴起。这项技术促成了 Lucene 项目的开始，通过技术应用，可以迅速地从海量的文本中搜索出信息。Doug Cutting（Hadoop 之父）利用这项技术，开发了可以从网络中筛选文本的 Lucene

项目，Lucene项目的开源代码公开化奠定了Nutch和Hadoop的开发基础。早在2002年Lucene项目开始的初期，只有Altavista、Lycos、MS、Google等大型门户网站才拥有搜索引擎技术，因为搜索引擎技术直接决定了公司技术和利益，还涉及公司的内部机密，因此绝不会对外公开。出于这样的情况和原因，Hadoop的创始人Doug Cutting和Cafarella产生了开发搜索引擎开源代码的想法。此后，两位创始人为了维持10亿页规模的索引，每月投入了3万美元的运营费用和每年50万美元的研发费用，用于开发搜索引擎技术，在这之后，于2004年在ACM Queue杂志上，报道了研发成功的搜索引擎Nutch（Building Nutch:Open Source Search）。以Nutch作为开端，Doug Cutting开始了公开式搜索引擎的开发，公开式搜索引擎向全世界提供开源代码，此举措奠定了Hadoop诞生的基础。2004年，Google也发表了关于分布式计算框架MapReduce的大规模数据并行处理技术的论文。Doug Cutting根据Google提出的设计思想，用Java设计出一套与Nutch分布式文件系统（Nutch Distributed File System，NDFS）相结合，且支持其从Nutch中分离出来的系统，并将其命名为“Hadoop”。至此，Hadoop作为Apache最大的一个开源项目，成为以Hadoop分布式文件系统（Hadoop Distributed File System，HDFS）和MapRduce为核心的大数据处理平台和生态系统，该系统包含了HBase、Hive、Zookeeper等一系列相关项目。2012年3月，美国政府正式启动“大数据发展计划”，充分利用大数据技术在科学研究、环境、生物医学等领域进行技术突破。2013年，Aaron McKenna应用大数据分析技术，利用MapReduce架构嵌入基因分析工具集GATK来处理和分析DNA序列海量数据，取得了较好成效。2013年末，中国计算机学会（CCF）发布了《2013年中国大数据技术与产业发展白皮书》，介绍了大数据应用的现状并探讨了大数据技术研究面临的科学问题，提供了政策指导和研究建议[6]。根据Mohammedet等（2018）采用Hadoop的模糊处理方法进行以下操作：①处理农业气候的大量数据，利用了1983—2016年埃及的农业气候历史数据库中作物种植日期、收获日期、预期疾病和作物需水量等数据，使用了Hadoop大数据分析功能；②分析作物种植业的后续跟踪情况，研究人员根据Hadoop模型，对一些作物进行了测试，预测在种植期间可能出现的疾病；③根据埃及的历史农业气候数据库和模拟方法，发现在一些气候环境下种植小麦比大豆和豆类更适合；④协助制定农业战略规划，Hadoop大数据方法有助于制定特定地点的任何作物的种植计划；⑤提高了作物种植过程的盈利能力，利用Hadoop中Hive运算方法，可以很好地处理庞大数据；⑥进行分析预测，作为未来的工作，预测的方法将在作物种植过程中发挥更多、更重要的作用[7]。

1.3 国际应用案例

1.3.1 美国农业大数据发展

美国是世界上的超级大国，在农业信息化建设中具有代表性作用。在20世纪末，美国最早将互联网运用到农业当中，随着经济和技术的不断发展，渐渐形成一套以政府为首，主导、引领 5 个信息机构并行的三级（国家、州、地区）农业信息化网络体系，至今已开发出了数千个具有不同特色的农业信息化网络系统，数量之多为世界之最。大数据、云计算、物联网等技术在农业方面的应用日渐增多；农业专业化、系统化高，不同的农作物或者不同的生产阶段建立了专门的计算机生产管理系统；管理部门和农户建立了高速网络，为农户在生产经营过程中遇到的问题提供专家决策分析和数据采集处理服务[8]。

当 Google 利用分布式环境开发出了强大的搜索引擎时，Yahoo 正处于搜索引擎发展停滞不前的阶段，当时构成 Yahoo 搜索引擎的 4 部分为：①抓取全世界网页的 Crawling 部分；②将收集到的网页进行关系构建形成 Map 的 WEBMap 部分；③创建搜索索引的索引器部分；④运行用户 Query 的 Runtime 部分。之后，Yahoo 搜索引擎的效果与搜索质量逐渐落后于 Google，最终失去了搜索引擎的王位。Yahoo 为了超越 Google 的搜索引擎，必须采取相应的方法和技术措施，不得不寻找或开发出新的、优异的搜索方法。时间到了 2006 年 2 月，Hadoop 从 Nutch 项目开始独立后，引起了 Yahoo 的关注，Yahoo 公司聘请了 Hadoop 的创始人 Doug Cutting。Yahoo 在 WEBMap 构建上使用了大型的服务器集群，并且在相关工作及其他部分相应建立了 Hadoop，使 Yahoo 成为全球最大使用 Hadoop 集群的公司。Yahoo 在 Hadoop 的规模上使用与配备了 4 万多台服务器，匹配配置有超 10 万多个 CPU 构成的 Hadoop 集群运行环境，其中最大的一个 Hadoop 集群环境则由 4 500 个服务器构建成，解决了 Yahoo 搜索引擎难题，同时也促进了 Hadoop 的应用发展。Facebook 则使用 1 100 个服务器和 12 PB 的存储空间搭建了集群环境，使用了 300 个服务器和 3 PB 的存储空间构建的生成分析集群环境。这些集群的用途为：将 Facebook 自身创建的日志存储到 Hadoop 中，并将这些日志资料进行分析后对整个系统进行分析。打开终端，然后访问主页 https://hadoop.apache.org/ 时，上面有许多 Hadoop 构建集群的内容介绍。

2015 年 3 月，美国召开了一年一度的农业前景论坛，年度论坛的主题为“21 世纪的智能农业”，大数据对农业未来发展的影响是本届论坛要讨论的核心与重点。美国农业部首席经济学家罗伯特 · 约翰松表示，大数据技术的产生引发了农业生产、供应链和全球农产品市场革命性变革的技术与原动力。在 2009 年，奥巴马政府开始实施推进“开放政府”工作，推出了一个美国官方的公共数据资源分享网站：https://data.gov/，开放网站的设立目标是全面开放美国联邦政府拥有的数据，提供便利方便广大美国公民收集与应用联邦政府的相关数据，推进信息民主化进程，提高政府效能。公众可以登录 Data.gov 网站，并且能够方便地找到联邦、州和地方包含农业、教育、气候、公共安全、能源、金融、健康、制造业、海洋等多个方面的各种数据——用户可自行下载，进行数据研究、应用程序开发、数据可视化设计等。

打开主页（https://data.gov/），涉及农业的内容包括：农贸市场地理数据、农贸市场数据库、气候数据在线、恶劣天气数据、饲料谷物数据库、全国农民市场目录、农药数据项目等诸多农业领域数据，这些数据可以帮助农户与企业进行农业投资决策、农业创新和政策策略调整。如果访问用户对农业生产、食品安全、农村发展、营养、自然资源、地区食品系统等感兴趣，在网页内，也可以找到需要的内容。网站的创新点在于，在将原始数据收集并达到使用目的后，封存于电脑中不再使用。现在将这些项目数据开放给公众，公众可以根据自身需求，进行下载使用，使数据被二次使用，再次发挥了数据应有的作用。同时，政府作为一个服务型机构不可能在所有方面都处于领先专业地位，数据开放后专业数据分析公司可对数据进行深入挖掘，使数据被精细化使用。总体看来，美国政府开放数据、整合共享、加工利用、数据再挖掘，提升了数据的价值和潜力，也利于用户随时、方便地获取各类数据[9]。

美国农业采用“大数据 + 互联网”方法，提升了农业生产效率和效益，在管理与维护方面，仅使用了 1% 的农业人口，就维护完成了美国庞大的农业生产体系，不仅满足了美国本土需要，还能实现对外大量出口。主要体现在：①大数据进大田。国际种业巨头投入巨资，利用大数据支持农业决策领域。孟山都（Monsanto Company）、杜邦公司（DuPont Company）将自己开展的农场决策服务平台与农业数据进行对接，帮助农业提高产量和利润；②农机智能化。运用大数据技术，能让农民使用移动设备管理农场，随时查看、掌握农场的土壤温度、环境温度和作物生长状况等数据，提高了管理的准确性、精确性。智能化提高了作业质量，将单粒播种用量的比率提高到 99%，实现了精确化播种、用种，农民还可以实时监控播种的准确率[10]。

在美国，拥有微软（MicroSoft）、Google（谷歌）、EMC（易安信）、SAP（思爱普）、FaceBook（脸书，现 Meta（元宇宙））、Twitter（推特）/Splunk（盛庞卡）等世界一流企业，在美国发展农业大数据有先天优势和强劲动力。美国作为大数据的原发地和创新引领者，大数据发展水平一直处于世界领先地位，走在世界前列。2009 年，美国“开放政府”开放了 https://data.gov/ 关键部分；2011 年 9 月 20 日，白宫“开放政府国家行动计划 1.0”正式启动，第一次向社会公开 26 个开放政府项目；2012 年 3 月，美国从国家层面，再次推出“大数据研究与开展计划”，这是继“信息高速公路（Information High Way）”之后美国的又一重大科技部署；2012 年 5 月，美国数字政府战略发布，提供给美国民众政府信息和公共服务；2012 年 11 月，在 Data.gov 方面，又增加开放共 388 529 项原始数据、地理数据，内容涉及农业、气象、交通、能源、人口统计、教育、医疗、金融、就业等大约 50 个门类；2013 年 5 月，奥巴马签署了第 13642 号总统行政令，又将数据公开纳入政府的义务范围（旨在保护隐私安全与机密性）；2013 年 12 月，“开放政府国家行动计划”发展到 2.0 版本，又增加了 23 个政府开放项目；2014 年 1 月 17 日，美国讨论、分析了“大数据”和公民隐私交集后，综合评估了已经带来的和将会带来的新问题；2014 年 3 月，美国政府向全社会开展公开征询意见，希望民众从不同层面、不同角度、不同方面提出看法，旨在为政府的大数据战略献计献策。在美国农业方面，通过已经进行了150多年连续性的农业数据规范建设，形成了具有美国特色的农业数据，其建设成效具有以下特点：①农业数据内容全面。农业生产、经营、管理、农产品价格、农业生产效率、农业支出、农业生产成本和国外农业现状等数据全面、规范；②农业数据格式要求规范。制订了规范的农业数据处理方法和严格的信息发布制度；③农业数据库类型全。2012年在册的数据库就有3万多个，如AGRICOLA、AGRIS、BP、PestBank等；④农业数据库的开放与共享，受益于美国完善的立法管理体系。在法律体系保护下，依法保障农业知识产权、农业数据开放与共享等。世界头号种子商孟山都公司，拥有全球最大种质资源和海量产量数据。2014年，孟山都公司结合并购后Climate Corprariton公司的数据库，开发了一套美国精准种植系统。通过这套精准种植系统，来收集、分析与农业生产相关的天气、土壤、水源、作物等方面的数据信息，为农业生产者提供最佳解决方案，农民可以在系统中查询本农场所处的区域、了解种植什么、种什么品种、什么条件下长势最好等信息；2015年3月，孟山都公司在这套精准种植系统的基础上，又开始在伊利诺伊、爱荷华、加利福尼亚和艾奥瓦这4个州，推出Climate Basic™、Climate Pro™两个网络平台和手机软件服务应用平台，进行推广使用。通过两款应用平台，来分析降水、土壤数据、病虫害情况等，从而开展指导农民合理种植、科学使用农药、科学合理施肥、合理灌溉、预测种植农作物的产量、降低管理风险等方面的农事活动；其正在研发“指导性种植技术”，通过收集整理来自农户的海量数据，为农户制作出精确的农业耕种指导方案，向农民提供种子最佳种植地点、所需肥料数据和最适宜种植密度等信息。2013年11月，作为美国（世界）领先的农机设备提供商——约翰·迪尔公司，利用公司技术优势，结合农业大数据，不断致力于实现农业全过程、全流程生产与管理工作。约翰·迪尔公司通过与杜邦先锋（DuPont Pioneer）合作生成“决策服务（Decision Services）”系统。在农机设备使用上，利用大数据分析软件给出的信息，自动地指挥农机执行工作；受控的机器、设备将会按照设定的路线，完全自动化进行播种、施肥、打药等指令工作；农机还可根据土地的松软程度，自动调节播种动作，以便使所有种子处于同样的深度；通过全流程的精细耕作和精打细算，极大地节约了种子、化肥、水、农药等投入，把各种原料的使用控制在科学精确的程度，让农业经营按工业流程一样连续地进行，从而实现规模化经营[11]。

美国农业大数据先进的技术、管理策略和措施等，大大地促进了美国在农业大数据、农业物联网、农业智能化、精准农业等先进技术的发展，为农业大数据应用实践等方面提供了数据支撑、创新引领等优越条件和基础。

1.3.2 英国农业大数据发展

英国在农业信息化建设方面，同样具有丰富的技术成果和经验。2013年，英国政府启动“农业技术战略”，将大数据、信息技术作为提高农业产量和效率的关键，联合研究机构和大学，共同建设农业大数据服务中心，为所有参与者提供数据共享和成果利用服务。

英国政府的重要战略部署，也是要大力发展大数据，在战略措施上、资金和政策上要大力支持，推动大数据发展，推行数据公开，提供数据给企业和研究机构利用。英国政府的官方公开数据网站为 https://data.gov.uk/；网站提供了政府共享数据，使数据容易获取和利用；网站数据内容方面，包括英国水文局（United Kingdom Hydrographic Office）、国家统计局（Office for National Statistics）、社区与当地政府部门（Department for Communities and Local Government）、北爱尔兰空间数据基础设施（Northern Ireland Spatial Data Infrastructure）、环境局（Environment Agency）、英国环境食品部（Department for Environment）和农村事务部（Food and Rural Affairs）等部门的数据，涵盖政府、政府支出、社会、城镇与城市、健康、教育、交通、环境、测绘、商业与经济等方面信息，可以为用户提供 GSV、XLS、HTML、WMS、PDF 和 XML 等各种规范格式的数据下载服务[12]。

在政策规划方面，2013 年 8 月 13 日，英国政府发布了《英国农业技术战略》，在该战略规划中提出，在农业技术投资方面，要把对农业大数据的投资放在关键、核心位置，重点推进英国的农业科技商业化。英国政府在资金方面提供保障，英国政府拿出专项资金 6 000 万英镑，用于农业高新技术的研发，支持农业大数据的应用，促进农业技术转化为农业生产力，建设目标为落实英国首家“农业技术创新中心”的建设，长远目标为争取把英国建成世界级的农业信息强国[13]。

1.3.3 德国农业大数据发展

早在 20 世纪 50 年代，德国就开始着手发展农业信息化，发展到 20 世纪 70 年代时，经过多年的不断建设，形成了德国特色的基本农业信息化体系。在德国的农业信息化建设中，非常重视农业专业化、科技含量两个方面的建设，将农业计算机技术普及与应用作为工作的重中之重，在农业生产中，农户都会使用计算机及相关设备[14]。

2015 年，德国依据农业资源与国情现状，在工业 4.0 的基础上提出农业 4.0。在德国，农业建设发展的优势为：农业基础设施较为发达、农业气候适宜、农业水资源丰富；劣势为土地资源和农业劳动力资源相对不足。德国在农业大数据建设的明显成效为：①农业的智能化与精准化实现率高。在基础信息数据获取方面，以德国农业 4.0 为基础，拥有先进的遥感技术、地理信息系统和应用卫星系统，可完成土地面积、自然环境等数据的采集、存储、分析、加工，土地资源的管理、规划，作物测产；在农业补贴政策、土地利用规划、精准农业方面，能提供技术保证和数据支撑；作物生长方面，通过自动化控制室，操纵农业机械，精准完成诸如播种、施肥、除草、采收、畜禽精准投料与饲喂饲养、数字化奶牛挤奶等；农业信息数据库和环境监测数据库建设，便于农户及时获取农业信息和咨询服务，提高了农业生产率；②农业全产业链协同化。在农产品的生产、加工、流通等所有环节，已形成协同产业体系，大大提高了商品率和劳动生产率；③实现农民职业化、专业化和富庶化。德国农民的技术培训多样，通过教育和培训，农民实现了专业化和职业化；在职业化农民的经营下，农业多功能化特征明显，经济收益来源广，实现了富庶化；据德国联邦统计局统计，农民年收入可达 24 万元；④农村的可持续化发展动力强。注重农村生态化、城镇化的顶层设计和规划，在农业生产全程方面坚持绿色、循环生态，改善了农民生活、生态环境；实行轮作和间作等农技措施，农区严格实施《土地整治法》，制定跨企业的一体化措施和严格的农业环境保护政策，设立欧盟专项资金，德国具有十分完善的农业生态补偿体系，从有机化肥、有机农业病虫害防治，到生态农产品的加工、运输等各环节，涉及农业生产的各个方面；德国农业 4.0 战略，充分体现了智能化优势和成效；有效地解决了德国农业资源的限制，实现了农业产业智能化、精准化、高标准化、农村生态化，使农村环境优美适宜居住、休闲和旅游[15]。

1.3.4 日本农业大数据发展

日本数字农业起步早、取得的效果好。凭借强大的工业制造能力和先进的生产理念，从 20 世纪工业化时代就开始了农业机械的普及应用。综合应用成效来看，技术融合和社会需求共同推动了日本数字农业的发展和壮大。①在技术融合方面。新一代信息技术发展，促进了农业数字化转型发展。在日本，信息通信技术（Information and Communications Technology，ICT）在农业上的广泛应用，较好地实现了数据资源的互联、共享和服务、挖掘数据价值、更好地服务于农户、服务于农业市场；在 2014 年，日本农林水产省就与大型信息技术企业，如日本电气股份有限公司（NEC）、富士通株式会社（Fujitsū Limited）等企业合作，推动了农业大数据平台建设；2017 年 4 月，日本农林水产省正式确立并启动“农业数据协作平台（Agricultural Data Collaboration Platform，WAGRI）”研发建设工作；2019 年 4 月，WAGRI 正式上线运行。WAGRI 已在全日本 69 个事业联合体进行了推广，涵盖了 40 个县（府），区域覆盖率达到 85%，涉及粮食、蔬菜、水果、畜产、花卉、药材等大多数日本本土农产品。WAGRI 用户不仅包括大型跨国企业巨头，如日本电气股份有限公司（NEC）、日本久保田株式会社（Kubota）、洋马株式会社（Yanmar）等，还包括日本本土新成立的农业信息技术公司（如 Vegetalia、Inochio、Routrek Networks 等），该平台实现了数据互联、共享、服务三大功能，为信息通信技术（ICT）在农业上的应用和数字农业的发展提供了全国性的数据支撑[16]。②在社会整合方面。日本农业耕地面积非常有限，农业资源相对匮乏，是全球老龄化速度最快的国家之一。影响发展最大的因素是劳动力短缺与人口老龄化两个问题，最好的解决办法就是发展数字农业、发展智能农业。2013 年，日本 65 岁及以上人口达到 3 100 万人，占总人口的比重为 25.1%。人口的老龄化程度高、老龄化速度快，直接造成了劳动力短缺和劳动力高龄人口比例大的问题，导致了日本对农业信息化的需求更加强烈，加之大量农村年轻劳动力流向城市，加重了农村老龄化，导致农村生产的后续力不足。为解决老龄化和劳力不足问题，日本利用云端技术与大数据开发智慧农业，保障农业供给安全，提高农作物的品质和生产效率；日本农业协同组合是日本农业与农村经济社会的核心组织，经过协同组织，已经统计了 1 800 个“综合农业组合”的农业数据，通过推行农业大数据应用，进行农产品的生产数量和价格行情预测系统，为农户提供精确的市场信息、生产品种，对产量数据进行分析，农户通过“农协”发布的行情预测，可以及时地调整生产品种和数量，使农业资源得到充分的分配，实现收益最大化；促进农业数据的收集，农业协同组合在农业大数据的应用中发挥了巨大的作用，为农业大数据的进一步利用奠定了基础。

日本农业数据协作平台（WAGRI）的 4 个成效：①预测方面。实现了水稻、果树、蔬菜、大豆等作物精准监测和病虫害发生的早期预测，为精准施肥、打药和平衡供给提供了数据支撑；②资源利用方面。实现了农机数据汇聚和共享，提高了农机智能化水平和农机资源利用水平；③信息技术服务方面。利用气候、土壤、生长预测等有关的数据，为农民提供管用受用的一站式、一张图 ICT 服务，提升了农业产业的科技含量；④智能农场方面。将田块地形图、土壤数据、生长预测系统数据、网格气象数据运用至农场管理系统上；合理安排作物生产计划，实现远程监控操作，节本增效明显；持续开展推进农业领域实现社会 5.0（超级智能社会）。已在日本宫崎县西南部的“都城”市农场和大棚生产中，通过云计算技术和应用农业大数据，使用传感器技术，对每天的温度、雨量、农田的照片、施肥等数据和农产品各项指标进行实时监测，供农户随时调取、分析和管理。

总之，日本将农业视为维持生命的工业，以数字农业技术创新了传统的农业生产、经营、管理和服务方式，实现了智能化、产业化、高效化生产，为解决劳动力缺乏、行业风险高、生产效益低等问题提供了一套可行的解决思路和方案。

1.3.5 澳大利亚农业大数据发展

澳大利亚十分重视农业的发展，政府主导、倡导建立了服务于农业的专门网站和专业系统，收集海量数据，通过使用网络与农户之间建立关系；还建立起基于大数据和地理信息系统的官方农业网站，农户可以方便地获取全年每一块土地的气象、土壤等数据，来进行农作物种植、畜牧养殖决策；通过大数据技术及其他信息技术，为农户提供具体农产品和区域市场预测、价格走势、产量预测等个性化服务；对农田实施全天候的遥感监测，将实时获取的数据与历史数据进行对比分析，开展数据挖掘，为农户提供决策参考数据；运用信息技术来实现对自然资源、农业生态环境、病虫灾害、作物栽培、仓储等方面的精确监测和预警，通过使用农业大数据等信息技术，建立更加完善的农业统计与决策机制；着力发展精准农业等现代化农业的发展与应用[17]。

澳大利亚在农业大数据时代的背景推动下，在市场经济的浪潮中，通过发展建设，组建了一支“产、学、研”相结合的农业分析团队。团队具备先进理论、掌握高新科技、广泛开展国际合作等多功能的能力。澳大利亚在农业信息、分析成果方面，多渠道、多形式进行发布，采取既通过网络在线传播，也通过传统出版物线下服务，既有数据信息，又有分析预测，但形式多样的分析报告都具有固定的发布时间。在农业监测预警工作方面，颁布有《澳大利亚普查和统计法》，农业信息采集工作有法可依，确保了数据的权威性；为更好地采集、管理、挖掘利用每天产生的大量数据和信息；澳大利亚专门发布了国家大数据战略，在继续推进传统分析方法、分析工具、分析产品不断革新的基础上，积极用大数据理念、方式、技术，开展农业信息的采集与挖掘利用，不断完善农业生产和农产品市场运行的监测预警分析体系，有效指导农业生产，引导市场运行，取得了良好成效；通过澳大利亚农业部牵头，澳大利亚农业与资源经济服务局（ABARES）组织实施，在信息收集、分析与发布各环节都有明确的部门分工，工作效率及时高效；在农业应用、农业未来等工作方面，依据各地区特点，由农民、行业协会等开展相关农事活动。澳大利亚农业基础信息主要有农业资源环境信息、气候信息、经济信息、社会信息等；农业基础信息工作，主要由澳大利亚联邦和各州政府统计局、农业部、联邦科学与产业研究组织（CSIRO）、气象局、各州农业局等政府机构完成；例如通过气象局网站上发布水资源、气候等资源信息，供农户使用；专业信息方面，主要有农产品市场信息、农场生产信息、农场土壤质量信息等；专业信息主要由相关政府部门、协会、公司等组织相关农产品生产的农场主、商户等共同完成；在澳大利亚国家统计局开发信息采集系统、卫星观测和地理信息系统，收集自然资源、气候等方面信息；大范围、全天候、实时采集地面信息，开展土地利用状况监测、作物测产、土壤调查和气象预报等；通过使用机器人、自主系统、无线通信系统、高效灵敏传感器、计算模拟系统等，不断地提高数据采集分析精度和准确性；在澳大利亚海洋部门装有 30 多个传感器和无线设备的新型海洋调查船，大大提高了海洋信息的收集和处理效率，服务于农户和生产；将大数据应用于澳大利亚农场，农场中 95% 的计算机都安装了信息采集和测产系统：例如通过 CSIRO、气象局与盖茨基金合作，收集、处理相关信息，为行业 2 000 多家合作伙伴提供服务[18]。

1.3.6 以色列农业大数据发展

以色列农业发展的自然资源条件极度匮乏。内盖夫沙漠（荒漠）地区占据（超过）了一半以上的国土面积，荒漠化的土地是不适合进行农作物种植的；全国境内仅有一条河流——约旦河，虽然大半的水利资源被用来进行农业耕种，但仍有一半左右的耕地得不到良好的灌溉。但就是在这样的条件之下，以色列科技人员依靠大数据等信息技术的兴起，依靠先进的信息化技术和创新能力，使以色列的农业得到了前所未有的发展，以色列打造出一个具有鲜明特色的智能化的农业发展模式。

以色列在农业大数据发展方面的几个特色：①国家农业科研机构为研究主体。在高新技术农业机械发展方面，有着较高的信息化和数字化基础，利用计算机对农业生产管理进行精准调控，如灌溉、施肥、温度和湿度等，将高科技化为农业发展的主要推动力，促进了农业生产并且提高了产物质量。②通过农业科技公司大力发展农业大数据技术来解决农业资源节约利用问题。一些科技公司也在积极探索精准农业的新技术，以以色列智慧农业科技公司（Taranis）为例，其利用大数据技术，开发出一种天气预测、农田灌溉和病虫害模拟防治技术模型，通过开发出的技术方法模型，再利用遥感、农作物生长信息、天气信息、病虫害分布信息等一系列的大数据资源来建立农作物生长模型，采用可视化方式预测农作物发生病虫害的风险系数，提醒农户根据预测情况来调节农药的喷洒量，达到作物增产、降低花费成本的目的。通过这项技术，农民能够根据气候变化等可视化的预测数据，更进一步调节灌溉设备的阈值及方向、化肥及杀虫剂使用量等，增加产量并降低成本。这些公司以较高的信息化和数字化基础，推出农业应用中处理大数据的新方法，为以色列精准农业的发展提供了真实、可靠的数据，从而有效地保障农业生产的精准化[19]。③农业方面有比较高的信息化基础。农业信息技术公司可以较为便捷地获取各种农业数据信息，能够利用大数据技术帮助农户解决农场中所遇到的问题。④大力发展节水农业。在以色列，由于受到地理环境以及气候的影响，全年的降水量少而且分布不均匀，以色列所面临的一个巨大挑战就是如何利用更少的水资源生产出更多的农产品。以色列农业科技人员根据本国的实际情况，开发出一套埋藏式灌溉技术，该技术把输水管道埋藏在地下 50 cm 处，运用安装在土壤当中的温湿度传感器结合农作物的生长规律，由计算机将这些信息汇总分析，自动控制灌溉程度。⑤政府持续加大农业科技等资金投入。以色列政府每年在农业科技方面的投入达上亿美元，在全国各地设立专门的实验机构来负责研发符合当地条件的种植技术和智能化农业机械，同时鼓励农户在生产经营中使用最新的农业技术和设备。⑥加强与国际之间的合作。以色列十分重视在农业方面与国际之间的交流与合作，包括技术培训、科研项目合作、专题研讨等一系列活动，还在一些国家设立专业化的示范农场。在 2003 年，以色列就与中国合作，在新疆地区建立中以干旱地区农业示范中心，每年双方都会派技术人员参加交流培训，培训内容包括农田灌溉、农作物种植、禽畜养殖等方面[20]。

1.3.7 韩国农业大数据发展

2013 年，韩国发布政府 3.0 计划，进入政府数据开放建设阶段；同年 10 月，韩国行政安全部按照政府数据制定了两套规章法案，它们是韩国在 2013 年为政府 3.0 建设推行的主要政策，两者配合，构成了韩国政府数据主动开放的执行体系。韩国颁布了《政府机关开放公共数据义务条例》，通过此“条例”对政府及公共机关原始数据主动开放制定了明确计划，具有强制性。该条例对中央及地方 1 547 个公共部门制定了 3 395 种基础数据开放计划，计划到 2017 年扩大到 9 470 种基础数据，公众可以通过公共数据门户（https://www.data.go.kr/）或机构网站获取信息。韩国还颁布了《公共数据供给与利用促进法》，此“促进法”作为前者的监督执行依据及敦促条例，起到了监督及保障作用；它是韩国公共及职能部门在开放数据过程中应遵循的主要规章制度，计划至 2016 年前主动完成 60% 的政府数据开放目标；2014 年，国家主要经济革新工作重点放在政府数据开放，再颁布了《创造经济三年计划》《公共机构公共数据活性化利用法案》两个法案，将公共机构、民间普通法人的所有公共数据纳入国民数据提供义务体系中，加快促进了韩国数据开放；2015 年，韩国为进一步加大促进政府 3.0 的建设，又颁布了《云计算发展法案》和新版的《个人数据保护法》，将数据开放接轨云计算设立专项计划法案；针对网络安全、个人信息泄露、黑客攻击等行为制定法律保障体系，这两个法案为韩国数据开放产业发展奠定了坚实基础；2017 年，是韩国实施政府 3.0 计划的最后一年，依据推进工作实施以来的结果，再结合数据开放建设现状及新问题，新发布了《国民信息安全法》（修正）、《公共数据开放标准》两个法案，这两个法案是健全新时期的数据开放的保护法案。2017 年底，结合韩国《第四次工业革命主要技术水平评估报告》，韩国政府数据开放程度与 2013 年相比，数据开放量增加了 4 倍，数据开发程度达到了 74%，数据下载量增加 92 倍。实际应用案例有 2 个方面：①信息网安全服务方面的“国民服务”。推进的 3.0 计划对国民生活影响较大的 20 多个方面公开数据，分为生活、交通、海洋三大分支；②生活服务方面。生活信息综合服务，以 3D 技术为基础，打造 Door to Door 导航，从移动广告、智能导航、购物等方面提供综合性新服务，规避传统导航弊病；突发灾难预防领域中（以核电泄露）情况，将全国核电站选址与运行情况公开，配备警示环境安全、辐射防灾应对、引导灾害疏散指南等服务选项；提供的家庭医生“银色护理服务”，针对有老年人的家庭提供医疗保健和购物信息服务，还可根据老年人个体病史、高发病等情况制定疾病预防、救治专属方案等个性化的服务[21]。

在韩国，积极使用 Hadoop 的代表性企业有 Gruter 和 KT Cloudware 等。Gruter 将 Hadoop 欠缺的监视功能进行补全后，开发出将监视功能和 Hadoop 一同协作的 Cloudmon 产品，并且还具有独自分析能力的社会化网络服务 SNS（Social Networking Service）的解决方案产品——Seenal，该产品使用 Grubot 数据收集器收集需要分析的 SNS 数据，使用 Bamboo Flume 处理已收集的 SNS 数据，并使用 Hadoop 对处理后的数据进行分析。KT Cloudware 保有的一体式产品 NDAP 可以利用 Hadoop 对数据进行分析，该产品用 Hadoop 可以一次性完成大数据收集、数据挖掘、数据存储和数据分析。与 Seenal 一样，NDAP 不仅集中于 SNS 数据，还提供了范围广泛的数据分析工具[22]。

1.3.8 印度农业信息化建设

作为世界人口数量排名第二的国家，印度有 80% 的人口从事农业生产经营，农业在印度的国民经济体系中占有重要地位，农业的好与坏影响着印度的经济发展水平。在印度，发展农业的天然优势有三点：①气候条件适宜；②多于 50% 的土地适宜耕种；③多数地区（区域）能一年三熟。由于历史客观原因，导致了印度农业发展停滞不前，为了解决发展问题，印度政府积极开展了 5 次系列改革：①“绿色革命”。自 20 世纪 60 年代，开展“绿色革命”以来，促使印度基本实现粮食的自给自足；②“白色革命”。自 20 世纪 70 年代的“白色革命”，使得印度的牛奶产量和消费量激增；③“蓝色革命”。自 20 世纪 80 年代的“蓝色革命”让印度的海洋捕捞和水产养殖有了新的生机；④彩色革命。自 20 世纪 90 年代的

“彩色革命”为印度的水果和花卉产业增添了新的活力；⑤第二次“绿色革命”。发展到21世纪初，印度又进行了第二次“绿色革命”，针对第一次过度使用化肥、农药，滥用地下水资源等突出问题，充分利用印度在计算机软件产业上的优势，在印度国内各区设立了农业信息中心，收集农业相关数据，实现全国涉农信息的传递和共享；加强利用以大数据和云计算等信息技术为基础的生物技术培育高产、抗病虫害的农作物品种，改良作物灌溉系统，使得粮食产量进一步提高，生态环境也有了一定的改善。

印度在发展农业大数据方面，完善农业体制，形成了“研、学、产”结合的态势。①在农业研究领域方面。印度拥有48个国家级的农业研究院、30个农业研究中心、5个农业研究局和551个农业科技中心，逐渐形成教育、科研和生产三位一体、产学研结合的态势；②在农业教育方面。在各个邦中，拥有41个农业大学，各个大学在教育上主要负责培养农业所需的人才和农业技术推广工作，重视农业信息技术人才的培养，多方培养多种信息技术人才，每年培养的信息技术人才超过100万人；③在农业建设方面。印度还将农户利益和需求放在首位，为了保障农户的利益，把印度国内7 000多个农产品批发市场统一串起来，政府先后建立了农产品行情分析系统、网上售卖系统、市场预测系统等一系列有利于市场公平交易的农业信息化系统，实现了农产品在全国范围内流通，避免因市场信息闭塞导致农户自身利益的损失，最终更容易使农户获得较高的利润[23]。

1.3.9 沃尔玛的数据构建管理模式

沃尔玛在数据管理上有许多典范式的管理经营模式和成功经验案例。沃尔玛的优质服务和高销售额，使很多企业都争相研究其管理方面的方法和经验。但沃尔玛进入中国市场后，其零售行业发生了很大的变化。实际上，很多人并不了解也不知道，沃尔玛的核心之一是其管理经验，尤其是建立的科学化的数字管理模式，沃尔玛通过对数据进行分析来解决销售过程中的问题，提高顾客的满意度。沃尔玛在管理上对员工进行各方面的能力培训，其中要求所有的工作人员都要学会微笑，见到顾客的时候保持标准的微笑，来提高消费者满意度和销售额。

在实际的消费行为中，其实原本顾客在逛超市的时候，很多顾客并没有购买意识和购买愿望，购买动机都是随机的、偶然的，很可能会是因为一个降价的标志，最终导致购买了很多原本没有想要购买的商品。例如，在超市里蔬菜、肉类和食用油的销售比例为100∶80∶10，沃尔玛则通过“即时干预”管理法，对大型超市的科学营销进行管理。当顾客想要购买大米的时候，就会顺带购买做菜需要的蔬菜、油、各种调味品等；当顾客在购买洗衣粉的时候，就会想到购买卫生纸、香皂等日用品；假如，在超市里正常的蔬菜、肉类和食用油的销售比例为100∶80∶10，但销售的数据结果却是100∶40∶10，则说明肉类销售出现了异常；管理中就应当先检查肉类销售区，查看原因，分析是价格、陈列的问题，还是质量问题；根据原因及时调整、控制和改善，从而达到科学、数字化管理的目的。沃尔玛等国际型企业的职业管理思维惯式是“相信数据，用数据说话”。企业管理人的经验和感觉经常会与事实有所偏差，而在大数据时代，无论做什么工作，管理者都需要学会用数据做管理，而不是凭感觉。沃尔玛将大量的数据整合分析之后发现一条规律：各商品之间其实具有一定的相关性，通常为互补品关系，管理好商品之间的联系，就会提高商品的销售量；销售等问题其实都可以通过数量化思维解决，通过数据分析做出正确的决策，从而让企业处于良性发展中[24]。

2. 国内发展现状及趋势

2.1 国内大数据发展的 4 个阶段

国外大数据在政府政策规划下，在产业应用、大数据前沿技术、大数据产业等多方面得到了新发展；在国内，大数据发展跟踪国外发展的同时，不断筹划发展战略，迎来了新的发展机遇与挑战。大数据产生海量的数据资源是推动经济发展和社会进步的基石，不断丰富、透明、完善的农业大数据资源是加快农业信息化建设步伐的前提[25]。大数据是信息技术发展融合的新动力、新热点和新引擎，正深刻影响着经济和社会的发展；正不断促进国内各行业大数据产业的发展，数字经济的快速发展深刻影响着国内大数据产业、政策规划、大数据技术等建设特征[26]。

从传统数仓到当前数据中台的演进过程中数据中台是大数据的核心组成，在国内大数据的发展大致可划分为四个阶段[27,28]。

2.1.1 四个发展阶段

2.1.1.1 第一阶段（2005—2010 年）

21 世纪开始的前 10 年，企业级数据仓库（Enterprise Data Warehouse，EDW）从萌芽到蓬勃发展，“IOT” [IBM（International Business Machines Corporation，国际商业机器公司或万国商业机器公司）、Oracle（甲骨文公司）、Teradata（天睿公司）这 3 家公司]，占领了大部分市场，可提供数据仓库建设从硬件、软件到实施的整体方案。这个时期的数据仓库实施不仅需要购买大（中、小）型机，配套商用的关系型数据库 [Oracle（甲骨文数据库）、DB2（IBM Db2 数据库）、SQL Server（微软 SQL Server 数据库）] 以及一些 ETL/OLAP 套件，实施成本相对高昂，数据仓库建设主要集中在金融、电信、大型零售与制造等行业。

数据仓库的应用主要通过为企业提供报表、分析等相关数据，辅助企业的经营决策。像电信行业的经营分析系统、银行的风控管理等，都是这个期间比较典型的应用。

2.1.1.2 第二阶段（2010—2015 年）

2010—2015 年为大数据平台阶段，移动互联网的飞速发展带动了大数据的发展。其中 Hadoop 生态技术开始逐步在国内大范围使用，企业只要基于 Hadoop 分布式的计算框架，使用相对廉价的 PC 服务器就能搭建起大数据集群。

数据湖的概念也在这个阶段诞生。这个阶段主要是为减少传统数仓较为复杂的中间建模过程，通过接入业务系统的原始数据，包括结构化、非结构数据，借助 hadoop 生态强大计算引擎，将数据直接服务于应用。这个阶段不仅是金融、电信这些行业，国内主流互联网企业也纷纷搭建起了大数据平台。

大数据应用更为丰富，应用上已经不单局限于决策分析，基于 APP/ 门户站点的搜索推荐，以及通过 A/B Test 来对产品进行升级迭代等是这个阶段常规的应用点，用户画像在这个阶段也得到了重视，被主要应用于企业的营销、运营等场景。

2.1.1.3 第三阶段（2015—2020 年）

这个阶段为数据中台以及云上大数据阶段，经过 10 多年不断的技术积累，大数据在方法和组织的变革上也有了新的变化与发展趋势，主要体现在以下几个方面。

（1）数据统一化

核心思想是将数据流转的所有环节进行统一化，如从采集到存储到加工等过程，在这些过程中通过建立统一的公共数据模型体系、统一的指标与标签体系，提高数据的标准性、易用性，让数据本身更好地连通，提升数据使用效率。

（2）工具组件化

数据在采集、计算、存储、应用过程中涉及许多业务线条和场景，将这些场景与工具（采集工具、管道工具、数据服务工具、数据管理工具、计算 & 调度工具、可视化工具等）进行固定固化，研发出通用、高效的组件化工具，避免重复开发，降低研发成本。

（3）应用服务化

早期的大数据应用，在数据调用方面比较混杂，有些直接访问数仓中的数据表，有些调用临时接口等。通过建设数据中台的应用服务化，提供标准的应用服务，以数据可视化产品、数据 API 工具等服务，支撑应用的灵活调用。

（4）组织清晰化

大数据团队内部组织和职责更加明确、清晰，通常按照职责分为平台（工具）研发、数据研发、数据产品、数据分析等不同组织。数据中台团队专注于数据内容与数据平台开发，提供各种功能数据的能力模块，而其他部门人员如业务产品、运营、分析等角色，只需要借助工具 / 产品有效地使用数据，发挥其价值，不用关注数据加工的过程，做到各尽其职，充分发挥各自专长，同样也能达到降本提效目的。

2.1.1.4 第四阶段（2020 年至今）

（1）数据中台的组织与建设

数据中台方法的升级与变革，更多是利用技术的进步更好地支持这些升级变革，进而形成了以数据平台 + 数仓（数据湖等）为主导 / 主流。数据中台的建设也需要相应的成本与门槛，例如集群搭建、工具建设等。

（2）数据中台的数据共享、数据重复利用建设

作为数据中台建设中最为关键的一个功能和步骤，它能够实现在数据中台管理下拥有形成共享数据组和公共数据组等。实际上共享复用并不是大数据发展的一个新功能，在早期数据仓库（建立公共数据模型）大数据平台（研发一些组件化工具）的建设中，就有满足共享复用的目的。

（3）数据中台的价值是数据的应用

将数据应用到各个角落，除了之前可以支撑的决策分析以外，大数据与线上事务系统（OLTP）的联动场景非常多。例如，在电商平台查询个人所有历史订单，再比如一些刷单、反作弊的实时拦截，以及一些实时推荐等，这些功能的实现都是通过将数据的运算交给数据中台部门处理，前台部门直接通过 API 进行结果调用。通过数据中台的集中化建设也能更好地支撑起创新业务，例如，通过大数据 + 分析建立起商业化数据变现产品，进行数据售卖，把数据变成新的业务。

（4）规范数据中台建设标准、管理标准

数据中台本身是一个新鲜事务，但还没有标准，在发展过程中，建立标准、规范管理，才能更好地发挥其效率与作用。从目前的建设效果来看，很多公司在数据中台建设中有不错的成效（尤其是大中型公司），数据中台整体思路得到了验证。2015 年，在数据中台基础上，阿里公司又提出了的数据双中台的概念，是其中又一个重要组成。阿里作为先驱者，提供了数据中台架构，包含多种建设思路等概念及内涵。

（5）提高云计算能力、丰富云计算内涵与功能

云计算的发展可以快速提供数据中台建设的能力，例如企业不用自己搭建机房，使用云计算的弹性计算存储能力以及丰富的工具，就可以支撑数据中台的快速搭建。

2.1.2 大数据研发趋势与关注点

2.1.2.1 提效

目前所研发的工具可以把绝大部分数据研发工作线上化，将来借助 AI 等能力，实现数据处理中包括开发、运维的自动化，提升处理效率。

2.1.2.2 灵活

流批一体化是一个发展趋势，包括流处理与批处理自由切换。

2.1.2.3 降本

降本是影响大数据研发的一个重要关键因素，针对数据建设成本来考虑，控制数据研发链路的成本，在数据建设的早期通常不太引起关注，随着数据量的不断积累，往往存储、计算成本会成为瓶颈。

2.1.2.4 算力

算力是影响大数据研发的另一个关键因素。算力的不断提升，有可能会颠覆一些传统数据建设的思路。当前 Google、IBM 和阿里都在研究量子计算，将来的数据中间层（比如数仓的公共模型）是否可以考虑虚拟化（比如只保留规则 & 数据结构），具体数据内容在应用发起时，即调即用，更多时候可以不需要占用存储资源。

2.2 国内快速发展阶段、创新发展阶段与创新趋势

随着技术的进步，经济节奏加快，海量信息和数据的分析、存储、数据化等问题，使得国内大数据进入了快速发展时期。

阿里巴巴数据化运营的快速发展与创新“方法”是一种典型的代表。阿里巴巴的秘密就是简单又有效的三法：①找数据；②数据沟通；③数据运营与分享。

2.2.1 第一法 找数据

2.2.1.1 数据分析师是非常重要的一个因素

企业、机构要实现其经营目标，离不开数据分析，更离不开数据分析师。数据分析师最懂分析何种数据，如何分析。很多数据分析师在专业领域数一数二，但是空有一肚子的理论，缺乏商业意识。企业分析数据的时候，如果不懂得究竟要运用哪些数据去分析，就会成为“盲人”。“盲人”数据分析师分析得出的数据对企业是有害的，因为分析结果对企业决策层没有任何的参考价值，甚至会起到相反的作用。

2.2.1.2 数据分析的价值是挖掘有用的数据信息

（1）有价值的数据信息对企业、机构的发展是非常重要且必要的

作为一名具有商业意识的数据分析师，对商业数据敏感，会给企业、机构的发展带来希望和生机。例如，看到网络上婴儿奶粉的销量忽然增高的时候，就可以预测到其他婴儿用品，如婴儿推车、婴儿纸尿裤等的销量也会随之上升。

（2）有价值的数据信息对管理企业、机构是非常重要且必要的

企业、机构的高管也需要数据分析师，其分析出的有价值的信息能使企业、机构的 CEO 准确地把握市场的方向，来引导企业、机构占有市场、提高市场销售额等。

没有任何一个 CEO 喜欢只有数据没有任何分析和结论的周报，这就要求数据分析师一定要有意识地和业务部门的人沟通，经常了解机构业务的情况。

2.2.2 第二法 数据沟通

（1）数据沟通是衔接三法的关键作用环节

作为最重要、最关键的第二法，数据沟通是将三法联系在一起的纽带。通过数据分析师的分析，能够从数据中看出业务的问题，或者根据业务来分析数据，才能做到、做好数

据沟通。

数据分析师必须做到以一个业务员的身份来客观地分析手中的数据，才能给管理层一个较为真实的分析结果。很多有经验的数据分析师，面对数据能够在很短的时间内给出中肯的分析建议，这正是将第二法牢牢掌握的表现。如果一个好的数据师和业务部门的员工经常联系、经常向他们了解情况，那么就会在看到数据之后，很快分析出数据背后的含义。

（2）注重两个重要数据场景的数据挖掘

数据沟通有两个具体的场景：①第一个场景，把握好数据与市场的关系。当面对海量数据和特定市场（商业）场景的时候，能够准确地把握二者之间的关系，就表示能够实现对二者之间存在的“数据中间层”进行准确地把握。②第二个场景，把握好数据之间的关联性分析。海量数据存在于企业、机构中不同组织的数据之中。当在某一个特定的市场（商业）情景或问题中的时候，需要对甲、乙、丙、丁 4 个不同组织（企业、机构）之间的数据进行相互的、关联性分析，才能得出结论或解决方案。例如，某一个销售日，由于 UV（Unique Visitor，是指不同的、通过互联网访问这个网页的自然人或访问人）一下子有很大的增长，那么一定要去看退款的数量，如果退款的数量在这一天之内也有很大的增长，那么这就是一个正常的现象。反过来，如果这一天的 UV 并没有不寻常的增加，但退款的数目却异常地增加了，那么就要考虑到这可能只是少数买家的购买行为；而对于产生的数据变化，再综合其他各方面的因素，再进行全面的分析，形成不同组织之间的数据融会贯通之后的必要性分析。

（3）合理进行数据分析，才能制定科学的战略目标和发展规划

数据分析师分析出有价值的数据信息，对于企业、机构的作用非常重要。在实际应用中，很多企业和机构在对这至关重要的第二法的把握上存在很大的问题。

主要表现在两个方面：①数据分析师的业务素质、业务能力问题。从人的角度来说，一是由于数据分析师的主观原因造成的数据分析的不合理；二是由于数据分析师对机构不同组织架构不理解，对所分析的数据不能明确地分辨，那么不仅会造成分析结果的偏差，还会导致更加严重的后果；②企业和机构内部组织的管理问题。很多企业和机构之中都有这样的情况，部门与部门之间沟通不畅，导致数据和数据之间关联性较小或者立足点不同，这就给分析造成了极大的困难，更别说得出有意义的结果了。

数据沟通是数据与数据之间的联系，是在数据分析中非常重要的一点，也是能够进行准确数据分析的基础。尤其是在如今每个企业、机构的数据都越来越复杂，基数越来越大的情况下，完全凭感觉去分析数据的时代已经过去了，面对海量数据，必须做好打通数据之间联系的工作，才能更好地分析数据，使企业、机构做出正确的、有益的决策。

2.2.3 第三法 数据运营与分享

用好数据运营与分享的第三法，有 3 点重要结论：①利用数据分析来促进企业、机构的业务优化；②利用数据分析来寻找企业、机构发展的方法；③利用数据分析帮助机构创造新的商业、应用价值。这些问题之间看似存在明显的递进关系，对待 3 个重要的结论，要根据不同的场景来具体分析。

不同的问题有不同的解决方法，主要有以下 6 种解决不同数据问题的方法。

2.2.3.1 合适的解决问题的框架

数据框架也是一个标准，能够将数据在同样的层面下进行分解。指标化分解是一种重要的分解方式，能够将混乱的数据整理出条理，并客观地分析企业、机构的业务。确定一个具体的框架，来具体分析企业、机构的业务水平究竟如何。因此，给数据搭建框架非常重要，有了合适的框架，才能对数据进行更加准确的分析，也就能更加直观地分析企业、机构业务的好坏。

2.2.3.2 合适的数据分析方法

针对企业、机构的实际问题，要具体问题具体分析。看数据要能够看到数据背后隐藏的信息，而不只是被表面的信息所迷惑。对数据进行真正的分析，就会发现很多数据和其表面所代表的内容差别很大。通过两个案例来分析：①以患感冒事例来分析。当病人患感冒去医院检查时，医生首先会通过验血来判断是不是病毒性感冒，再根据客观的数据得出真实的结论，然后对症下药，效果才会立竿见影。②以成交量来分析。当一个网站当天成交额的提高量达到 20%，表面上这是个值得兴奋的数据，然而，当具体分析才发现，销售额的增加是因为机构加大了对广告的投入。通过一对比才发现，成交额提升带来的收入不足以覆盖增加的广告费用，其结果立刻变成了一个可悲的消息，反之，说明企业、机构的广告效果非常差。

2.2.3.3 合适的数据评价标准

通常评价电子商务企业、机构的业务水平时，通常有两套指标：①评价成交额。公式：成交额 = 流量 × 转化率 × 单价。它是用来评价机构的某一类商品或单个商品的健康度的；②评价商品促销。公式：成交额 = 预热期加入购物车的商品数 × 商品单价 × 经验转化率 × 经验成交额占比。它是在企业、机构促销的前提下，用来预测大概成交额的。

2.2.3.4 合适的数据分析比较

对企业、机构的产品质量、工作业绩、业务水平等好坏的评价是通过对数据分析之后进行比较才能得出的，单个的数据分析得到的结论是不具备代表性的。不能够进行横向和纵向比较的数据是没有任何意义的。比较的实质就是找一个参照物，参照物不同会导致结果有很大的差别，因此进行比较不仅必要而且重要。寻找合适的比较对象是数据比较最重要的一个环节，例如，当机构进行促销的时候，需要和往期的促销活动销售额、促销幅度、顾客对促销的评价等方面进行比较，而不是和上一个季度的正常销售情况进行比较，因为毫无可比性。选错了比较对象，会导致数据分析产生极大的偏差，影响对某一决策内容的判断，从而影响以后的决策方向。

2.2.3.5 合适的数据展现形式

对企业、机构来说常见的数据分析展现形式就是表格和图形。能够使数据分析锦上添花的一个方式就是好的展现形式。但表格和图形两种展现形式，在某些特定的情境下是不可以互换的，否则会造成分析结果的不直观和偏颇。使用了不恰当的展现形式，会使得对数据结果的分析产生障碍甚至误解。那么如何选择合适的数据展现形式呢？当需要对精确的数据有展示的时候，应该用表格，此时用图就显得非常不合适。好的数据展示形式有利于决策者根据数据做出更加合理的决策。

2.2.3.6 合适的解决问题的方法

数据分析的最终目的就是通过对数据的分析，发现并解决问题。那么，这样的目标就要求数据分析要准、要切中问题要害。为企业、机构发展找到解决问题的办法和发展机遇。

利用数据分析帮助企业、机构获得商机和发展机会，具体分为 6 个过程与步骤。

（1）确定数据构架

确定数据构架使得企业、机构的数据变成人人都需要使用的数据。久而久之，最理想的状态就是企业、机构的每个人都会变成数据分析师。每个人都能够对数据做出分析并给出判断和结论。客观的数据是最好的指示器，如果能够对数据进行客观敏锐的分析，使得每个员工都可能成为机构决策的参与者。

（2）确定数据分析方法

当企业、机构中的员工积极地参与进数据分析工作后，就能够为企业、机构出谋划策，还能够帮助专业人员在产品的个性化设计、销量预测等方面出一份力，从而也减轻了数据分析师的前期工作，使得数据分析师能够对数据做出更加精确的分析。数据的运营就进入了一个良性循环，有助于企业、机构快速地提升自己的业务水平。

（3）确定数据评价标准

根据企业、机构运营的实情，来确定发展商机与机会。在阿里巴巴业内有一句话“让信用变成财富”。在阿里巴巴的实际工作中，所有运营程序的核心就是通过数据来计算客户的信用水平，并且通过对客户信用的评估来为客户进行授信。经过一系列的数据分析流程之后，通过审核的顾客就会获取他所需要的资金。正是这样一个良好的信用模式，使得阿里巴巴越来越成功，旗下的产品也越来越多，深受顾客的喜爱。

（4）进行数据分析

数据分析师工作的一个重要环节，就是通过对数据的分析和对市场的预测，说服产品经理某样东西可以被列为产品出售。一个看似简单的环节，但在实际操作中却很难顺利地实行。尤其是公司对于新产品的开发和上架没有任何问题，但是如果数据的分析达不到这个效果，一切都是空谈。

在实际的数据分析中，如果不能有效地获取、使用、分享、协同、连接数据，数据化运营就会受到很大的阻碍。数据分析中一个关键因素，在于作为数据分析师是否能将数据简化，留下最重要的数据。如果通过各种方法、渠道所收集、获得了很多的数据后却不知道怎么用，也不知道用的数据是用来做什么工作的，那么就失去了数据分析的重要性。对此，作为一名数据分析师，必须要能够熟练掌握前文提到的数据化运营的三法，让每个员工都成为数据分析师。

（5）进行数据比较

在实际销售运行过程中，通过阿里巴巴平台的网站数据发现，很多买家在购买商品之前会在众多供应商中货比三家。数据分析师通过查询点击数量和购买指数数据，可以得出一个相对的比例。比如 2008 年初，阿里巴巴网站上买家的询问量锐减，欧美的中国采购数量也随之下滑。数据分析师比海关提前半年就已经从买家询问的数据中推算出来了世界贸易的变化，而海关则必须在卖货后才能得到数据。统计历史上买家、卖家询问和成交的数据后就能形成询问、成交的指数，两者之间密切相关。询问指数作为预测性的数据，有了活跃的询问指数才会出现巨大的成交量。当开始发现询问指数有了异常的下滑之后，就能自然而然地能预测成交量一定会萎缩。要是没有大数据的统计和分析的话，这种推测是很难做出的。马云因为向中小制造商提前预告了这一趋势而获得了非常高的声誉。

（6）数据展示与解决问题

互联网数据中心发布的《中国互联网市场洞见：互联网大数据技术创新研究 2012》报告指出，到 2011 年底，中国国内的互联网行业已经持有 1.9 EB 的数据总量，而这一数据到 2015 年将达到 8.29 EB 以上。

人类社会的数据量随时间流逝不断地在刷新数据量级单位，从最初的 TB、PB、一直到现在的 EB、ZB。那么 35 ZB 和 8.29 EB 到底意味着什么呢？这样，先来看看数量量级单位之间的进制吧。

1 B=8 bit

1 KB=1 024 B ≈ 1 000 byte

1 MB=1 024 KB ≈ 1 000 000 byte

1 GB=1 024 MB ≈ 1 000 000 000 byte

1 TB=1 024 GB ≈ 1 000 000 000 000 byte

1 PB=1 024 TB ≈ 1 000 000 000 000 000 byte

1 EB=1 024 PB ≈ 1 000 000 000 000 000 000 byte

1 ZB=1 024 EB ≈ 1 000 000 000 000 000 000 000 byte

1 YB=1 024 ZB ≈ 1 000 000 000 000 000 000 000 0000 byte

以《红楼梦》为例进行数据换算，整本书含标点共有87万字，依照数据计算方式，一个汉字等于2B，这样的话，1EB大概就是6626亿部《红楼梦》的数据量。美国国会图书馆是全球最重要的一个图书馆，也是美国4个官方图书馆之一。截至2011年4月，该图书馆共有1.5亿册藏书量，大致数据量为235TB，也就是说1EB相当于4462个美国国会图书馆的所有馆藏数据量。

这些数据所展示的内容，都是海量信息和数据的最直接展示。针对大数据的海量信息和数据，展示数据是大数据分析的目的。

案例一

2012年6月28日，中国建设银行推出了自己的电子商务金融平台——“善融商务”。建设银行对此项业务的宣传语是：“顺应电子商务发展潮流，建设银行推出善融商务，它结合了传统金融服务优势和新兴电子商务服务的优势，从而搭建了最具综合性，涵盖全流程的电子商务服务平台。”建设银行内部花了很大的气力推广这项业务，尤其是分行，它们甚至是牺牲成本也要将中小商家引入平台。尽管银行推出电子商务平台，看似并非其主业，但实际上这是醉翁之意不在酒。银行通过交易平台来收集各类中小商家的经营数据，推测其还款能力和贷款需求，这样就能避免小额贷款的风险。无论建设银行这一次是否能成功，都说明银行的高层已经意识到大数据的重要性以及其作为先兆对于结果的预测。

数据的结果显示：建设银行已经认识到了大数据的统计分析可以预测、判定风险，为其降低、规避各种风险因素和获得高收益的回报，这几乎是每一家金融机构的梦想。从前在实际商业经营中，存在着一种商机是“富贵险中求”，常常伴随着高风险才会带来高收益。但是当大数据的时代来临，低风险也能带来高收益；而大数据正是具备这样的预测、分析能力，从而使金融机构趋之若鹜。现代的金融机构和企业，如果还不重视大数据背后的巨大价值，那么在21世纪的今天就很难在激烈的竞争中有自己的一片立足之地。

案例二

大数据在舆情服务社交网络中的作用。在尼尔森等市场调查公司开始对人们的言行产生调查兴趣时，政府机构也同样表现出了对此行为有强烈的兴趣。古往今来、古今中外，治理国家很重要的一点就是要关注社会舆论，社会舆论是政府了解治理效果的一个重要渠道，而且还更容易发现人心向背的关键问题。不论什么样情况，政府都对公共舆论十分关心。对舆论的关注，催生了新型服务——“舆情”，即分析公共话题的热点、趋势、导向、对策等。

现代社会，人们闲聊、传话的重要媒介就是博客、微博等类似的平台。从前人们的习惯是在街头巷尾与人闲聊，如今的人们通过博客、微博来发表自己的看法，有时候打个喷嚏全世界的人都会知道。例如某“微博女王”，她的微博粉丝有3000多万，有时候简单的一句“早上好”转发量就会高达 2 066 次，还会有 3 739 条的评论。这说明，即时数据不是不变的数字，会不断地变化、增加。

博客、微博等平台成为舆论场源自其巨大的传播和扩散效应。中国人民大学舆论研究所的一项研究表明，2011 年舆情最大的信息来源就是微博，已经达到了 20% 以上。从此各级政府就以微博作为自己关注舆论走向的主要阵地。

在国内，通过舆情服务的运行、运用而产生了许多企业。这些机构根据不同需求，提供不同的舆情服务，通常是定期为政府提供网上的舆论热点分析，譬如有人民网、拓尔思等上市公司。当省政府购买了舆情服务后，市政府也会跟着买，因为市长也想在省长之前获得舆情信息。同理，县政府，包括大一点的镇政府都会紧接着来购买舆情服务。一般公司提供的舆情服务都相对简单，通常是一些很简单的数据分析材料而已。

2.3 国内大数据在农业领域研究的实际应用

杨玉琴等（2016）[29] 利用大数据处理技术，提出了利用 K–means 算法对土壤肥力数据进行聚类分析等实际应用，通过运用数据挖掘 K—means 算法对农安县内 2005—2013 年土壤养分数据进行分析发现，在处理大数据量时，采用 Hadoop 平台的 MapReduce 分布式下实现的 K—means 算法表现出了良好的现实意义和运算效果。

在 Hadoop 平台的分布式文件系统中，将待处理的数据文件分成若干个大小为 64 MB 的数据块，分块存储在不同的节点上。在 Map 阶段，一个数据块相应地分配一个 Map 任务来处理，整个数据文件会被分散到多个节点并进行处理。假定每个节点可以完成 m 个任务，共有 n 个节点参与并行计算，并行 K–means 算法的时间复杂度为 $n \times k \times t \times o/(m \times n)$，相对于串行算法的时间复杂度 nkto，显著提高了运行效率。相同规模数据的情况下，进行传统串行 K–means 算法与 Hadoop 平台运算时间的比较得出，当土壤肥力数据量小于 109 794 kB 时，单机 MapReduce 框架下的 K–means 算法的运行速度低于传统串行 K–means 算法，这是由于 Hadoop 集群上 JobTracker 的启动和交互等需要消耗一定的资源且占总消耗的比例较大，而实际计算任务所消耗的时间在总消耗中所占的比例较小。随着土壤肥力数据量的逐渐增加，运行串行任务的机器上内存等资源消耗增大致使机器性能下降，当数据量达到 114 786 kB 时，报告内存不足，而 Hadoop 平台 MapReduce 并行运算能够应对数据量的持续增加，顺利地完成在大数据量下的计算任务，初步体现出 MapReduce 框架下实现的 K–means 聚类算法具有处理较大规模数据的能力。同时，MapReduce 框架下随数据量的增加所用时间的时间差与总时间的比值越来越小，体现出 Hadoop 平台的稳定性和可靠性。

白子威（2019）[30] 分析了黑龙江大数据农业信息化评价模型，采用《中国城市信息化指标体系方案》改良后的指标体系，结合马克卢普 – 波拉特法和信息化指数法，对国内局部或整体农业信息化水平进行评价。研究中采取了文献资料法、模型研究法、实地调研法以及政策研究法等多种研究方式，在构建评价指标体系的基础上，以黑龙江农业信息化建设为主要研究对象，采取量化分析的方式进行研究。最终得出：①在全国范围内，目前黑龙江的信息化建设发展在全国处于第四的位置。不过，与处于第一位的江苏相比，两省在农业信息网络基础设施方面依然存在较大差距。②从 2008 年开始，黑龙江在农业信息化建设方面便取得了较快的发展。之所以这样，主要是因为政府在这一方面投入了资金、物力、人力支持，不过，从 2012 年开始，当地的农业信息化建设速度有所放缓。③与周边其他城市相比，哈尔滨在信息化建设方面取得了比较明显的成就，在信息化建设中具有明显区位优势。经过实证分析可知，近几年黑龙江农业信息化水平总体呈上升趋势，但上升的幅度较低。研究表明，农业信息资源开发与利用、农业信息化发展政策是推动黑龙江农业信息化水平不断提高的重要原因，农业信息人才、农业信息化效用发展缓慢，成为制约黑龙江农业信息化发展的重要障碍因素。

胡洁（2018）[31] 基于大数据的时代背景，分析了“土地流转、征地拆迁、农村集体产权制度改革、城乡户籍壁垒和制度改革、农业转移人口社会保障、农业生产安全问题”等“三农”问题在城镇化建设进程中的矛盾问题。通过运用大数据技术，实现抓取、采集量大繁杂的涉农舆情数据信息，对数据进行深度挖掘，运用文本分析法、典型案例分析法和深度访谈等方法，构建与完善了涉农网络信息的大数据治理机制，参与了涉农网络舆情的有效治理。通过分析后发现，政府部门要高度重视涉农网络舆情的数据价值与升级治理机制，加强大数据技术在涉农网络舆情的应用与数据人才的培养考核，重视网络化治理的新内涵。加强手段多样化治理，结合大数据观念与技术以及善治衡量、管理标准、管理措施，通过“多元参与性”“治理有效性”“透明合法性”“问责回应性”“法治权威性”对政府治理提出的新要求，从而达到利益公平分配与涉农网络舆情善治的根本目的。

张薇（2018）[32] 以武汉市东湖新技术开发区一家生产微生物肥料农业龙头企业为例，从测土配肥及当地气象资料入手，充分利用大数据，理论联系实际，结合本行业大数据进行销售，通过把用户信息与有机肥企业的产销进行关联，从土壤管理所对应的农田特征、作物特征等现状出发，采用收集农业数据，建立基于农田土壤特征与有机肥施用关联的有机肥产销联动信息化管理平台，指导农民选用有机肥及施用方法、依据土壤的类型来管理农田，为肥料企业施行测土配肥提供依据。张薇利用网络平台技术，开发有机肥产销信息化管理系统，依据大数据原理，通过定位要素，用 Java 设计农业有机肥产销大数据构建管理平台，系统采用 SpringMVC+Spring+Mybatis 实现 MVC 结构，SpringMVC 控制前端请求映射，Spring 管理 JavaBean，Mybatis 负责后台数据库交互。平台提供 RESTfulAPI 数据接口，以 JSON 数据格式通信，保证平台良好可扩展性和移植性，平台运行稳定，方便管理。后台数据库用 MySQL 设计开发了基于 WEB 的生物有机肥产销信息化管理系统（决策支持子系统、数据采集子系统、信息发布子系统、用户管理子系统 4 个子系统和 13 个功能模块），采用地域土壤指标差异信息化销售管理平台，可实现地域土壤营养、土壤物理、土壤生物、土壤环境指标动态管理。依据不同地域的指标差异，进行分析并给出 N、P、K 及有机肥定制方案，指导公司生产，确保土壤有效补充有机质及各种元素，实现土壤可持续耕种。采用大数据技术实用化，形成对企业有用信息，为企业积累资产及财富，全方位对农业产业链形成影响，实际应用中已经为农业助力。

张伟康（2016）[33]依据艾瑞咨询的调查数据发现，中国移动互联网的市场规模在2011 年达到了 393.1 亿元，同比增长了 97.5%。通过手机上网进行日常生活交流与获取信息成为越来越多人的很普遍的方式。《中国 2016 年互联网发展状况统计报告》指出，截至 2015 年 12 月，中国的上网人数已经达到了 6.55 亿，网络普及率超过 50%，其中手机上网人数达到 6.2 亿，占网民总数的 90% 以上。由于国家农业信息化基础建设的不断发展，手机上网已经成为农民获取信息的主要方式。移动互联网的发展，促进、带动了传统应用向移动端的转变，微博应用就是其中最为典型的例子之一。据新浪微博数据中心的调查统计，2015 年 9 月 30 日新浪微博的月活跃用户达到 2.22 亿人，日均活跃用户数达到 1 亿人，每天发布数以千万计的新微博信息，在实时信息的扩散中占据了重要的地位。海量的信息资讯使获取有价值的信息具有很大的困难，且费时费力。为了解决农民的信息获取难题，需要针对互联网上农业领域的资讯信息进行采集，分门别类地进行细致整理，并进行分类信息的发布和推送，让农民即时查找和获取需要的农业资讯信息。

针对大数据垂直微博平台，采集分类、资讯智能生成和推送问题有 3 个步骤与环节：①在农业信息的采集和分类方面。通过采用 Heritrix 开源爬虫来进行数据抓取，在 Heritrix 的可扩展功能模块中，增加了主题相关性度量模块来实现对农业主题页面的过滤，通过利用 HtmlParser 工具来对网页中有效信息进行提取，排除了噪声内容带来的干扰，再对提取的信息按统一形式整理成结构化信息，方便系统对数据的自动处理和使用。然后，采用向量空间距离算法、KNN（K-Nearest Neighbor，K 最邻近）算法，设计了更加实用的文本分类流程，来对采集的数据进行分类；②在农业微博平台方面。为每个分类建立一个对应的公共账号，根据分类后的信息生成对应账号下的公共微博，存放到后台数据库中，并通过指定接口调用来推送给关注用户；③在算法优化方面。对影响最大化算法给出了具体的计算步骤说明及伪代码实现。

通过农业微博平台系统进行系统部署，并对主题爬虫的准确率、分类算法的性能和影响最大化算法的因素进行了测试分析。测试结果表明，当爬取页面数不超过 2 000 时，主题爬虫的爬取准确率能超过 85%，达到了当前主体爬虫的平均水平。分类算法在分类准确率上与 KNN 算法保持接近，明显优于向量空间距离测度算法，同时在分类效率上相比原有的 KNN 算法有了很大的提高，在分类数较多或比较范围样本范围较大的情况下具备更强的实用性。ScoreDiscount 算法所求解的种子集合的传播效果能够非常接近 CELF 算法，而计算速度比 CELF 提高了两个数量级以上。相比于其他 2 种启发式算法，Score Discount 具有更好的稳定性、算法效果，其最优的贪心算法可达 95%，明显优于另外 2 种启发式算法。后期的工作主要是需要在实践中开展应用测试、修改、推广、完善，在积累了充分的用户数据的情况下将影响最大化算法投入到信息推送的种子用户选择应用中，实现更加有效的信息推送，进一步提高用户体验和实用效果。

杨洪磊（2016）[34]以国家农业图书馆馆藏数据资源作为研究对象，探讨了基于大数据技术的新型数字图书馆数字资源存储与应用的技术框架。利用大数据技术，对海量数字资源进行高速检索和深度挖掘与分析，通过 HDFS、Hbase 与 Spark 大数据存储与处理技术整合，搭建了 3 个节点的实验集群，初步构建了大数据技术平台。

通过实际的研究工作，对所使用的农产品贸易数据，在数据存储层，采用了 Hbase 进行数据组织，并通过 HDFS 来实现数据的分布式存储，通过实验对比分析，开展了基于大数据技术体系的农产品贸易数据库在性能上和关系型数据库的优劣对比分析。实验结果证明，采用所提出的新型基于大数据技术的技术体系，在数据检索效率上远远高于传统关系型数据库；利用 Spark 的高性能机器学习与计算功能，通过采用新型图计算工具 Spark GraphX 对农产品贸易数据进行基于复杂网络算法的深度挖掘研究，扩展了农业数字资源的应用场景。在功能方面，尚可以进一步完善应用场景设计资源导入模式、Hbase 的优化查询、Spark Graph 和 Spark 机器学习功能等，从而在实现功能等方面获得更大的进展。

张清清（2016）[35]结合农业数据及 Hadoop 平台的特征，提出构建平台应用于农业领域，在该平台上存储及处理现有农业信息资源数据，分析设计了一种不同类型农业数据特征的数据存储结构，并对不同类型的数据设计了相应的数据缓存策略。为了有效提高数据的查询、处理效率，对数据的索引机制进行了改进，提出了一种二级索引机制，从 3 个方面优化了数据存储空间到数据分区、数据分区到真正数据存储节点的数据索引方式：①改进了 KNN 查询算法的区域划分方法；②采用了改进算法的并行化设计，有效提高了该算法对大数据的处理能力；③提出了一种新的数据存储和缓存机制，在数据的存储和缓存方面，都获得了较高的效率。

由于目前传统的数理统计方法已经很难有效地对气象大数据进行处理，再加上现代气象事业的快速发展，气象数据量与日俱增，所以如何高效地挖掘气象数据信息，促进农业现代化的发展，是当今世界一直在探讨的问题。大数据处理技术能够从庞大的气象数据中获取有价值的农业气象数据，对灾害进行分析、处理、预测、评估等。黄杰飞（2017）[36]针对气象大数据的特点，结合数据分析的研究成果，进一步研究了更加高效的大数据处理技术并应用于农业气象灾害预警。研究中涉及的气象数据类型复杂、属性繁多，结合粗糙集理论、并行化处理技术，提出了一种基于信息熵的并行化属性约简算法。通过信息熵属性约简算法消除重复、冗余的气象数据，实现对知识的压缩和再提炼，采用 MapReduce 架构将任务进行划分，实现算法的分布式处理。验证仿真结果：所采用的并行化算法，能够有效地运用于气象大数据处理，获得了更快的处理速度。针对农业气象灾害分类预测效率低下的问题，提出了使用 MapReduce 的 KNN 组合分类预测模型；通过模型在自适应增强思想的基础上，将KNN算法进行融合，然后寻找最优的KNN基分类器个数，构造KNN组合分类器，并利用MapReduce并行化架构，实现算法的分布式处理。仿真结果表明，此并行化组合分类模型准确率更高，处理速度更快。对于气象大数据预处理问题，利用信息熵属性约简算法，将多余或重复的属性数据删除，保留起决定作用的核心属性数据，从而提高数据挖掘的质量，再通过并行化处理方式，降低挖掘所需要的时间。接着将成熟的自适应增强理论（Ada boost）运用到KNN分类器中，生成KNN组合分类器，提高分类预测的精确度，并引入MapReduce分布式模型，有效地减少了大规模气象数据集的处理时间。最后，以低温、光照、气象灾害等级指标为例，将农作物的受损程度、灾害类型进行分类，实现农业气象灾害的评估与预警。经过评估表明，各类农业气象灾害都会对农作物的生长造成影响，而且同一类型的气象灾害对农作物的损伤程度也存在差异；采用分析历史气象要素信息、未来的天气预报信息等条件，能够更加准确、更加快速地对各类农业气象灾害进行评估和预警。该研究利用气象条件对农业领域的影响展开研究，探索了气象灾害条件与农作物的生长关系，研究了高效的大数据处理技术在农业气象灾害方面的应用，为国家农业生产的防灾减灾提供了必要的技术方法和科学依据。

通过大数据技术对电信网络诈骗操作风险进行量化分析，能更加准确地描述和识别银行操作存在的问题，为操作风险管理提供依据，为银行业务发展和风险管理提供更有价值的管理方法及策略。陈硕腾（2018）[37]研究设计了银行操作风险的大数据平台，从国内热点极高的电信网络诈骗为案例入手，通过对造成损失的外部事件进行分析，对于减少风险隐患，真正做好从源头上治理电信网络诈骗工作，提升应对风险管控的能力具有重要意义。在农业银行网点运营过程中，因制度不健全、流程不合理、操作错误、冒名（人为识别失误）、欺诈办理业务等操作风险进行研究，结合数据挖掘、风险量化和风险管理，为商业银行风险管理提供了更有价值的管理方法及策略，帮助商业银行建立完善了风险防控体系。研究主要从风险识别、风险分析、风险评价3个方面对泉州农业银行电信网络诈骗带来的操作风险进行大数据分析，根据泉州经营数据的风险特征，将操作风险聚类并归为4类，再运用聚类分析的方法进行风险识别。在此基础上，将电信网络诈骗相关的操作风险程度作为“因子”进行因子分析，来建立因子分析模型，给出相关的风险评估表，来进行风险评价，也为相关的操作风险防范策略提供了理论依据。科学利用大数据分析技术，来加快企业信息化工作，建立反欺诈平台，能够有效地解决操作风险的管理与防控。

鲁彦君（2018）[38]运用了案例分析法、文献分析法和比较分析法，通过对不同国家、地区采用大数据进行食品安全监管的横向比较研究，对大量相关资料运用大数据进行了监管与传统监管模式的比较，希望为国内食品安全监管的改革重点、难点、可能遇到的问题与挑战，提供借鉴方法。在国内创新食品安全监管模式上，为国内运用大数据实施食品安全监管提供了可行性方法和管理经验。利用大数据技术，可以建立食品监控环境，缩短监管人员监管某一具体工作的时长，大大提高工作效率，在监管上还能避免出现权力寻租的发生，大数据还能够实时地对每一个管理处置指令的发出和执行情况进行回溯。

冯阳（2016）[39]以“农技云平台”中“一村一品”的数据为例，进行了数据组织与管理的可视化实验功能验证。研究以大数据技术为新的理论基础，在“农技云平台”的推广模式下，探讨了现有条件下农技推广中面临的大数据产生和应用的问题，利用大数据技术进行数据收集、数据归类并进行管理、处理和分析，实现了农技推广服务、提高了农技推广效率。

孙承（2018）[40]认为“互联网 +”和大数据分析均是全新概念，大数据时代下，农产品电商模式有着前所未有的机遇，农产品可以应用电子商务模式进行一系列的创新，从而在竞争中占据优势，打出自己的品牌，并进行集约化管理和生产，同时应用大数据技术，可以为农产品生产经营提供决策依据，为农产品电商策略提供参考。

例如，2016 年烟台大樱桃网上销售金额近 4 亿元，同比增长 118%，一跃成为烟台农产品电商领头羊。烟台大樱桃电商销售井喷式发展除了产业地位和地理位置优势这 2 个最为重要的成功因素之外，销售平台具备完善的大数据分析功能，能为产品销售进行指导才实现了烟台大樱桃的巨大销售优势。通过对金乡大蒜的大数据分析，表明大数据时代已经到来，给金乡大蒜销售提出了新的挑战，也带了新的发展机遇。在“互联网 +”时代，立足实体、发展电商已然成为当地农产品交易的转型之路，电商也必将帮助金乡大蒜实现“卖全省、卖全国、卖全球”目标。

朱千强（2020）[41]利用大数据相关技术，研究了温州市和浙江省农业信息化建设情况，研究发现：① 2016—2018 年，浙江省平均农业信息化指数均呈现逐年上升的趋势，2016—2017 年的发展速度处在较高水平，同比增长 8.58%；在 2017—2018 年则趋于平缓，同比增长 1.87%；② 2016—2018 年，温州市农业信息化指数总体处在省平均指数之上，在 2016—2017 年发展增速较快，同比增长 5.78%，但 2018 年综合指数低于上一年，同比下降 7.19%；除农村每百户拥有移动电话数量和农业技术人员数量外，均比上一年有所下降；③温州市与浙江省全省的农业信息化指数的差值，呈现逐年缩小的趋势，在 2016 年温州市农村每百户拥有电脑和移动电话指数均高于浙江省平均指数，但 2017 年只有移动电话指数，高于浙江省平均指数，到 2018 年，电脑和移动电话指数低于浙江省平均指数。

数据测算结果表明：温州市在发展农业信息化道路上遇到一定的瓶颈，在农业信息化发展方面，温州市农业信息化基础设施建设不够完善、农户综合文化水平不高、农业大数据人才缺乏、数据共享与推广也有难度、并且存在农业服务平台利用率低、缺少相关法律法规保障等问题。农业信息化的快速发展离不开信息技术人员和科学研究人员的努力，人才的缺失在很大程度上制约了当地农业信息化建设，温州市应出台相应的政策与保障措施，提高福利待遇，鼓励相关人才来温州市发展。调查研究大数据视域下温州市农业信息化建设情况，可提出相应的解决对策，对于促进温州市农业产业和农村经济跨越式的发展具有突出意义。

邵守立（2016）[42]认为大数据技术的发展，给电子商务的发展带来了巨大的刺激，大数据成为电子商务不断健康发展壮大的原动力；大数据的发展使得原有粗犷、原始的电子商务方式开始朝着精细化方向进行转变，在大数据的基础之上建立了电子商务框架和农产品未来的营销模式，把原有以产品为基准点转向以消费者为基准点的电子商务方式，有效践行“始于客户、忠于客户”的营销理念。通过大数据技术，把原先的“人找信息”的模式变成了“信息找人”的方式。伴随着数据量的持续增加，用大数据来进行数据关联与分析，找出彼此间内在联系，是大数据的优势所在和存在价值。电子商务针对不同消费者的特征、需求以及行为偏好，可以向不同消费者推荐最适宜的产品和服务，节约了消费者的时间成本，避免出现潜在的过度消费行为。借助大数据这个平台可有效减少消费者的寻找成本，降低了难度，人们可以更加方便快捷、更加理性地进行消费。对于农产品经营者来说，尤其重要的是，其经营支撑体系每天均会出现巨大的消费行为信息、接触信息，包含消费偏好、消费者的朋友圈、方位轨迹等数据，所产生的数据对于经销商来讲，均是潜在财富，通过对主要数据搜集、存储、传送、整合、分析预判等可以实现商业价值。

白雪（2015）[43]通过文献研究法、实地调查法，分析汇总并总结了国内外农业大数据经验，收集了国内外关于大数据在农业生产经营中应用的理论研究和实践案例。研究主要以目前鄂尔多斯市大数据发展现状为例，对各相关产业园区进行定位，从基础层、数据层、平台层、应用层方面对鄂尔多斯市农业大数据发展进行分层分析。研究深入剖析了鄂尔多斯市农牧业信息网和温室“智能管家”，以期为鄂尔多斯市大数据在农业中的应用发展提供依据。研究立足鄂尔多斯市农户生产经营管理实际，深入分析当前大数据建设情况，提出了适合于当地农业大数据的发展模式，为建立适合鄂尔多斯市特点的农业大数据制度建言献策、提供科学技术方法。

刘勍（2017）[44]借鉴国内外学者的大数据相关成果，提出了生猪和蔬菜 2 个方面的应用体系框架，以期实现为农业提供技术决策的目的。大数据分析生猪和蔬菜初步研究结果：①生猪和蔬菜是中国农业经济的支柱产业，其稳定与否影响着中国农业发展、农民收入和整体粮食安全战略；②掌握国内猪肉、蔬菜产量变动规律、发展趋势与区域间流动模式，掌控生猪、蔬菜市场，来调控二者价格变动，对降低产业风险、提高农户利润有着十分重要的意义。

韩太武（2016）[45]利用网络通信、二维码、智能手机、平板电脑、射频识别等技术和设备，采集免疫、检疫、监管和行政执法等各个环节数据，全程跟踪记录了各环节监管行为的主要业务数据，建成了集数据采集、数据同步传输、数据查询、数据统计分析等多项功能于一体的综合性应用管理系统，设计建设了“互联网 + 大数据”智能监管平台。通过山西、河北、四川、宁夏等地为提高动物卫生监督信息化工作，以畜禽标识及动物检疫合格证为主线，搭建了第八师动物卫生智能监管平台。智能监管平台包括：“中央数据库平台”“智慧动监”官方网站和 12 个应用系统。

智能监管平台实现了信息化、电子化和自动化的管理模式，促进了动物卫生监督工作全面信息化，实现了动物卫生监督执法机构日常管理，规范了畜牧生产各环节的工作程序，通过防疫、检疫、监督基础数据的采集，可以方便进行监督、管理和服务，提高畜产品质量，也便于储备大量信息资源，大大节省了人力、物力、财力，减少了动物卫生监督执法工作成本，提升了畜产品生产的综合效益。建成的智能监管平台，可结合运用 GIS 系统等实现立体式监管，提高动物卫生监督机构的工作效率，可为各级兽医行政管理部门提供可靠的数据，大大节约相关企业成本。利用对动物防疫库、检疫库、相关企业库等数据分析，实现了动物卫生监督监管预警分析和畜产品供给指导分析，在处置重大动物疫情等方面可以提供有效地的服务与支持。

黄芝准（2017）[46] 指出基因测序技术从第一代测序技术发展到当前最新的第三代测序技术，测序通量处理能力大大增强。第一代测序技术的通量只有 0.2 MB/run，第二代测序技术以 Illumina 为代表，其通量能达到 1 500 GB/run 左右，第三代测序技术的通量更是达到了 30 ~ 400 bp/s，测序已经在生物、农业和医疗等行业中得到广泛应用。高通量测序技术的进步为相关的生物、医学研究提供了有力的方法支持，相应也促生了精准分子育种和医疗等新兴产业的创新发展。多种组学（全基因组、全外显子组、转录组、宏基因组等）研究方法都运用了高通量测序技术，测序产生的数据具有通量高、数据量大、复杂异质等特点，数据处理与分析时步骤多、烦琐，对数据处理的软、硬件都提出了较高的要求。为了处理海量的高通量序列数据，国内外开发了许多 Hadoop 分布式运算，或者采用云计算的序列数据分析工具，如 DistMap、CloudAligner、FX 等，同 DistMap 兼容比对工具有 Bowtie、Bowtie2、BWA、GSNAP、SOAP2、BSMAP、Tophat 等。

林晶晶（2015）[47] 设计开发了一套基于 Hadoop 的人类全基因组重测序数据处理系统，通过使用 Hadoop 的分布式处理系统同时集成多款序列数据分析工具，从而实现对海量测序数据的处理与分析。通过使用 MapReduce 并行计算框架，实现了对测序数据的并行化处理，既可以支持对测序数据实现一站式的自动化处理，也支持研究人员在数据比对时进行模块化的操作，软件能够兼容 DNA-seq 数据，并可以结合 Samtools、SnpEff 工具对 SNP 进行注释，最终得到相关的基因突变信息。通过研究所设计的处理系统具有以下几个优点：①能够同时兼容多种测序平台，包括主流的 Illumina 以及 Roche454 等所产生的测序数据；②能够处理 DNA-seq 的数据，还能够对 RNA-seq 数据进行分析处理；③设计了高、低两种不同的并行处理模式，为了适应不同的硬件环境需求，分别提供低性能模式和高性能模式，能够适应不同配置条件的硬件环境。验证研究系统的实验数据，来自于一个患有急性 T 淋巴细胞白血病的 8 岁男童的 DNA-seq 测序数据。测序数据上发现了 *NOTCH1* 基因突变，使用所设计的系统对该样本的测序数据进行分析处理，将所得的相关结果数据与样本原始信息进行比较验证，同时参考序列来自 Ensembl 数据库的 GRCh37 人类序列数据，采用两个不同的 Hadoop 集群，使用相同的实验数据对高性能模式和低性能模式分别进行测试，在不同的硬件环境下验证系统的可靠性。通过对比单台服务器与 Hadoop 集群在测序数据处理时所用时长，用于验证该系统在处理测序数据时的高效性。在实际外显子组测序数据实验验证中，充分地验证了该系统能够快速、高效、可靠地处理海量的测序序列数据。尤其是在不同的硬件环境下进行相关的对比试验，从而验证了该系统无论是在高性能模式下还是在低性能模式下，在序列数据处理速度上都占有极大的优势，实现了自动化的处理流程，可快速、高效地给出突变基因的相关信息，极大地缩短了测序数据分析的时间。

现有的渔业信息化平台，能提供较为完善的数据检索、数据展示等服务，但是各种渔业数据之间相互孤立，忽略了数据间的相互关系和实际价值，远远没有达到渔业数据价值利用的最大化需求。国内渔业数据量正在迅速积累膨胀，随着大数据、云计算、物联网技术的发展，这对于渔业行业来说是机遇也是挑战。刘泰麟（2019）[48]根据 Hadoop 的 MapReduce 并行化思想，结合 BP 神经网络算法，设计了关于 MapReduce 的 BP 神经网络并行化算法，再以青岛近海海域赤潮灾害等级预测为例，构建了智慧渔业大数据平台的设计与实现。研究针对渔业主体水产养殖重要领域的数据特点和业务要求，分别就平台的目标、平台技术方案设计、平台主要功能设计、平台业务流程设计、平台基础环境、平台数据库设计、Hadoop 搭建环境进行了详细的解述，再对平台主要功能、实现效果进行展示，并对设计的算法进行分析和验证。该数据平台最终可向政府、渔业相关单位、涉渔企业、科研人员、渔业从业人员等提供所需的信息化服务。

杨帅（2017）[49]认为高通量测序技术的不断成熟、测序费用的降低，生物数据的海量增长，人类真正进入了一个大数据的时代。Edwards 等（1991）[50]把基因组测序作为从基因组水平上来探究物种的生长、发育、进化和起源等研究的有力工具。Jackson 等（2006）[51]和 Rounsley 等（1998）[52]在品种改良、遗传图谱等方面进行了相关研究工作。全世界有三大生物数据库：美国国家生物信息中心 Genbank 数据库 NCBI（https://www.ncbi.nlm.nih.gov/）、欧洲生物信息学研究所核酸序列数据库 EMBL（http://www.ebi.ac.uk/）和日本生物信息学中心的 DNA 数据库 DDBJ（http://www.ddbj.nig.ac.jp/）。Duvick 等（2008）[53]、Sakata 等（2000）[54]和 Swarbreck 等（2008）[55]，在特定动植物相关的基因组数据库等方面开展了相关研究工作。Zhang 等（2011）[56]在转录因子数据库方面开展了一定的工作。黄莉莎（2013）[57]在分子标记方面进行了相关开发与应用的研究，使用相关数据库利用 PIP 标记和 SSR 标记，建立了烟草主栽品种指纹图谱。Rozen 等（1999）[58]在建立生物学软件工具的数据库等方面开展了相关的研究工作。在种质资源的数据库方面，有中国作物种质资源网 CGRIS（Chinese Crop Germplasm Resources Information System，http://www.cgris.net/）和美国种质信息资源库 GRIN（Germplasm Resources Information Network，http://www.ars-grin.gov/）等种质资源库。大量生物数据库的建立，为资源利用提供了基础。针对于烟草来说，美国种质信息资源库GRIN中存放着2152种烟草种质；在中国作物种质资源网CGRIS中储存有1160份烟草种质；Cao等（2013）[59]利用已知的1472份烟草种质和部分烟草的EST序列构建出烟草第一个生物信息型数据库；基因组数据丰富，有助于烟草及植物科学领域的发展。

曹辉（2020）[60]认为大数据技术是解决水稻药肥滥用问题、促进水稻科学种植的重要手段，他以华南西南八省市水稻种植区为研究对象，利用国家重点研发计划相关子课题的合作单位、免费的卫星遥感资源、平台使用地面遥感仪器月、无人机采集的数据集等，构建了水稻药肥精准施用大数据基础平台，为农户、农技人员、管理者等提供水稻药肥施用决策服务。

张强（2019）[61]指出从国内外相关研究现状结果来看，对于农作物产量的预测主要有生长模型、统计回归和机器学习3种方法：①生长模型方法。需要深入了解农作物生长各阶段的生物参数才能实现；②统计回归方法。在农作物产量预测模型方面，国内外研究中设计较为精简高效且预测精度较高的方法均用到了多元线性回归（Multiple Linear Regression，MLR）和人工神经网络（Artificial Neural Network，ANN），通过线性回归方法构建的预测模型精度经多次验证，发现不如神经网络方法构建的预测模型；③产量预测模型。综合研究和实际需求，选用了MLR方法、选用验证预测效果较好的ANN方法来构建农作物产量预测模型；设计了全子集回归（Full Subset Regression，FSR）特征选择方法的ANN产量预测模型。产量预测实验是在指定地点（吉安市吉州区现代农业示范园）对包菜环境数据和产量数据来进行的预测。实验结果表明：在海量包菜环境数据的处理中，对于配置不同的从属节点、输入不同大小的数据文件时，采用Spark SQL的处理效率均高于Hive SQL；改进后的模型同ANN模型和FSR-ANN模型相比较，相关系数值更高、均方根误差值更小、预测误差波动范围更小，预测上获得的总体预测效果更好；研发的云平台能够满足农业大数据处理和产量预测的现实需求，对国内农业信息化发展有着重要指导、参考及促进推动作用。

蔡德楠（2017）[62]所设计的应用平台包含7个系统数据，分别是：①土壤养分数据。包括广东全省96个农业县的农田分布数据、包含2 000多万个地块数据和50万条土壤采样化验数据，200万多项土壤指标数据包括氮、磷、钾、有机质、pH值以及铁、硫、硅、锰、铜、硼、锌、钼等中微量元素；②土地利用数据。包含有广东省96个农业县的评价分级。分为行政区划、座落名称、地类编码、地貌类型、地面坡度、田面坡度、坡向、常年降水量、通常地下水、耕地地力评价单元数据、耕地土壤类型数据、线状地物、地类图像数据、图斑面积等指标数据；施肥指标体系数据包含豆角、瓜果、柑橘橙、花生、苦瓜、糖蔗、龙眼、荔枝、马铃薯、茄果、水稻、果蔗、甜玉米、香蕉、叶菜、柚子等16种广东省主要地域特色作物施肥指标；③作物库和配方库数据。包含每个农业县的主要作物分布数据，包括粮食作物、蔬菜、水果、瓜类等及各作物生长期推荐施肥品种、数量、方法、配方肥配比、施用方法等；④农业知识库数据。包含种植管理、栽培技术、病虫害防治、良种繁育、土壤改良等图文数据及多媒体数据；⑤专家答疑服务数据。包含专家与用户之间互动交流记录等图文数据、用户最近询问专家记录、匹配推荐专家数据等；⑥专家及用户数据。包括专家姓名、头像、性别、职称、擅长领域、手机号码、专家答疑次数、工作单位和用户注册数据等；⑦系统日志数据。包含用户行为收集数据、系统运行访问数据、性能数据、错误日志等。借助 Hadoop 架构，实现施肥大数据存储与分析，针对系统主要功能进行了开发应用，设计了施肥决策服务、农业知识库、农业数据管理、农业数据分析统计、GIS 基本功能、空间定位、专家答疑咨询服务、用户管理等功能。系统在广东省 96 个农业县进行推广应用，被评为“粤治 – 治理能力现代化”2016—2017 年优秀案例。应用表明，设计的系统适合于广东省精准施肥应用实际情况。

刘鹏（2017）[63] 利用大数据技术，构建了农产品质量安全监管系统。农产品质量安全监管系统包括数据采集子系统、生产管控子系统、政府监控子系统、分析决策子系统和信息查询子系统。在构建上，解决了生产主体管理、生产过程记录、质量检测、检验检疫和执法监管等功能，实现了科学管控和精准管理；解决了监管者对农产品质量安全信息进行综合查询、质量溯源、风险预警和科学决策的功能需求，推动农业生产流通标准化、农产品质量安全评价体系建设，构建集农产品质量安全监测、质量追溯、风险预警评估的农产品质量安全监管系统，对于保障农产品质量安全、提升农业发展水平、增强智能决策能力具有重要意义。设计的系统能实现对农产品从生产、流通到消费的全程数据的收集与真实性管控，所采用的系统构建数据模型进行大数据分析处理，可将分析结果服务于农业生产流通全过程，为农业生产管理提供决策依据，为政府监管提供有效手段，实现农产品“高产、优质、生态”，社会效益较显著。

陈志军（2019）[64] 首次对国内不同消费人群的有机磷农药多残留累积暴露量进行估计，并对暴露风险进行了评估。其提出的改进内梅罗（Nemerow）指数及其评价体系克服了多元线性回归（Multiple Linear Regression，MRL）评价的一些不足，将传统的定性评价方式转变为定量评价方式，评价方法上兼顾了农药多残留的适用性，可用于粮食、水果等其他农产品中农药残留的安全性评价。该评价方法在技术与评价方式上有一定改进，但仍然存在着一些不足，如：①在指数的构建过程中仅考虑了均值与最大值的影响，对其他信息的应用不完全；②对“产品 + 农药”组合中农药残留安全水平的评价相对保守。

张开智（2018）[65] 通过对生姜种植面积数据进行分析，应用灰色关联分析对影响因素进行分析排序，选取对生姜种植面积影响大的因素，利用灰色预测方法建立模型，针对制约生姜生产面积不清、波动明显的现状，从生姜产业供给端出发，从多个角度科学分析影响生姜种植面积的因素，对多因素影响下的生姜种植面积变化进行预测研究；经过多种精度检验的方法计算得出的预测模型效果较好，预测精度较高，对生姜种植面积进行预测具有较高的可靠性；对未来 4 年的生姜种植面积进行预测，对其多个影响因素进行动态预测进而得到生姜种植面积的预测值，综合利用大数据相关技术进行生姜种植面积的相关服务功能的研发，对未来的实际应用与趋势具有较高参考价值，根据结果提出了稳定生姜产业发展的研究建议；对生姜种植规划、预测、评估等起到指导参考作用。

谈志彪（2018）[66]为解决农田土壤墒情预测与预警，从而更好地指导农业生产，通过分析日照时间、空气温度、湿度、降水量、风速等气象数据，把高效的农田土壤墒情监测系确定为目标，建立了熵权法模型，采用 Spark 作为大规模数据处理计算引擎，构建了适合土壤墒情数据监测的模型分析体系、构建了智能灌溉信息系统的大数据分析架构。土壤墒情预测与预警系统：①采用了回归分析方法。建立了气象数据随机变量（X）对土壤墒情（Y）相依关系；②采用对应分析方法。定性变量构成的交互汇总表，展现各个类别之间的差异性，展示不同变量（X_1，X_2，…，X_k）等各个类别变量之间的对应关系，形成联列表；将联列表的行和列中各元素之间的比例结构分别以点的形式在较低维的空间中对应分析，得出农田土壤墒情监测气象信息服务优化设计方法；③构建实现 Spark Streaming 流式分布式计算。采用 Filebeat 采集数据，将所采集的数据直接存储收集到 Kafka 中，并利用 Spark Streaming 读取 Kafka 里的数据，再把数据存储于 Redis 与数据库中，通过 Spring Boot 提供微服务，读取数据库中的数据，形成了可以通过 WEB 展示的可视化界面。通过研究所建立的大数据土壤墒情预警方法和成果，能够扩展应用于其他农业（场景）的相关预测与预警。

吴博文（2019）[67]采用多源大数据如开放地理空间数据、传统规划数据、遥感数据、网络地图兴趣点、交通数据、互联网用户内容分享数据，从空间区划布局、社会战略需求 2 个方面进行研究；将浙江省休闲农业分为 8 种类型进行研究探讨，采用了最近邻、核密度等方法，分别研究休闲农业的集聚性与集聚特点；利用交通大数据，研究不同交通时间下的休闲农业点分布格局，为空间布局研究提供依据；通过大众点评休闲农业店铺评论，探索不同区域休闲农业的战略需求，避免休闲农业的一窝蜂、同质化发展，形成各区域地域特色，达到均衡发展的目的。通过大数据可知：①浙江省各类休闲农业（除古村镇类之外）均具有一定程度的空间集聚性；多数休闲农业集聚在都市区与景区周边；②田园农业体验、民俗风情、古村镇类对都市区空间依赖性强，农家乐、休闲度假、自然风光类则对景区依赖程度更高；③浙江省休闲农业有明显的淡旺季特征，在 3 月、8 月、10 月出游意愿强，但不同地区具有差异性；④在网络评价文本方面，整体满意度超过 80%，游客对杭州、丽水等风光胜地评价良好，而金华、嘉兴在游客满意度方面有较大改善空间；住宿、交通、饮食是游客最为关心的三大问题，隔音、区位、停车、饮食有农家味是游客较大的诉求；⑤对于农耕、民俗的挖掘不够充分，多数休闲农业店铺的核心要素较为肤浅，需要政府多方引导、开展深层次的文化挖掘战略。

骆秀秀（2016）[68]利用大数据技术，重点研究了农作物生长环境数据的可行性整合存储方式和依据数据的作物生长状况分析预警模型。统一存储平台把原来高度分散、零散的数据，整合为一体，为农业各项研究提供了良好的数据基础；作物生长状况分析预警，构建于统一存储平台的基础上，可以利用既有数据分析作物生长状况，对未来一段时间内作物的生长状况作出判断与预警，为作物管理者提供参考信息；系统仅仅在部分农作物生长方面做出了具体的分析实例，但系统的定位与框架并不局限于此，而且在海量作物数据的基础上，平台分析处理模块在功能上可以对作物生长状况做出分析预警，为农业各项研究提供稳定、高效的通用性研究工作平台。

杨亚飞（2018）[69]以“蔬菜水果价格监测分析”为例，为实现对蔬菜水果的监测分析，设计开发了相应的网络爬虫工具，来采集各农业网站上的农产品价格信息。该设计利用 Hadoop 技术，搭建了一套完整的 Hadoo 大数据集群，使用分布式文件系统（HDFS）、列式数据库（HBase）和数据仓库（Hive）作为系统的存储系统；使用并行计算框架（MapReduce）作为系统分析处理的编程框架；为方便数据的检索与提取，建立了数据的全文索引等；采用了 Ambari 工具来进行统一的管理。通过对原型系统进行设计，充分分析考虑了传统技术在海量数据面前的局限性，采用了大数据相关技术来克服传统技术在海量数据存储与计算方面的不足。

蔡丽霞（2015）[70]根据实际需求设计系统，在对养分数据进行并行化提取的基础上，利用数据挖掘算法进行分析，将数据结果应用在玉米决策系统中。系统主要有 5 大功能模块：产量预测、墒情监测、肥力分级、精准施肥和效益分析。主要研究内容：①进行了 Hadoop 平台的土壤养分数据的处理与分析研究；②进行了数据挖掘算法土壤肥力状况的分析研究；③进行了大数据处理技术的玉米精准智能决策系统的研究。该系统针对复杂的土壤养分数据，综合考虑，采用模糊 C 均值在地力数据方面的广泛使用，以空间变异规律为前提对模糊 C 均值算法进行加权处理。按照实际需求情况，进行了属性权重的模糊 C 均值等算法实际应用处理，通过把所涉及的数据结果，经过连续精准施肥后，在相同类别情况下，数据间的相似度在逐渐聚集，类别间的差异在逐年减小，土壤肥力的差异趋于平缓；经过了多年连续的精准施肥后，整个地块的肥力等级在慢慢改善，土壤中碱解氮、有效磷和速效钾三种养分数据的综合相似度在逐年提高；利用 MapReduce 处理机制对数据进行并行化提取，结合数据挖掘算法的研究，有效缓解边界数据亦此亦彼的现象，提高了分类精度，结果证明了属性权重模糊 C 均值算法适于评价土壤肥力的变化趋势。

朱丽杰（2018）[71]深入剖析大数据时代公安业务客观发展需求与存在的问题，以大数据技术作为技术研究背景，结合系统功能和需求，提出针对性的解决方案与对策。取得的成效和主要进展包括：①提出了全文检索关键算法和改进算法；②设计实现了新型全文检索系统；③应用设计的新型全文检索系统，验证了海量公安业务数据。采用大数据公安实战应用平台，结合大数据技术和软件开发思维，实现了公安大数据资源整合、技术融合和人员合理调度的现代化公共安全的护盾，对各警种的实战工作态势，能够提供更加便捷、精准的方式。在技术革新的关键节点，全面、深入地研究了大数据的内涵及其核心技术，充分发挥了现阶段公安信息化建设的大好势头，以建设数据公安来引领驱动的公共安全型社会，具有很强的现实意义。

官易楠（2019）[72]以缙云黄茶为研究对象，为茶园提供实时数据展示、异常环境报警和农事作业管理等功能；在方法上，进行异常数据处理优化、数据存储；通过部署传感器获取了黄茶生长过程的环境数据、土壤数据等，并记录茶农日常操作流程，在此基础上构建数据管理系统。主要研究工作包括：①采用微服务作为系统的架构。能够满足黄茶数据管理，满足实现系统的可扩展性、可维护性的需求；②提升数据查询效率。针对数据迅速增加导致的单个数据库存储压力增大、数据查询变慢等问题，引入分层存储的思想，采用最大存储量的高低水位算法的数据迁移策略，将数据有序地存储在不同的数据库中，使得数据迁移的效果良好，数据查询效率有了较大的提升；③提出 DBSCAN 改进算法。实验结果表现为预估范围内的参数聚类效果较优，有很好的滤波效果，改进的算法有效；④设计与实现黄茶生长大数据管理系统的功能模块；⑤系统利用 Maven 工具进行打包，方便于云上部署；⑥配置了微服务框架硬件、软件环境和使用的工具；⑦采集黄茶生长过程中影响较大的土壤信息、空气信息，构建整个架构、各个功能层与相关部分之间调用和信息传输路径。

傅思维（2019）[73]认为现在的农产品在类型、产品、品种、包装、销售渠道等方面越来越多样化。当前多数农产品在电商平台不热门，平台还存在耗时长、效率低等突出问题，平台产品无法被消费者第一时间找到。因此，在现有农产品电商平台基础上，设计实现了推荐管理平台，再通过智能推荐技术发掘推荐商品，并从个性化服务方面来推荐给消费者，达到增加与提高商品销售额的目的。该平台采用 HBase 数据库对用户行为信息进行采集处理，分析农产品的日销售热度、消费用户整体周期性行为特点、聚类分析用户个人行为特点并进行可视化展示，并对销售方式做出适时调整。利用多种大数据技术分析农产品电商平台用户的行为特征，为用户推荐感兴趣的商品，为商家拓宽销路，大大增加了农产品售出概率，降低了其运营成本，为解决农产品的买难卖难问题提供了解决方案及有力支撑。

张维东（2017）[74]以现代通信业为案例，利用大数据的技术手段，对在网、离网、后付费的移动用户，做了相关数据的实证分析。通过比较 3 种不同的模型预测误差率，选择适当的机器学习算法，并再次对该模型进行改进。经过多次科学实验，选择了最优的数据挖掘算法——RBF（Radical Basis Function）人工神经网络，构建移动用户离网行为分类识别模型。该模型采用输入输出关联法（IOC），给出了类二分法快速选择最优的属性组合，此方法不仅解决了 RBF 人工神经网络建模优化过程中无法再继续选择最优的变量属性组合的问题，还加快了选择最优变量的速度，提高了模型的效率，达到了建立模型的目的。

第二篇 物联网与农业物联网

物联网（Internet of Things，IOT）起源于传媒领域，是信息科技产业的第三次革命[75, 76]。物联网的提出是为解决三个方面的互联问题，即人与人（Human to Human，H2H），人与物（Human to Thing，H2T），物与物（Thing to Thing，T2T）之间的网络互联。物联网即“万物相连的互联网”，是在互联网基础上延伸和扩展的网络，是将各种信息传感设备与网络结合起来而形成的一个巨大网络，实现任何时间、任何地点，人、机、物的互联互通。物联网是新一代信息技术的重要组成部分，在IT行业内又叫泛互联，意指物物相连，万物万联。物联网就是物物相连的互联网有两层意思：第一，物联网的核心和基础仍然是互联网，是在互联网基础上的延伸和扩展；第二，其用户端延伸和扩展到了任何物品与物品之间，进行信息交换和通信。物联网的定义是指通过信息传感设备（射频识别、红外感应器、全球定位系统、激光扫描器等）按约定的协议，把各种装置、技术与互联网相连接，实时采集任何需要监控、连接、互动的物体或过程，采集其声、光、热、电、力学、化学、生物、位置等各种需要的信息，采用各类可能的网络接入，实现物与物、物与人的泛在连接，实现对物品和过程的智能化感知、识别和管理，进行信息交换和通信，以实现对物品的智能化识别、定位、跟踪、监控和管理的一种网络。物联网是一个基于互联网、传统电信网等的信息承载体，通过所有能够被独立寻址的普通物理对象形成互联互通的网络。物联网是按约定的协议，将任何物体与网络相连接，物体通过信息传播媒介进行信息交换和通信，来实现智能化识别、定位、跟踪、监管等功能。其他物联网的定义：物联网指的是将无处不在（Ubiquitous）的末端设备（Devices）和设施（Facilities），包括具备“内在智能”（Intrinsic Smart）的传感器、移动终端、工业系统、楼控系统、家庭智能设施、视频监控系统等，“外在使能”(Enabled)的，如贴上RFID的各种资产(Assets)、携带无线终端的个人与车辆等“智能化物件或动物”或“智能尘埃”（Mote），通过各种无线或有线的长距离或短距离通信网络连接物联网域名实现互联互通（M2M，Machine to Machine)、应用大集成(Grand Integration)、云计算的SaaS(Software–as–a–Service，软件即服务）营运等模式，在内网（Intranet）、专网（Extranet）、互联网（Internet）环境下，采用适当的信息安全保障机制，提供安全可控乃至个性化的实时在线监测、定位追溯、报警联动、调度指挥、预案管理、远程控制、远程维保、决策支持、安全防范、在线升级、统计报表、领导桌面、集中展示（Cockpit Dashboard）等管理和服务功能，实现对“万物”的“高效、节能、安全、环保”的“管、控、营”一体化。随着世界各国政府对物联网行业的政策倾斜，企业、机构等的大力支持和投入，物联网产业被急速地催生，根据国内外的数据显示，物联网从1999年至今几乎发展渗透进了每一个行业领域。可以预见到的是越来越多的行业领域以及技术、应用将和物联网产生交叉，向物联方向转变优化已经成为时代的发展方向，物联网的发展加快了科技的融合。

在物联网应用中有三项关键，分别是感知层、网络传输层和应用层。2021年7月13日，中国互联网协会发布了《中国互联网发展报告（2021）》，物联网市场规模达1.7万亿元，人工智能市场规模达3 031亿元。

农业物联网（Agriculture Internet of Things，AIOT）指通过各种仪器仪表实时显示或作为自动控制的参变量参与到自动控制中的物联网[77]，可以为作物、温室、施肥、灌水、精准调控等提供科学依据，达到增产、改善品质、调节生长周期、提高经济效益的目的。农业物联网的一般应用是将大量的传感器节点构成监控网络，通过各种传感器采集信息，以帮助研究人员、管理人员、农民等及时发现问题，并且准确地确定问题发生的位置，这样农业将逐渐地从以人力为中心、依赖于孤立机械的生产模式转向以信息和软件为中心的生产模式，从而大量使用各种自动化、智能化、远程控制的生产设备。农业物联网原理，是在计算机互联网的基础上，利用射频识别（Radio Frequency Identification，RFID）、无线数据通信等技术，构造一个覆盖世界上万事万物的“Internet of Things”[78]。在这个物物相联的网络中，物品（商品）能够彼此进行“交流”，而无需人的干预。其实质是利用RFID技术，通过计算机互联网实现物品（商品）的自动识别和信息的互联与共享。

传统农业中，浇水、施肥、打药，农民、生产者、管理者全凭经验、靠感觉。如今，设施农业生产基地，看到的却是另一番景象：瓜果蔬菜该不该浇水？该不该施肥？该不该打药？怎样保持精确的浓度？温度、湿度、光照、CO_2浓度，如何实行按需供给？一系列作物在不同生长周期曾被“模糊”处理的问题，都由信息化智能监控系统实时定量“精确”把关，农民、生产者、管理者只需按个开关，做个选择，或是完全听“指令”，就能种好菜、养好花。例如，大棚控制系统中，运用物联网系统的温度传感器、湿度传感器、光照度传感器、CO_2传感器、pH值传感器等设备，检测环境中的光照强度、土壤养分、温度、相对湿度、CO_2浓度、pH值等物理量参数，保证农作物有一个良好的、适宜的生长环境。远程控制的实现，使技术人员（农民、生产者、管理者）在办公室就能对多个大棚的环境进行监测控制，通过无线网络就能获得作物生长的最佳条件。

1. 国外发展现状及趋势

物联网最初是由麻省理工学院（Massachusetts Institute）的 Auto-ID 研究中心提出来的。研究中心一个重要的研究方向就是唯一标识产品。其研究成果被命名为电子产品代码（Electronic Product Code，EPC），随后被 EPC global 商业化。EPC global 设立的目的是规范工业界的自动识别目标，EPC global 与 EAN.UCC（European Article Numbering Unniform Code Council）合称为 GSI，是 Auto-ID 研究中心的商业化合作伙伴，推动了 Auto-ID 研究，特别是实现了 EPC 的商业化。

一个“物体”或“对象”是现实世界中任何可能加入通信链中的设备、品目。物联网最初的主要目的是与数据传输为特征的通信能力相结合。和互联网一样，物联网也被称为代表“数字世界”的比特网络。自动处理过程是将真实世界或者物理世界与数字世界相连接，真实世界或物理世界被称为原子网络，其最小元素为原子；数字世界被称为比特网络，其中最小元素为比特。

2005 年，国际电信联盟（International Telecommunication Unit，IUT）对新电信业务的可能性产生了兴趣，这种新电信业务是指围绕着环境对象到网络的新连接而建立新的服务方式。2005 年，ITU 发布了《ITU 互联网报告 2005：物联网》的报告，正式提出了物联网的概念。

IUT 发布了一份有关物联网的详尽报告，报告中对物联网从技术、经济和道德的角度（维度）进行了分析。它引入了一个新轴概念，来衡量泛在网络路径，完善了现有的“任何地点”和“任何时间”的连通性。通过新轴进行“任何事物”的连通性，在连通构架中，将现有的人与人、人与机器交互的基础上，加入了物与物或者机器与机器的交互功能，也为新服务的产生创造了机会。

追溯物联网的概念，最早于 1999 年由 Ashton 教授（麻省理工学院）提出，随着它与农业领域的应用结合越来越密切，形成了农业物联网。目前，国外农业物联网技术及感知产品相对国内发展较为成熟，国外的产品在稳定性和可靠性等方面，更具备优势，在农业物联网方面对推动农业信息化与精准农业的发展起到了至关重要的作用。美国在 20 世纪 80 年代初便提出了精准农业这一设想，90 年代初就开始投入实际生产应用。除此之外，英国、德国、日本、荷兰、法国、加拿大、澳大利亚、巴西等国家也陆续开始研究这项技术及其应用，以色列的农业信息化技术发展尤为突出。以色列 PhyTech 公司开发的“PTM-48M”植物生理及环境监测系统，结合了 12 种传感器，可以实时监测植物生长状况、土壤、空气质量、光合作用与蒸腾速度等信息，其设计的系统，采用交流电供电方式，常在实验室或温室中使用。

在农田种植方面：Hamrita 等（2005）[79]应用无线射频识别技术，研发了用于土壤性质监测的系统，实现了对土壤温湿度的实时监测，来分析植物生长趋势。在畜禽养殖方面：Nagl 等（2003）[80] 采用无线传感网络技术设计实现了虚拟栅栏系统，其中加入了GPS 传感器，设计了家养牲畜远程健康监控系统，农户可以随时监测牲畜的健康状况，有效避免了大规模的动物疫情暴发；Bishop-Hurlen 等（2007）[81] 进行了耕牛自动放牧试验。在园艺种植方面：Maione（2013）[82] 在苹果园安置了 135 个土壤湿度传感器和 27 个温度传感器，监测土壤温湿度变化情况，将数据通过无线传输到管理平台，辅助提高苹果产量和质量。

韩国顺天国立大学 Hwang 教授等研发的“农业环境监控服务器系统第二代”，采用了无线传感网络技术，具有环境和土壤信息数据采集功能，并结合了 CCTVs 图像采集功能和 GPS 定位功能。系统采用蓄电池和太阳能电池供电，在功能上能够实现远程实时监测[83]。日本耕地资源少，为了大力发展农业，日本政府根据物联网发展态势，在 20 世纪 80 年代末，分别提出了 u-Japan、i-Japan 的物联网发展战略的概念，包括农业领域在内，来加强各个领域的信息化与智能化；到 90 年代，建立了统一联网的农业科技信息服务系统，由（日本）电信电话公司实时管理；实时管理系统应用广泛，甚至应用到了每一个县，使农民和技术专家使用计算机就能够快速得到所需信息，还可以随时与其他用户交换数据信息[84]。

在农业生产精细管理方面，美国、澳大利亚、法国、加拿大等一些国家在大田粮食作物种植精准作业、设施农业环境监测、灌溉施肥控制、果园生产信息采集和灌溉控制、畜禽水产精细化养殖等方面应用广泛。例如，在农产品安全溯源领域，国外发达国家在动物个体编号识别、农产品包装标识及农产品物流配送等方面应用广泛。2001 年起，加拿大对肉牛使用一维条形码耳标，目前已过渡到使用电子耳标。2004 年日本构建了农产品追溯试验系统，利用标签实现了对农产品的流通管理和个体识别。欧盟与各国政府也相继完成物联网产业发展规划。2006 年 9 月欧盟召开了以“i2010：创建一个随时随地的欧洲信息社会”为主题的物联网大会。

欧盟计划 2007—2012 年投入 532 亿欧元研发经费来推动欧洲最重要的 EU-FP7 研究计划，信息技术是其中最大的一个研究领域，并将物联网的发展分为 4 个阶段。① 2010 年前，利用 RFID 技术实现单个物体间的互联，广泛应用于物流、零售和制药领域；② 2010—2015 年，物体广泛互联，制定了行业标准，并完成了部分网络的融合；③ 2015—2020 年物体进入半智能化，网络具有数据高速传输能力；④ 2020 年之后，人、物、服务、网络达到深度融合。2008 年，法国建立了较为完备的农业区域监测网络，指导施肥、施药、收获等农业生产过程。在泰国，初步形成了小规模的水产养殖物联网，解决了技术在水产品领域的应用难题。2009 年 7 月，日本政府 IT 战略部制定了新的信息化战略，该战略提出到 2015 年，让信息如同水和空气一样融入每个角落，针对电子政务、医疗保健、教育与人才三大核心公共事业领域，提出了相关物联网项目。2009 年 10 月，韩国政府通信委员会发布了“基于 IP 的泛在传感网基础设施建设规划”，规划中提出到 21 世纪前20年间构建世界最先进的物联网配套设施，打造超一流的无线通信融合技术。

Sailer等（2014）通过研究智能电表、智能电网、智能家居情况，指出物联网与网络的联系越来越密切[85]。物联网技术已经伴随技术的发展融汇成为我们生活中的一部分，日常我们使用的智能电表、智能电网、智能家居，极大地方便了我们的生活；基于RFID技术，极大丰富了我们的生活，衍生交集的传感器网络、NFC（Near Field commounica-time，近场通信）、蓝牙、无线个域网、无线局域网等技术，联接智慧交通、智慧城市、智慧农业、智能农业改变着我们的生活、改变着我们的思维；物联网和云存储技术的发展，在构建低成本农业接入平台、实时数据采集、实时数据分析、实时数据展示、实时精准施肥等方面，尤其是在现代化农业的建设中，就显得更加重要。

在世界范围内，农业物联网的实际项目已经投入使用的也有很多，美国农业部建立了农业门户网站，能获得348个农业数据集。美国、印度、加拿大正在计划共建一个可以被共享的数据平台。The Climate Corporation开发了一个天气保险项目，项目包括了全年各个季节数据，使用了专门的数据采集及分析平台，天气数据涵盖了250万个采集点，通过对各因素分析，为农作物提供保险；Farmeron作为云端农场管理商，为全世界的农民提供数据跟踪和分析服务，农民只需要登录网站，就可以看到自己的畜牧饲养状况，而且可以对网站收集的农业生产记录再进行分析，用来制定科学的生产计划[86]。

Wang等（2010）提高了一个图片存档及通信系统（PACS，Picture Archiving and Communication System，影像归档和通信系统）工作站的功能扩展，促进了可以跳转到第三方的集成图像处理的发展。目标解决方法中，PACS工作站显示了XML中定义的前端用户界面，文件在图像处理软件中运行，背景为一个服务器。IPC技术允许PACS工作站和独立的图片处理软件之间的图像数据、参数和用户输入的交换。基于IPC技术的B/S模式通信是PACS工作站开发者和进程软件开发者的吸引人的方法，使得人们关注点不同时也可以进行协作[87]。通过图像处理技术，可以方便地在物联网中动态处理所需的实时动态图像，对各种影像设备间传输数据和组织存储数据具有重要作用，便于物联网中的图像实时获取与处理。

国外的很多学者已经开始致力于研究农作物的生长状况监测、病虫害监测、作物产量监测、畜禽养殖管理、农产品物流、环境监测、农场机械、精确灌溉、精确施肥、温室监控、大田果园监控、精确畜牧业等。Mancuso等（2006）采用Sensicast公司的RTD204模块无线采集农业大棚内西红柿的生长环境参数（空气中的温湿度和土壤温度）[88]；Wahlen等（2006）利用光学反射原理对被病虫害侵蚀的作物进行监测，从而将染病的农作物与营养不足的农作物区分开来[89]；Bradford等（2006）将遥感技术应用到作物产量监测中，通过作物的光谱反射特征来估计作物的产量[90]；Parsons等（2005）将基于RFID的电子标签安装在羊身上，实现了对羊群的实时高效管理[91]；Spiessl-Mayr等（2005）采用RFID技术在需要运输的猪肉上贴上标签，可以实现猪肉追溯管理[92]。

2. 国内快速发展阶段、创新发展阶段与创新趋势

在物联网技术方面，中国一直跟踪世界技术，从物联网概念提出开始，国内就给予了高度重视，并筹划其发展。农业物联网的发展也十分迅速，针对农业物联网的农业数据分析也在广泛进行。

龙腾芳（2005）[93] 利用数据挖掘技术分析了物联网技术在农业上的应用，通过针对温室作物建设的生长决策系统，较好地解决了温室作物生长智能决策过程中推理困难等技术难题；王培等（2008）[94] 采用了 WEB 技术的地理信息管理系统，探索了在可视化农业研究方面及使用中的一些关键技术；张文静等（2008）[95] 采用关联规则算法，进行数据挖掘，构建了农业专家系统，以农作物病虫害为例建立农业专家系统的知识库，利用关联规则的 Apriori 算法，挖掘出了可应用于专家系统知识库的决策规则，应用在推理决策中；刘春玲等（2010）[96] 分析了农业研究领域的特点，系统阐述了聚类算法、决策树、关联规则、粗糙集等数据挖掘技术与算法在农业中的应用发展现状与前景；何文娜（2013）[97] 以大数据、物联网、云计算等前沿技术在地质调查领域信息化工作的应用作为研究对象，分析了地质物联网需求，探讨了关键技术、框架体系、应用模式等，提出了基于大数据地质物联网的总体框架和物理部署，提出了地质信息“一张图”等设计理念，利用 SOA 初步搭建地质云计算平台的原型系统。用户在使用时，只需要访问云端，就能实现一站式调用，这是大数据应用的一个重要方面，为预期效果、设计目标的研究提供了参考技术方法。

“中国式”物联网定义：物联网是一个基于互联网、传统电信网等信息承载体，让所有能够被独立寻址的普通物理对象实现互联互通的网络。它具有普通对象设备化、自动终端互联化和普遍服务智能化 3 个重要特征。

国内在农业信息化发展上迟于发达国家，但是也在加快向现代化农业转型。在 20 世纪 90 年代，国内开始进行精准农业管理研究，并先后在上海、北京、陕西、新疆、黑龙江等地区建立实验区。随着信息技术的快速发展，精准农业生产方式得到了科技界和产业界的重视，开始投入实际应用。例如：在 GPS 定位方面，北京顺义区首先利用了 GPS 全球定位技术对 1.5 万亩的农田进行了精确预防虫害试验。

目前国内的许多研究机构以及高校在农业物联网研究上投入了许多科研力量，并取得了一定的成果。北京旗硕科技有限公司生产的“农用通”产品，可以采集环境温湿度、光照强度、土壤温湿度、CO_2 浓度等 6 种常见环境参数，该产品安装简单、便于携带。孙程光（2009）采用 PTR8000 无线收发模块进行数据无线传输，上位机设计采用 VB 进行开发，设计了一个用于温室无线智能环境监控的系统。国家农业信息化工程技术研究中心成功研制了基于 GIS、GPRS 等技术的农业作业机械远程监控调度系统，可实现农机的精准远程定位和部署，使得农机资源更加优化分配，可以避免农机盲目调度[98]。

在农业生态环境监测领域，国内研制了地面监测站和遥感技术相结合的墒情监测系

统，建立了从农业农村部至各省、市，其他重要地区等一批农业环境监测网络系统，实现了对农作物生长环境信息的实时监测。王卫星等（2011）[99]针对茶园中分布范围广、通信困难的情况，采用无线传感网络技术设计了适合茶园信息采集的监控系统。陈娜娜等（2011）[100]研制了水产养殖智能环境监控系统，该系统利用 GPRS 无线通信技术来实现数据信息的远程传输，配合特殊的图像处理识别技术实现了鱼病自动诊断系统。

国内每年通过农业环境监测网络展开农业环境常规监测工作，获取监测数据达 10 万多个。在农产品质量安全监管领域，国内于 21 世纪后开始溯源技术以及农产品流通体系监管技术的研究和相应监控系统设计，其目的在于提高农产品以及其他食品的安全。例如，北京、上海、南京、广州、天津、四川等地相继利用条形码、IC 卡、射频识别等技术建立了农产品质量安全溯源系统；浙江大学等单位研究设计了车载端冷链物流信息监测系统。国内已意识到物联网技术对农业发展的巨大影响，对农业物联网的研究集中在应用方面，投入了大量的技术人才和资金进行研究和实践，研究内容也颇丰，相信将来会赶超发达国家水平。

物联网是一个热门技术，它的未来体系结构还在建设中。通过无处不在的网络向用户展现一个通信与网络世界新奇的角度，强调了全球化网络物理对象的愿望。物联网是通过有线和无线网络连接的，通常使用相同的协议进行连接，一般用户与硬件的数据交互还需要通过上位机进行，物联网的上位机软件可以通过组态软件实现。

黄天戍等（1999）[101]认为通过组态软件可以设计出生动的人机界面和对信息的初步逻辑处理，这些软件功能和共同特点使用户可以参与整个开发和使用过程，方便实现“人、机”会话，实现人与物的信息交互功能，使用时能够达到物联网应用功能和控制功能。

戴鑫（2010）[102]研究了农业物联网有助于提高效率、转变发展方式、助力绿色农业发展，是促进传统农业转型的催化剂，指出了农业物联网的巨大需求，同时也为运营商的物联网规模化商用指明了方向。

吴仲城（2010）[103]介绍了农产品质量最安全溯源系统，提出农业物联网是一个浩大的工程，这项工作需要以政府为主导、以企业为主体、由行业进行推进。国内地域广阔，企业数量众多、差异大，规模资质各不相同。当前物联网技术在农村的应用是一个渐进学习、借鉴的过程，在初期需要政府的引导和投入。以农产品安全体系建设来说，完全可以像西方国家那样：①强制个别行业或部分企业实施产品质量追溯。待产业化水平提高、市场条件允许、物联网化利润可观后再逐渐转变为市场化运作；②依托国内（或当地）优势企业和龙头行业，农业物联网的推广需要有成熟的条件，以龙头企业和集体企业为依托，再慢慢推广到更多的企业。

王磊等（2011）[104]认为 iFIX 软件将控制技术、人机界面技术、图形技术、数据库技术、网络技术集成一体化软件，软件具有动态显示、报警、趋势、控制策略、控制网络通信等组件，并且用户的操作界面友好；更方便的是，用户在不会或不需要编写代码的情况下，经过简单的操作便可生成用户需要的相应功能的软件；通过组态软件 iFIX 在污水处理控制系统中的应用，运行结果可靠，不仅降低了工作强度，提高了工作效率，还提高了污水处理控制系统的自动化程度，方便实现物联网的控制功能。

潘明等（2011）指出物联网在现代农业上的应用，内容涉及了智能化培育控制、农产品质量安全监管流程化、信息监测等方面，并提供了参考经验[105]。邓择文（2011）讨论了物联网在节能减排中的应用，研究主要是从物联网在工业领域、建筑节能领域以及新能源领域三个方面进行相关分析[106]。司文（2011）在研究中结合山西省缺水的农业资源现状，指出有效提高灌溉率是山西省降低农业生产成本、提高土地生产效率的关键。以山西省自动化研究所开发的山西应县节水灌溉系统为例，详细解释了系统水管理流程，流程分为信息采集、数据分析加工、实践指导和信息反馈几个环节，系统主要由水信息采集系统、传输系统、用水管理系统等组成，整个系统的核心是管理信息系统，它负责协调处理各方面的动态信息，辅助决策[107]。

李春辉（2015）[108]运用 WSN（Wireless Sensor Network，无线传感网络）构建智能农业信息采集平台，使用 Hadoop 框架技术（包括 HDFS 及 Map/Reduce 计算模型，HBase 数据库及机器学习算法的农业海量数据处理方法），以“黑龙江省齐齐哈尔地区传统农业信息化改造”为背景，针对黑龙江县物联网和光伏现代温室和富裕县万亩稻田信息化建设需求主要开展了以下工作：①实现 Hadoop 平台框架的生态群落、分布式存储计算与分析，对数据库合理设计，能够提高框架的使用性能；②设计了农业领域中大棚传感数据处理模型，涉及农业无线传感网的数据采集和传输、数据接口、数据加载、用户管理等模块与功能的实现，进而完成数据库中农业数据的分布式算法分析；③完成了 Linux 集群上 Hadoop 集群的搭建及实验，对 HDFS、MapReduce、HBase 等功能模块和数据库进行了优化，并通过 Java API 等编程接口实现了可靠性、稳定性功能测试与验证工作；④运用机器学习的算法库，使用 Kmeans 算法实现了农业数据的分析实验研究，同时实现了农业数据的挖掘分析，进一步完善了功能及稳定可靠性能；⑤用 ZigBee 协议、CC2530 系列无线传感器网络模块和多类传感器构建物联网，构建了农业信息数据采集、无线传输和数据汇聚平台；⑥使用 Java、Mysql 和分布式数据库 HBase 技术，构建了物联网农业数据检索和管理平台，完成了软硬件平台搭建与配置；⑦基于 HPC（高性能服务器集群）和 Hadoop 平台，搭建分布式存储数据库 HBase，完成同 Mysql 数据库迁移转换接口，完成了物联网农业大数据存储、查询和数据挖掘任务；⑧进行 MapReduce 农业物联网数据分布式计算方法，设计出相应的 Map 和 Reduce 函数，实现 Kmeans 算法数据的并行化处理，完成大数据的分布式快速处理，并对平台的参数进行调整，进而对其功能及性能进行了优化。研究工作取得了成本低、可靠性高、容错性能好、便于部署和应用、可扩展性强等优点，并且实现了由传统农业向农业物联网的现代化转变、改良、改造、优化和提升，有较大的推广应用价值和社会价值。

机器视觉中图像去噪和目标识别是图像处理技术的两个重要方面，机器视觉中的CMOS和CCD是图像摄取的两种产品。机器视觉系统是通过机器视觉产品，将被摄取目标转换成图像信号，传送给专用的图像处理系统，得到被摄目标的形态信息，根据像素分布和亮度、颜色等信息，转变成数字化信号。图像系统将转化后的信号进行各种运算，进而控制现场的设备动作。农业物联网环境中的机器视觉技术是用机器代替人眼进行做测量和判断。

方政（2016）[109]以番茄为研究对象，针对果形、颜色等特点进行了机器视觉识别研究，研究取得了8个成效：①提出图像去噪预处理方法。在图像去噪处理方面，提出一种基于贝叶斯决策的预处理方法。先对图像的灰度直方图进行分析，获得贝叶斯决策所需要的参数，再对图像中的像素点进行二次判别，将像素点分为：噪点与非噪点两类；通过对三种传统的去噪算法对图像进行去噪测试，取得了良好的效果，能够改善传统图像去噪算法中去噪后导致图像模糊化的情况；②提出一种改进的结合多方向中值滤波的各向异性扩散滤波算法。利用保留细节和边缘能力较为突出的多方向中值滤波方法在多个方向上进行扩散，利用图像梯度以及局部方差对扩散系数进行了改进，采用多次迭代的方法进行扩散系数的修正；在滤除噪声的同时，注重对图像边缘细节的保持，将峰值信噪比、均方误差、结构相似度和图像佳数等4个参数作为指标对比验证，改进算法与传统各向异性扩散方法相比效果更好；③提出了一种成熟番茄识别方法。利用HIS（Hve–Intensity–Saturation，色调–亮度–饱和度）模型，提取HIS模型中的色调分量，对目标图像进行变换，采用最大方差自动取阈值法进行图像分割，采用最小外接矩形法对目标图像中的有效区域进行标记，提高了算法的计算效率，再采用Hough变换对之前提取的轮廓线进行识别；在方法上，能够实现自动滤除掉未成熟番茄和枝叶等背景，有效识别目标，尤其对于重叠遮挡情况下番茄的识别效果有了较大改善，更能满足实际农业生产的需要；④对番茄识别方法进行了优化。利用最小二乘法拟合所得到的结果对基于Hough变换的结果进行了修正来提高识别准确度；减少了误判断，降低了误识别率；增强了中值滤波算法保持边缘细节的能力；而且采用图像梯度和归一化局部方差所组成的扩散系数，对于保持边缘细节的处理效果较好；⑤仿真测试。仿真测试图像拍摄于兰州交通大学农业物联网实验室温室内，图像为JPG格式，分辨率为800×600；使用的计算机具体参数为：Inter Core i3处理器，主频为1.70GHz，内存4G，采用的实验仿真软件为Matlab7.0；分别通过算法、区域匹配算法和边缘拟合算法对测试的图像进行对比仿真测试；算法处理的图像，存在遮掩度为0%、遮掩度<50%、遮掩度>50%三种情况的番茄，通过Hough变换得到的圆能够较为准确地表示出番茄的位置和轮廓。通过100幅图像的测试，共含有番茄437个，其中包括未成熟番茄果实35个，完全未被遮掩的成熟番茄果实249个，被遮掩部分少于一半的成熟番茄果实91个，以及被遮掩部分超过一半的成熟番茄果实62个；基于研究提出的算法成功识别出番茄284个，其中，完全未被遮掩的成熟番茄果实196个，被遮掩部分少于一半的成熟番茄果实 62 个，以及被遮掩部分超过一半的成熟番茄果实 26 个；⑥仿真结果。区域匹配算法、边缘拟合算法和研究提出的算法，三者的平均识别率分别为：65.7%、65.9%、70.6%；研究算法可以有效滤除未成熟番茄，识别成熟番茄，平均识别率达到了 70.6%，尤其对于存在重叠情况的番茄，识别准确率较高，误识别较少，取得了较好的效果；⑦提出提高成熟番茄识别率的方法。在识别率上，对于番茄在重叠情况和非重叠情况下，较传统 Hough 变换算法和最小二乘法有了较为明显的提高；能够有效从图像中识别出成熟番茄，自动滤除未成熟番茄和枝叶等背景，降低了误识别率，识别效果比较好，尤其对于重叠遮挡情况下番茄的识别效果有了较大改善，更能满足实际农业生产的需要。⑧识别的方法适合呈球形或果形轮廓近似圆形的瓜果识别，如柑橘、橙、荔枝等，因此可以在更多的圆形水果识别方面做更深一步的研究，为后续研究积累经验，提供技术方法和参考。

何丽华（2016）[110] 的研究工作取得了两个实际应用效果：①以北京市延庆区农田玉米地监测的数据样本为研究对象进行分析，将 HHT 作为主要的数据处理方法，达到了监测农作物环境的目的，还实现了节点更合理地布置规划，节约了人力、物力成本；②以云南 4 个地区的降水量数据样本为研究对象，在智能灌溉决策子系统中，将 EEMD 与机器学习相结合，建立了降水量预测模型，并将其与单独建模的机器学习作对比。结果显示：EEMD 与 ANN(SVR) 相结合的方法表现出相当准确、稳定的预测效果，并且比 ANN(SVR) 的预测效果好，其中 EEMD 与 ANN 相结合的模型预测效果最好，表明该框架是正确的。在此基础上，提出 EEMD 与 SVR 及 ANN 相结合的创新性混合模型，实验结果显示此模型预测降水量效果最佳。

刘保君（2013）[111] 针对农田信息采集监控系统的稳定性和长期使用性的特点，从硬件到软件，从底层到上层应用层方案，实现了农田环境监控系统架构，整个系统主要包括无线传感器网络、综合网关、数据库系统和控制中心 4 个部分。主要研究工作分为：①无线传感器网络。采用 IETF① 6LoWPAN② 标准和 IEEE 802.15.4e③ 标准的 SmartMeshIP 通信模块；LTP5902-IPR 模块作为无线传感器网络中的协作节点负责与外部数据接口进行数据通信；SmartMeshIP 微尘模块和高精度农业传感器、反馈控制器、放大电路等一同构成无线传感网络采集节点，即智能数据采集终端；对无线传感器网络协作节点收集到

①国际互联网工程任务组（或互联网工程任务组）（The Internet Engineering Task Force，简称 IETF）是一个公开性质的大型民间国际团体，汇集了与互联网架构和互联网顺利运作相关的网络设计者、运营者、投资人和研究人员，欢迎所有对此行业感兴趣的人士参与。

②6LoWPAN 是（IPv6 over Low power Wireless Personal Area Network）的简写，即基于 IPv6 的低速无线个域网。6LoWPAN 技术是一种在 IEEE 802.15.4 标准基础上传输 IPv6 数据包的网络体系，可用于构建无线传感器网络。IETF 组织于 2004 年 11 月正式成立了 IPv6 over LR_WPAN (6LoWPAN) 工作组，着手制定基于 IPv6 的低速无线个域网标准，将 IPv6 引入以 IEEE802.15.4 为底层标准的无线个域网。

③IEEE 802.15.4 是一种技术标准，它定义了低速率无线个域网（LR-WPAN）的协议。它规定了 LR-WPAN 的物理层和媒体访问控制，并由 IEEE 802.15 工作组维护，该工作组在 2003 年定义了该标准。它是 Zigbee 的基础，诸如 ISA100.11a、WirelessHART、MiWi、6LoWPAN、线程和 SNAP 规范，每个规范通过开发 IEEE 802.15.4 中未定义的上层进一步扩展了标准。

的数据进行数据处理，经综合网关将数据发送至远端服务器中，在网关处会进行数据包完整性判断和FCS（Frame Check Sequence）校验等工作；②综合网关3G通信模块的设计。以6LoWPAN协议的农业物联网节点设计方案（包括传感器网络、通信节点、综合网关、3G通信模块、传感器网络采集节点、网协作节点），在Linux内核编译和程序移植的基础上，实现了综合网关设计；③数据库系统。服务器端会通过设备和相应程序将数据接收处理，将处理后的数据存入数据库中；④控制中心。系统中，控制中心可以很好地和数据库数据进行同步，将数据结果友好地呈现，供分析人员进行分析处理。通过对系统各个逻辑模块进行功能测试（组网测试、数据通信测试、系统稳定性、可靠性测试、系统负载、性能分析、数据处理等），验证了系统运行的稳定性和可靠性；系统较好地实现了双向通信和控制机制，控制（监控）中心可以根据数据分析结果对传感器子网的控制和数据进行反馈，完成对农田环境的远程监测和控制。

李飞雅（2016）[112]研究了B/S架构的农业物联网上位机软硬件系统，该系统分为3个部分：浏览器端部分（若干个）、应用程序服务器和数据库服务器。系统大大减轻了客户机的压力，提高了效率。在Node.js环境下，服务器端与数据库之间的数据交互通node-mysl功能模块实现，服务器端与数据子站的通信通过jsmodbus功能模块实现，服务器端与浏览器端通过WebSocket进行实时通信。通过测试表明，服务器软件运行平稳，与数据库的通信正常，Modbus通信正常，可以与浏览器端、数据库和数据子站进行有效快速的通信；软硬件系统各设计功能达到了预期设计效果，实现了系统需求分析中预期的功能。

温绍梅（2014）[113]指出很多智能农业是利用CC2530芯片和ZigBee协议建立的节点间通信研究模型，由于6LoWPAN（是IPv6低速无线个域网标准，IPv6 over power Wireless Personal Area Network，即：IPv6 over IEEE 802.15.4）低功耗、无损IPv6协议加速了无线传感器网络（WSN）与智能对象互联网的融合，是IPv6作为无线传感器网络未来的一个发展趋势。研究使用的Contiki操作系统是由瑞典计算机科学学院（Swedish Institute of Computer Science）的Adam Dunkels和他的团队开发的，与ZigBee协议相比，Contiki操作系统由于完全开源、免费、多任务、易于多平台移植是在许多商业产品无线传感网络中取得成功应用的操作系统。研究使用的CC2530芯片（芯片分为：CC2530F32/64/128/256 4种芯片，有32/64/128/256KB 4种闪存版本）是IEEE 802.15.4和RF4CE应用的一个真正意义上的片上系统SoC（System-on-a-chip）。CC2530芯片具有不同的运行模式，更适应超低功耗要求的系统与解决方案，容易建立符合IEEE 802.15.4标准协议（RemoTI™网络协议、TIMAC软件和用于ZigBee®兼容解决方案的Z-Stack™软件），或者SimpliciTI™网络协议，而且不局限于这些协议（如CC2530芯片适合6LoWPAN和无线HART的实现），大大丰富了其应用扩展性。温绍梅在研究采用基于Contiki操作系统和6LoWPAN无线网络通信方式的智能农业模型，模型中的控制系统，能够实时显示园区内的土壤、环境和光照等数据，并能通过摄像头将监测到的信息直接用于查看农作物的生长状况，实现了一个智能农业物联网的模型。该模型还支持手机、PC 等移动终端设备实时查看传感器数据，并实时发出控制指令。

雷思君（2015）[114] 的研究以 ARMCortex-M3 内核的高性能、低成本的 STM32 芯片为处理器，搭载外围功能电路，移植定制的 μC/OS-Ⅱ操作系统实现多任务管理，开发出一个功能全面的虫害防治监测系统，农业用户可以足不出户远程监控农田的环境状况以及虫害的信息。研究设计的系统支持以下 3 种方式来获取采集信息以及进行系统设置，使得设备控制更加便捷灵活：①进入田间现场操作；②通过手机短信指令操作；③在 PC 机等上网设备登录网站操作。系统在电源设计上采用了锂电池供电以及太阳能电池供电两种方式，节约了能源，增加了锂电池使用时间。系统安装简单，能够实现对环境信息以及虫害的监测，采集到的数据真实可靠，可为灾情虫情预报提供数据依据。此外，该系统扩展性好，便于升级。经测试验证，该系统能够实现预期功能，运行稳定，功耗低，可扩展性好，且设备使用简单灵活。

同诗扬（2016）[115] 以认知无线电频谱检测算法作为研究重点，进行了以下 6 个方面的研究和改进：①对单用户检测算法、多用户协作检测算法进行研究。重点对 3 种不同数据融合准则的协作频谱检测算法做了 MATLAB 仿真，仿真结果表明：协作频谱检测的性能比单用户频谱检测的性能提高了 24%；②进行两种改进型算法。改进型双门限协作频谱检测、基于信噪比加权的改进型协作频谱检测；③利用 MATLAB 进行仿真。仿真结果表明：改进后的协作频谱检测的性能比传统的协作频谱检测的性能有所提高。④以农业网联网的 ZigBee 为例，建立了 CR-ZigBee 模型。将传统 ZigBee 与加入认知频谱检测算法后的 CR-ZigBee 进行性能比较，利用 MATLAB 软件进行仿真实验。与传统的 ZigBee 相比，在相同的虚警概率时，检测概率最大提升达 9%。如果将认知无线电应用于农业物联网中可以解决信息传输中频谱资源匮乏这一问题；⑤建立 CR-ZigBee 模型。将认知无线电与农业物联网相结合；⑥提出两种改进型认知频谱检测算法，并利用 MATLAB 软件仿真，得出改进型算法比传统的协作检测算法系统检测性能有一定的提高。改进后的算法性能明显要优于传统的合作频谱检测的性能，并且当信噪比为 -5dB 时，系统的检测概率提高了 42%。当协作用户数为 15 时，错误概率可降低 40%。

刘晓杰（2012）[116] 针对福建省农业物联网现阶段存在的问题，运用文献调研方法、比较分析法和归纳演绎法、多学科研究法和实证研究法，分析了福建省农业物联网的应用现状和产业环境，提出以政府扶持为主导，以技术研发为核心，以企业孵化为载体，以资本运作为动力，以产业化为依托的运营模式。研究发现福建农业物联网的发展思路，主要有：①重点开展农业物联网、芯片、传感、嵌入式装备、组网技术的技术攻关，加快推进相关企业与相关部门农业物联网标准制定与创新、服务模式创新，形成拥有自主产权和产品的解决方案；②加快引进电子、计算机、网络、软件、通信、自动控制等方面的技术人才，多种形式开展企业、高校等合作、交流，提高物联网专业教师教学和科研能力；③从产业链角度分析。福建省具备了较完善的传感器、网络传输、数据处理等产业链；新大陆、联迪、信达汇聪、欣创摩尔、冠林电子等物联网企业技术和应用较为领先；福建省的物联网产品在城市互联网络、食品安全追溯、饮用水质安全监测智能监控等系统应用较为广泛，农业物联网的应用尚处于起步阶段，因此在政府的引导和扶持下，进行企业化扶持显得尤为重要；④持续加大农业物联网研究发展与创新。在企业以技术为主导，继续培养农业物联网龙头企业，强化物联网技术的应用基础研究。

福建省农业物联网的发展方面：①政府层面。尤其需要政府的推动，政府应加强招商引资，制定鼓励政策推动物联网行业规划发展，推动各种示范工程，引导科技园区、经济开发区聚集物联网企业；②福建省农业部门层面。实施农业物联网的功能与应用工作；③企业方面。制定行业标准与技术标准，开展技术研发和孵化项目；④在实际应用与探索方面。客观地分析福建省农业物联网的产业环境情况，以茶叶物联网、林业物联网为例，进行剖析和详解，做了实施方案；力求对实际决策有所助益，物联网在农业领域应用中，收集农业土壤湿度、氮浓度值、降水量、温度、空气湿度和气压等信息并将这些信息传递到中央控制设备供农业生产者决策和参考，为福建省农业物联网的发展提供基础的思路和方案，为拓展福建省农业物联网应用提供思路。

曾辉（2015）[117]为了将光孤子通信技术嵌入农业物联网中（包括 SDH 技术、MSTP 技术、光学传感器等），解决传统通信过程中存在信号的衰减、通信容量不足等诸多问题，开展了以下研究工作：①解决突破小范围、短距离数据传输的瓶颈。分析了农业信息领域采用全光网络通信对其实现信号远距离传输优越性（如 SDH 技术、MSTP 光接入技术）；能满足多层次、多信息农业数据业务的无缝链接、处理和传输；对提高带宽共享、不同级别农业信息业务调度起到一定实际作用；②用光孤子传输数学建模，解决传输问题。阐述了 Zakharov 算法和分布傅立叶算法数值，求解了 NLSE 方程和修正项高阶 NLSE 方程具体原理与思路，研究了分步傅立叶算法；比对分析在同等精准度情况下，运行速度高出 1 ~ 2 个数量级；③解决影响孤子传输若干因素为其核心技术部分。用 MATLAB 程序仿真损耗参数、Nonlinear 效应、GVD 与 Kerr 作用、初始啁啾以及高阶色散等对信号传输演化进行数值模拟；在传统振幅比不等上，改进了非线性增益滤波算法，有效抑制孤子传输过程中存在偏离入射脉冲槽以及自扰问题；在皮秒、飞秒级光孤子数据模型建模分析中，分析了非线性效应（损耗系数、群速度色散、Kerr 效应、光纤 Nonlinear 效应、初始啁啾等）对光孤子传输的影响，得出一系列光孤子脉冲传输方程；在影响因素上，采用非线性增益、增加滤波装置以及控制振幅比值能有效纠正入射位置、抑制光孤子传输过程中互相干扰，保持传输平衡，达到了光孤子通信技术在农业信息领域保持信号稳定传输、减少误码率、提升带宽的指标参数要求。

仿真实验结果：脉冲波随着传播时间与距离递增，高速数字光通信系统中孤子间传输特性得到明显改善，使孤子入射位置与出射位置基本吻合，且光孤子传输脉冲波形失真也得到有效补偿，大大减少了信号衰减，这对提高农业物联网信息在通信系统传输信号质量有积极作用，从而实现农业物联网中信息高保真及超远距离高速传输。

李颖（2014）[118]认为物联网技术逐渐深入到各个领域，针对不同的应用场景，传感器网络的架设需求有所不同。为解决不同性能要求的传感器网络的整体部署问题，她通过在 OMNeT++ 软件框架内进行建模，搭建了一种融合 GPRS 和 WLAN 网络协议的主从式异构网络的物联网仿真平台，研究成果有：①研究了物联网络总体架构，设计了一种广域网－传感器网络的分层网络架构，其中传感器网络使用主从节点模式；传感器网络主节点同时担任了局域网网关的角色；由主节点直接将数据通过广域网发送到服务器系统；②实现了融合传感器网络和 GPRS/WLAN 网络协议的远程覆盖，并且支持数据在经过主节点时能够在两种网络中进行垂直切换；通过不同场景和参数配置的仿真性能测试，实现了对大规模传感器网络搭建时的整体部署需求；③提出了物联网结构，采用大规模部署主从式传感器解决网络过程中负载、通信质量的问题，通过网络仿真软件 OMNeT++ 进行了仿真性能测试。对主从式传感器网络节点和 WCDMA/GRPS 基站及相关的协议在 OMNeT++ 框架内进行了建模。

王爱喜（2013）[119]为了降低物联网网关成本，以智能农业大棚为应用对象，用成熟的嵌入式 X86、M2M 硬件产品为开发平台，用 Python 语言实现了农业物联网软件中间件。主要研究内容：①用 Python 语言完成农业物联网软件中间件的系统架构设计及网关硬件选型分析；②设计并实现软件中间件。用 Intel 处理器的 H.264 硬件视频编码加速库，获得了 9 个物联网网关模块［数字录像机模块、侵入检测模块（可自定义侦测范围）、DigiZigBe 的温度采集模块、iDigi 物联网云的数据存储模块、网络通道管理模块、GSM 短消息的报警模块、继电器输出控制模块、AES 加密算法、MD5 消息摘要算法］和 Python 应用程序远程部署模块；③设计与实现物联网网关软件中间件的测试验证程序。具体包括：温度采集上传控制功能，防盗功能，支持安全部署的网关程序，用于远程查看温度，报警记录以及参数设置的客户端应用程序和 Python 应用程序远程安全部署客户端；④用农业大棚温度控制系统对农业物联网网关软件中间件进行测试和对象验证。

该研究以实际智能农业大棚系统的应用，验证了采用农业物联网软件中间件可进行快速和容易地 开发、部署和维护。主要验证结果：①农业大棚应用的温度控制系统 3 个主要功能（温度采集－上传－控制，防盗，远程部署）的开发、测试、验证以及有无中间件的开发模式比较分析；②对软件中间件提供的接口进行调用，可以容易地实现农业大棚温度采集上传控制系统；③为农业物联网网关软件中间件的上层应用提供了简洁的封装，节省了网关应用 62.6% 开发代码量；④验证了农业物联网软件中间件功能的正确性和易用性；⑤验证了软件中间件对降低系统集成和应用开发的门槛、提高开发效率、降低整体开发有显著作用；⑥防盗和远程部署功能也很容易地被开发和支持。用于本研究农业大棚温度采集控制系统，目前已经成功应用于物联网网关产品的推广演示中，获得了较好的推广效果。

张文静（2014）[120]用农业物联网技术开展温室节水、灌溉、施肥等研究，为解决传统农业问题和模式提供了新的思路。在温室大棚这种高效农业生产方式的基础上，采用传感器技术、互联网技术、自动控制技术、测控技术等开发了农业物联网测控系统。该系统分为采集控制器、网关和上位机三部分，具有采集和控制两部分功能。研究证明，设计的嵌入式网关能很好地实现采集控制器与上位机之间的通信，实现稳定、可靠性高的网络通信，满足农业温室的需求，实现了对温室的远程监测与控制，验证和实现了网关的功能，达到了预期的目标。

单小明（2012）[121]设计的依托 WSNs 技术的农业物联网平台，使用 C/S 架构进行信息处理平台的设计，实现了采集信息的入库、实时查看以及执行机构的控制等各种功能；采用 MySQL 作为数据库，通过 ODBC 接口进行访问，采用 LabWindows/CVI 作为用户界面的开发环境，主要实现了网络拓扑结构的展现、传感量的实时显示、图像的显示、RFID 操作等功能；实现了对传感器网络网关传输过来的数据包进行解析、处理和存储功能。在管理上，可以应用于大型网络，维护网络的系统稳定和功能的更新，针对无线传感器网络进行软件远程升级技术，来解决遇到的各种应用问题；在技术上能满足农业领域、大范围、无线传感器网络的应用需求，亦可适用于其他相近相关领域。

刘艺（2014）[122]研究的主要内容为：①针对农业预测常用 BP 神经网络预测模型无法满足动态处理信息和历史数据影响丢失的问题，以动态神经网络——Elman 神经网络为基础，提出了一种改进的输出－输入反馈机制的 Elman 神经网络（IOIF–Elman 神经网络）预测模型。仿真结果表明，IOIF–Elman 神经网络比 Elman 神经网络和 BP 神经网络具有更好的预测性和稳定性；而反馈网络的加入，使得 IOIF–Elman 网络处理动态信息的能力增强，获得了较为精准的预测结果，更符合实际应用；②针对现有国内外专家系统常见不足（某一作物或几种相似作物的开发，实际农业生产中所涉及的物种类别繁多，开发通用性系统最大的难题在于如何处理大数量、多种类的农业知识），为避免重复开发带来的工作负担，开发具有通用性、可定制的系统，即能够同时处理多种作物信息的系统，并提出了一种基于类、框架和产生式规则的农业知识处理与决策模型。该模型的特点是以农业生产过程中的关键控制点为主线，对类进行划分，再建立分层案例库和引入元案例，加快推理决策的速度；在农产品生产实际应用的数据处理与服务系统中，基于类、框架和产生式规则的知识处理与决策模型，能够很好地解决农业系统通用性的大数量、多种类农业知识处理和推理决策等问题；在知识处理上，具备更加简洁、完备，且具有较强的语义理解能力和自动继承能力；引入的分层思想和元案例，能更准确、迅速地实现推理决策；③针对可定制农产品系统中访问控制权限管理困难的问题，提出了一种基于属性和任务的工作流访问控制模型，优化农业生产控制能力，完成数学证明。通过将用户和任务属性化，使属性与任务、任务与权限联系起来，实现对权限的动态管理。控制模型的细粒度化，灵活性好，较其他模型减少了管理成本。研究的部分成果，已在“农产品生产履历数据处理与服务系统”中应用，为其提供了有效的解决方案和工程实践指导，帮助解决了农业生产过程中所采集数据的处理与服务。模型在农产品生产履历数据处理与服务系统中实际应用，验证了其可行性。

张向飞（2016）[123]的主要研究工作：①分析了农业物联网信息采集、传输面临的瓶颈问题及常用的智能算法；②建立了适合农业物联网的通用体系架构模型；③提出了一种新的分簇路由算法 CREW；④提出了簇首间自适应数据传输机制，对簇首的（能量获取效率、能量消耗效率）选择机制进行改进优化，针对簇首的数据传输策略，仿真实验结果也验证了所提出算法的有效性；⑤提出了免疫系统启发路由修复算法（Immune System Inspired Routing Repair Algorithm，ISRRA）；⑥农业大田物联网集成监测系统的设计与实现；⑦结合上海农业特色和地域特点，设计了大田物联网及农业大田物联网集成监测系统的框架体系，实现了面向大田作物生长发育监测系统的应用。主要结果：①提出了一种新的分簇路由协议，解决了可充电传感器节点的不同能量效率和有限的电池容量问题；②提出了一种新的路由策略，解决了可充电传感网容错路由修复并保持容错路由的质量，达到降低能耗、提升链路容错性的目的；③针对大田物联网应用的智能灌溉农作物需水量智能预测及水资源的高效分配问题，优化了农业物联网中数据传输的智能算法，设计了大田物联网示意图及农业大田物联网体系框架图，对大田集成监测系统及智能灌溉系统做了创新性探索研究。

江铁（2013）[124]主要完成的工作：①采用硬件描述语言 Verilog HDL，完成软件编程设计部分；②采用 Quartus Ⅱ软件，实现对所编软件进行综合和仿真；③用 FIR 数字滤波器的基本原理、基本结构和实现方法，使用 MATLAB 软件中的工具与 Quartus Ⅱ对一个 8 阶 FIR 滤波器进行了设计，实现了相应的功能和时序仿真；④按照层次化、模块化的设计思路，进行滤波器功能模块划分，实现 FIR 滤波器的阶数 8 分布式算法；利用 FIR 滤波器线性对称性特性，无需多块查找表，实现了硬件规模极小；⑤ FIR 数字滤波器的 FPGA 分布式算法，具有硬件资源用量少，运行速度较高的优点；采用的 DA 算法具有 DSP 算法无可比拟的优势，极大地提高了 FIR 数字滤波器的处理速度和数据吞吐能力，还能保证系统具有很小的处理误差，是一种比较实用的、可靠高效的设计方法；⑥实际使用，按照变化需求来修改 LUT 的内容和阶数，可实现高通、低通、带通等多种 FIR 数字滤波器，可使电路的性能得到提高利用，体现了灵活性和通用性。

在农业物联网应用中，把 FIR 数字滤波器应用到农业物联网各个领域中，改变算法和设计可以为传感器数字信号处理起到一定的改良作用，对农业物联网的应用起到一定推动作用，并使农业物联网得到真正、全面的推广使用。

牛磊（2012）[125]研究了一种农业物联网架构的田间环境监控系统，立足于解决田间环境监控网络的大区域范围、高接入速率、低成本、低功耗、多参数等要求，可以满足实现多地点、多区域、多类型的光照强度、空气温度、CO_2浓度、空气湿度、土壤湿度、水环境pH值和农作物生长形态的多参数实时在线监控。主要研究工作：①设计符合农业物联网田间环境监控系统，实现TCP/IP网络的连接，ZigBee网络与3G移动通信网等；②感知层的ZigBee感知节点的设计，能实现多参数、多数据采集要求；③采用ARM9微处理器平台，设计嵌入式协调器网关，内嵌Web服务器，支持远程客户对协调器网关的访问控制；④农业环境监控中心服务器的设计，支持用户网页浏览和数据下载，满足数据存储和管理功能要求；⑤系统软件设计实现。系统软件分为感知节点（包括C8051F350 MC对U系统时钟初始化、数字I/O口初始化、定时器初始化、SMBus通信接口初始化、串口初始化以及A/D转换）、协调器网关（包括收发程序和嵌入式Web服务器）和环境监控中心服务器（包括收发程序和嵌入式Web服务器）三部分。实现的系统样机的功能和测试：①实时准确地采集田间环境信息，采集数据可传输、保存于农业环境监控中心服务器；②通过因特网、网页浏览器访问服务器和协调器网关，远程用户能够实现数据查看、下载及整个系统控制；③整个无线传感网络具有低成本、可扩展性高，实现了从因特网和3G移动通信网的高速率接入，能满足现代农业环境监测的需求；④设计的田间环境监控系统能够满足应用需求。系统具有功能可靠、工作稳定的特点，感知节点采集的光照强度、CO_2浓度、空气温湿度、土壤湿度、水环境pH值和实时（或采集）图片可准确反映田间环境；农业环境监控中心服务器可以长期存储数据，实现数据共享；通过Web浏览器，远程客户端可进行节点控制、实时设备操作、进行数据浏览、下载等功能。研究完成的目标设计，实现了一套适用于不同地理条件的，低成本、高速率、数据共享、且扩展性强的田间环境监控系统，对农业物联网技术的应用、推广具有重要的现实意义与指导作用。

熊国（2015）[126]结合实际需要，设计出远程大棚环境参数监测系统。采用4G移动网络，设计了ZigBee与4G的网关，通过网关汇聚节点与网关内的ZigBee连接，利用星形网络，采取分布式传感器，将采集的数据汇聚到协调器（中心节点），经4G模块传送给服务器；感知层对应采集的环境参数，由温湿度传感器、光亮度传感器和CO_2传感器等组成。主要完成的工作有：①传感器的选型与参数读取；②采用ZigBee的协议体系，利用CC2430设计了一个星形网络，制定传输帧结构与运行规范；③根据LTE相关技术，设计了一个ZigBee–4G网关，保证了ZigBee网络与移动互联网的融合，实现了远程环境参数监控。该系统采用农业物联网技术，以南方农业大棚主要应用关键技术与应用为研发对象，形成了智能决策系统，具备智能栽培技术能力，整合了数据资源，通过智能化控制技术，能降低大棚农产品的生产成本，提高了农产品产量和质量，使其具备了市场竞争力，提升了农业产业管理水平。

徐洪武（2014）[127]认为，休闲农庄是集农业观光、体验农事劳动、休闲娱乐为一体的一种农业旅游场所。休闲农庄虽受公众的欢迎，但盲目开发资源、过度浪费的现象，导致了后期运营对外接待服务与对内基础维护不全面等诸多问题。徐洪武以南京农业大学农村信息化工程研究中心承担的江苏省产学研基金项目（BE2011344）的相关研究为例。工作中结合调研与实践，运用物联网技术，农业学科的农业产业化理论、农业可持续发展理论、新农村建设理论，旅游学科的生态旅游理论、旅游心理学理论，景观学科的景观生态学理论、景观美学理论、园林规划设计理论等对国内休闲农庄从相关理论到规划设计的实践进行了比较系统性的研究，为休闲农庄的农业物联网规划设计提供了科学指导。主要研究工作：①以休闲农业与休闲农庄的典型案例研究，分析了休闲农业与休闲农庄规划设计的发展定位与规划特色，以及农业物联网在实际案例中的应用情况，总结了休闲农庄案例中农业物联网规划设计的突出问题；②依据休闲农庄与农业物联网技术发展现状的调查与研究，提出相关的农业物联网融合的休闲农庄规划设计理论体系（包括概念、特征、相关理论和指导方法等）；③以常州都市 e 农庄规划设计为实例，在详细分析其目标功能定位发展前提下，充分运用有关理论，进行科学有序的规划设计。

谢范雄（2011）[128]认为，农业是国内薄弱行业，现代化水平不高，发展速度较为缓慢。国内农业与国外发达农业相比，缺乏一定的、成熟的商业模式。如何结合商业模式来发展国内农业，应用物联网改变农业现状，形成成熟的农业物联网应用商业模式，是农业物联网未来社会发展的重要特征之一。谢范雄其对国内外相关文献进行研究后，结合对当前农业发展的现状思考，分析生态群落在农业物联网的发展应用，分析农业物联网的生态链组成结构及模型，归纳农业物联网应用的现状，通过案例分析构建农业物联网的生态商业模式。研究主要内容：①分析了农业物联网的市场增长机理及运行机制，将理论与实践结合，进行关联分析，给出了农业物联网市场增长模型，为农业物联网的发展提供了理论基础；②通过对农业物联网应用的生态群落、生态链进行分析与建模，提出了相关的结构模型和运行机制，为农业物联网应用的商业模式设计奠定了重要的网络基础；③依据生态链和商业模式理论，给出了农业物联网商业模式的设计方法，为农业物联网商业模式的应用提供了思路方法和理论参考。

洪之奇（2015）[129]利用农业物联网和远程管理技术，将重点目标放在跨区域信息获取、可视化的远程管理等方面，主要工作为：①运用农业物联网传输技术，来获取复杂农业环境下的数据信息。通过农业物联网的组网技术，使用信息采集设备，结合无线传输，实现点和点之间的组网，将信息传输至远程终端；经过组网与测试，物联网数据传输误差率为 1.5%，信息传输的最大延时为 52 s，数据采集误差小于 3%，传输路由深度 12 级，实现了农田环境土壤信息实时获取，通过以太网信号转换设备上传到云端，搭建了跨区域农业物联网监控系统；②构建了嵌入式云服务模式的网络可视化物联网监控及远程操控软件架构。技术方法上采用了 ActiveX 控件的远程可视化监控技术与物联网平台嵌入监控及远程云台操控技术，设计了跨区域云平台的软件架构；③构建了 B/S 模式架构的跨区域农业物联网管理平台。实现了从信息感知到远程可视化监控；④平台接入了长兴基地。实现了跨区域的农业信息互联和远程可视化管理，实现了与物联网相结合的可视化远程监控；⑤平台接入了浙江舟山、江苏海口、浙江湖州等地的 5 个农业生基地。实现了跨区域的农业信息互联和远程统一可视化管理，实现了不同区域的农田物联网信息远程可视化同一平台监控。

刘倩（2014）[130] 研究工作面向农业物联网，建立监测判别模型，采用数据挖掘和多源信息融合算法，将传感器节点布设于农田等目标区域，将采集到的各种环境信息作为信息源，建立监测判别模型，在数据挖掘之前，对关联规则、异构数据库系统的信息抽取与集成、模糊推理信息融合之后的用户交互界面，进行了详细的研究和设计，实现了整个系统的集成。系统主要实现的工作有：①实现物联网异构数据库系统的信息抽取与集成；②实现农业物联网的多环境信息融合监测判别模型的信息融合层，多环境信息融合的监测判别模块；③使用 Java 和 Matlab 实现面向农业物联网的多环境信息融合监测判别系统平台。通过贝叶斯估计、Dempster–Shafter 算法、证据推理法和神经网络方法，利用数据挖掘等技术结合，实现了多环境信息融合监测判别模型对环境的监测，具有良好的农业监控价值和广泛的应用前景，为农田信息获取提供了一个新的思路。

胡甜甜（2015）[131] 在工作中收集并分析大量农业传感器的基础上，总结出普遍性、适用性的农业传感器特性参数，提出了农业传感器接口模型，设计并实现了农业物联网用传感器接口测试平台。平台能够实现对传感器接口文件进行标准化测试，配置并显示农业传感器的参数等功能。主要工作内容：①确定农业传感器特性参数。收集并分析了大量农业传感器的参数，确定了功能、功率、误差范围、响应时间、防尘性能、防水性能、供电方式、环境温度和环境湿度这 9 个特性参数；②建立农业传感器接口模型。在农业传感器特性参数的基础上，利用 UML（Unified Modeling Language，统一建模语言或标准建模语言）建立了农业传感器接口模型。依据 IEEE1451 标准族中 TEDS 电子数据表格的概念，提出了数据描述文件，分别为 XML 格式和二进制格式文件，描述传感器自身和接口的信息；③设计与实现农业物联网用传感器接口测试与应用平台。实验结果：测试应用平台能够准确地对传感器接口进行标准化测试，显示测试结果；能够实现农业传感器特性参数配置和显示功能；研究工作有利于推进农业物联网相关技术应用于农业生产。

赵璐（2012）[132] 从经济学、管理学的角度对农业物联网技术的社会经济特征和认知情况进行了研究，运用社会统计软件包 SPSS 20.0，采用 Logistic 计量经济模型进行分析，得出农业物联网认知的影响因素。对农业物联网技术的认知程度调查，受到被调查者的文化水平、互联网的普及程度、职业、国家政策感知程度等诸多因素的显著影响；实地调查对象是吉林省涉农企业管理人员、政府工作人员、农户；综合运用描述性统计分析及 Logistic 模型，实证分析了被调查对象对农业物联网技术的认知及影响其认知的因素。结果表明：①被调查者对国家政策感知程度、互联网的普及程度、关于农业物联网技术的认知、职业、被调查者的文化水平等对认知有显著的积极影响；②风险来源与认知水平呈反向关系，年龄和业务涉及程度对认知的影响不明显；③根据研究工作，提出了相应的对策建议，为国内农业物联网的发展提供了一定的理论参考依据。

蒋辉（2015）[133]在前人的研究基础上，采用多元线性回归、ANN和SVM方法，以云南省蒙自县玉米产量为例，对农作物产量预测进行了研究。主要工作内容有：①分析国内外农作物产量预测方法的研究现状，在方法上选择多元线性回归、人工神经网络（Artificial Neural Network，ANN）、支持向量机（Support Vector Machine，SVM）方法作为产量预测方法；②利用多元线性回归、ANN、SVM方法对云南省蒙自市玉米产量进行预测，对各模型的预测结果、预测误差进行分析，判断各模型是否符合精度要求，采用R相关系数、平均绝对误差MAE和均方根误差RMSE衡量模型的总体预测能力；③从各模型检验结果和模型理论两个方面对建立的多元线性回归模型、ANN模型和SVM模型进行比较分析。结合WEKA软件介绍了这3种方法的建模流程，对每种方法的建模过程进行了详细阐述，并通过多次试验或其他方法调节各模型参数，建立不同的产量预测模型，并进行检验与验证。得出主要结论有：①应用于玉米产量的预测，所建立的多元线性回归模型、ANN模型和SVM模型3个模型的预测误差都比较小，预测精度高；②模型预测与气温变化关系紧密。在多元线性回归模型中，玉米产量和5月的日均参考作物腾发量、8月的最高气温、6月的最低气温、8月的最低气温关系紧密；而在ANN模型和SVM模型中，玉米产量和3—5月的日均参考作物腾发量、8月的最高气温、6月的最低气温、8月的最低气温关系紧密；③多元线性回归模型预测效果最好。针对云南省蒙自县玉米产量的预测：多元线性回归模型的R值为0.813，MAE值为0.104 4，RMSE值为0.144 1；ANN模型的R值为0.747 9，MAE值为0.132 6，RMSE值为0.169 1；SVM模型的R值为0.804 6，MAE值为0.117 9，RMSE值为0.154 6；多元线性回归模型的R值最高，MAE和RMSE值最低，因此其预测效果最好，其次是SVM模型，ANN模型最差。

李鑫（2014）[134]在国内外物联网技术发展状况和农业物联网的应用背景基础上，针对系统的各个模块进行编码和环境开发，设计与实现了农业物联网平台系统。①平台的服务器环境硬件方面。使用的是联想T410 G2030电脑（电脑配置CPU频率为2.80 GHz，内存容量6 GB）；②平台的服务器环境软件方面。操作系统使用的是Ghost Win7 64位旗舰版，java开发环境采用的是jdkl.7.0_40.，数据库软件使用的是MySQL5.5，后台服务器是使用的是Resin Pro 4.0.35，前端服务器使用的是nginx-1.4.0，Memcache服务器采用的是Memcache Win32 1.2.1；③农业物联网平台PC客户端。使用的是Dell电脑，CPU的频率3.0 GHz，内存容量2 GB，操作系统是Windows 7家庭普通版；④农业物联网平台移动客户端。硬件使用的是LG Nexus 4手机和LG Nexus7平板电脑，其中nexus4手机CPU采用高通骁龙APQ8064，频率为1.5 GHz（4核），RAM容量2 GB，

ROM 容量 16GB，操作系统采用的是 Android 4.2；nexus7 平板电脑 CPU 采用 NVIDIA Tegra 3，频率为 1.3 GHz（4 核），RAM 容量 1 GB，ROM 容量 8 GB，操作系统采用的是 Android 4.1；⑤满足平台系统的数据采集、数据存储、平台服务接口定义、性能稳定等需求。使用传感器节点采集环境因子数据，将数据发送到平台进行处理，并提供各种前端服务接口，来满足各种客户端的需求，实现了模块之间的低耦合。农业物联网平台提供的服务接口是通过 http 协议进行数据传输，将互联网平台中的各种数据处理技术运用到农业物联网平台系统中，实时实现大棚数据采集信息并发送到数据控制中心，有效处理大棚内传感器节点采集的各项环境数据，快速地响应用户的各种请求，达到实时检测农业大棚环境状态的目的，保证农作物的正常生长，提高其产量；数据的产生和返回都是 json 格式，故 PC 端应用、移动端应用都可无缝地调用平台的服务，而且通过 json 传输数据，能够大大减少不必要的数据信息，从而减少网络通信的数据量，提高网络资源的利用率；农业物联网平台系统实现了农业大棚环境因子数据的自动采集和传输，使用人员可以方便进行远程查看大棚内环境因子的状态等功能；为了提高平台的通用性，农业物联网平台制定了标准的接口格式，提供完整的接口服务，可以满足不同的业务需求，验证测试了平台功能的正确性，保证了平台的实际应用价值。

梁辉(2015)[135]针对农业物联网平台中的文本数据和文本数据挖掘中存在的一些问题，提出了两种计算文本相似性方法和一种文本信息高效可视化方式；对于农业物联网文本数据，主要从文本相似性和文本文字云两个方面展开探讨和研究。①在文本相似性研究方面。采用了两种方法对文本进行相似性分析：a. 结合关键词微变的聚类和 LD（Levenshtein Distance，莱文斯坦距离；又称编辑距离：Edit Distance，ED）算法的方法，采用约简文本中的低频词，利用 LD 算法分析词与词之间的相似度，建立文本相似度矩阵，然后用特征词间的相似度及其权重来构建空间向量，最后计算文本间的相似度；b. 结合阈值优化和 eEP 模式的方法。在获取文档特征项频率分布表之后，从利用粗糙集联合决策分布密度矩阵，计算最小阈值，提取满足一定阈值的高频词，再结合语义分析与逆向文档频率方法获取基于语义类内文档频率的高频词，采用 eEP 模式分类法获得最简模式，结合相似性公式和《知网》的语义相关度，计算相似程度得分，利用三枝决策理论优化阈值；②在文字云的研究方面。采用显示文本内容的方式，给出了一种基于统计分析的文字云和主题模型的文本挖掘方法，首先对文本进行移除数字、去除停用词等预处理操作；其次执行中文分词，构建语料库，建立文档 – 词条矩阵；最后以文字云和主题模型的形式呈现挖掘结果。在文本文字云研究方面，研究提出了一种基于统计分析的文字云和主题模型文本挖掘方法，采用对文本进行移除数字、去除停用词等预处理操作，通过执行中文分词，构建语料库，建立文档 – 词条矩阵，再以文字云和主题模型的形式呈现挖掘结果。

尹来武（2014）[136]以农业物联网中农作物信息采集与识别关键技术为主要研究对象，通过对农作物信息采集、小波变换技术识别特性分析，建立了农作物信息采集与识别框架和模型。研究采用小波变换关键技术，组织农业物联网无线传感器网络、农作物信息采集与识别、农作物信息检测机理、农作物病理特征识别和精准农业控制系统等开展了相关研究，实现了大规模农业园区精准控制灌溉、施肥、喷药和温度等参数智能调控，建立了农作物信息采集与识别框架和模型，为农作物信息采集与识别提供了一种有效的技术手段。主要研究工作：①给出了一种深度路由规划与处理方法。针对农业物联网无线传感器网络自组织问题，提出了一种无线传感网络自组织方案；并对路径法寻优和资源竞争问题，提出了无线传感器网络局部重组与越级路由规划方法，解决了无线传感器网络中节点能耗、节点失效、新增和网络节点、移动的网络节点变化对网络影响问题；②建立了农作物信息采集与识别模型。针对农作物信息采集与识别的小波分析特性，通过对模型所涉及的小波分析技术因素形式化分析，验证了模型的有效性，为农作物信息采集与识别研究提供了一种有效的理论模型；③提出了小波变换与 Mallat 小波变换算法相结合的农作物图像信号预处理方法。用小波变换与 Mallat 小波变换算法，能够检测玉米炭疽病信号细节，计算得出玉米苞叶上的病斑图像信号滤波、增强、降噪等仿真实验数据，为有效提高测量农作物特征信息提供了一种新方法；④提出了最优小波包基的农作物病理图像信号特征提取方法。对农作物病理图像信号特征识别问题，对农作物病理图像信号特征分析，最优小波包基方法对农作物病理图像信号的配准，实现了农作物病理图像特征提取与识别；⑤解决了农作物微弱信息采集与识别，提出了小波变换算法。对农业物联网物理环境中农作物微弱信息采集与识别的难题，小波变换算法采用 Daubechies 小波对农作物微弱信号进行分解和重构；利用 Daubechies 小波变换算法对农作物微弱信号进行消噪处理，进行 Matlab 仿真实验，充分证明 Daubechies 小波变换能有效去除干扰信号，提取微弱信号，并对噪声有很强的抑制作用；在噪声淹没中农作物微弱信号能较清晰地分辨出来，信号识别得到了很好的滤波处理，也是传感器、感知节点在新技术开发的一个方向，实现了大规模农业生产基地农作物信息采集、识别，呆智能调控传感器、感知节点的参数，为农作物信息监测与精准化管理提供了一种有效方法。

传统监测的应用服务存在着监控方式单一，缺乏整合，存在问题定位不方便，修复故障耗费的时间过长，不能对农业物联网的特点进行优化等缺点。随着农业物联网的推广，为了满足需求，将会部署越来越多的物联网设备，提供越来越多的农业物联网应用服务。对更多的设备进行信息管理，相应产生应用服务越多，监控和保障也变得越来越困难，监测的重要性显得更为重要。

为帮助和减轻农业物联网的系统管理人员负担，提高农业物联网应用服务支撑平台、负载情况、性能情况，快速定位故障原因、处理故障，需要有一套可靠、可行监测方案。高泗俊（2014）[137] 研究分析了农业物联网、应用服务平台的特点，提出了一体化的农业物联网的应用服务监控平台方案，结合物联网的 3 层架构设计了 5 个模块。即：①在感知层设计了传感信息管理模块；②在网络层设计了网络配置自动化管理模块；③在应用层设计了自动化负载测试模块，云平台数据库实时监控模块，应用服务器状态监测模块；④在报警模块层重新优化了报警的流程，减少不必要的报警；⑤在农业物联网安全和QoS优化层对农业物联网的安全问题和服务质量（Quality of Service，QoS）优化问题进行了研究。工作取得的主要成效：①针对传统方案只从单一层面保障应用服务情况，提出了一体化的应用服务监控解决方案，从多个层面监控和保障应用服务的正常运行；将应用服务平台负载情况查看、平台数据库实时监控、设备管理、应用服务器状态监控、网络配置管理等功能整合到一个平台中，提供更全面的信息和一体化的功能，方便了农业物联网系统管理者进行便捷的管理，简化管理操作流程；②平台应用服务监测平台的搭建基于B/S架构，应用服务的监测不局限于单机环境，并对在移动端的应用进行优化，不但在PC上可以运行，在手机和平板上也能运行；也可通过网络，可以实现远程查看监控状态，还可以把整个应用服务监测系统移植到云计算平台上；③针对传统方案中单纯管理信息设备，提出采用配置管理数据库（Configuration Management Database，CMDB）来管理物联网信息，建立设备、服务、人员之间的联系，方便在应用服务出现故障时能够迅速定位到相关的传感设备，可方便地通知相关的人员进行及时的维护。

视频监控是物联网的组成部分，尽管农业生产各环节已经有视频监控系统的使用，但多数都是传统视频监控，而且多数是人工监控，其投入成本高，监控范围小等问题也突出，因此智能视频监控技术在实时性、全面性等方面的作用就更加重要。

蒋龙泉（2013）[138]研究了智能视频监控技术在农业领域的应用，重点关注了农业生产过程中异常事件的检测。主要研究内容有3个方面：①提出了运动模板的异常闯入检测算法。对静态背景和动态背景两种情况的目标检测和跟踪；a. 静态背景的目标检测和跟踪。有背景差分、帧间差分和光流法；b. 动态背景的目标检测和跟踪。有主动轮廓的跟踪、特征的跟踪、于区域的跟踪和于模型的跟踪；c. 实现了运动模板的异常闯入检测算法。给出了算法的详细计算步骤，从实时性、准确率等方面比较了几种静态背景的目标检测和跟踪算法的优劣，综合考虑算法在农业场景异常闯入检测应用中的实用性；②提出了多特征融合和分类器的植物病虫害检测算法。提出算法的整体框架，根据植物叶片图像的特点选择图像特征，分述列举几种特征的提取方法，采用特征包的多特征融合方法，再比较4种单特征分类器和两种多特征融合的分类器对真实场景图像数据的植物病虫害检测率。结论是多特征融合和分类器的植物病虫害检测算法具有较高的准确率，能够满足监控场景的实时性要求；③研发了一套海量多媒体信息处理平台。设计了平台的系统架构，包括架构中各部分的接口、数据库表结构、系统界面，目前，平台已实际应用。

物联网技术的飞速发展给农业信息化建设带来了新的契机，具有集感知、处理、传输于一体的特点以及低成本、自组织的无线采集网络是现代农业智能化的发展方向。王世玲（2015）[139]以智能农业为背景，对农业物联网的前端采集网络——无线传感器网络的关键技术做了相关技术研究。主要工作内容：①对比常用的无线通信技术后，选择ZigBee

技术作为传感器网络的无线通信技术；②针对 DV–Hop（Distance Vector–Hop）定位算法实际应用，对精度和能耗方面的不足进行改进；结合农业应用的特点，构建适合农业物联网应用需求的定位算法，采用一种改良的锚节点优选方案，结合加权质心思想，设计了一种改进定位算法；改进定位算法利用锚节点的坐标、跳数来计算未知节点的平均跳距，减少了网络中节点广播次数，达到降低节点通信能耗的目的（在设计上，由于加入了锚节点优选方案，存在部分节点会因找不到合适的锚节点而无法定位，使得定位覆盖率有所降低）；将定位计算时引入了改良的锚节点优选方案和加权质心定位方法；在算法能够在保持精度的同时，降低节点定位能耗，具有较好的定位稳定性，在保证应用所需定位精度的同时降低了计算量，适合农业环境监测的应用要求；③设计了监测系统，对 Z–stack 协议栈进行移植，完成了节点的软件设计、上位机软件设计。设计上位机串口通信部分采用的是 LabVIEW 自带的 VISA 通信模块，其中包含了一些串口相关控件（如 VISA 配置串口、VISA 写入、VISA 读取和 VISA 关闭等）。监测系统的总体架构主要由网关节点、锚节点、监测节点、上位机监控中心等组成。监测节点负责采集环境参数，在结构上集成了各类传感器模块；锚节点作为位置已知的节点，在设计中负责路由转发数据、辅助监测节点定位，在结构上与监测节点相同；网关节点负责将上位机命令下发至网络，同时将接收到的数据上传至上位机，而上位机监控中也会对接收到的数据进行分析处理从而做出相应的决策。

农业物联网中的数据存在大量的单一的数据流，很多的单数据流是相互关联的，为了更加准确地挖掘数据，需要将这些单一数据流整合成多维数据流。周泽学（2012）[140]为更加准确地对多维数据流进行挖掘，依据对农业物联网数据特点的分析，使用现有的、最先进的数据挖掘算法，设计实现了数据挖掘的数据流整合平台，采用了改进的自适应快速决策树（Concept–adapting Very Fast Decision Tree，CVFDT）分类算法，不但能够高效率地处理流数据，适应概念漂移，处理农业物联网中经常会出现的数值型数据，还能够选择最佳参数来提高准确率。研究以冬枣为例，根据冬枣生长过程中的温度、湿度、光照、土温和土湿等传感数据，以及枣树质量、雨量、施肥、喷洒农药等关键数据信息和采摘后存运输过中的温度、湿度、颠簸度、采摘天数等数据信息，结合冬枣可以贮存的天数等历史数据，采用改进 CVFDT 决策树方法进行分类预测，建立一棵农产品保质期决策树。对新一批冬枣的数据，也按照如上的方法，将每一个属性参数计算出来，通过使用建立的模型，用决策树来预测农产品的保质期，达到了较好的效果。

采用传统农田监测技术主要存在数据获取传感器技术方法落后和单点定时静态测定数据两个缺点，难以满足自动化处理要求。针对农业物联网的感知层、传输层和应用层三要素，聂鹏程（2012）[141]主要取得研究成果有：①实现了物联网植物养分动态快速无损检测。提出的光谱检测技术手段，可对植物叶片和植物冠层进行光谱植物养分检测；开发出植物叶片单点测量的多参数养分测定仪、植物养分与生理信息检测光谱传感仪器；将仪器的光谱信号感知探头封装成作物养分与生理信息检测传感器，实现了农业物联网的作物养分与生理信息实时、动态、连续感知；②取得了光谱微弱信号处理方法。应用快速傅里叶变换（FFT）与小波变换方法对光谱光电传感器输出的微弱信号进行滤波重构，在混有噪声或被噪声淹没的信号中提取有用的光谱信号。经试验分析比较，小波变换处理的微弱信号信噪比提升至 8 db，信号曲线上的噪声振幅降至 50 μv 以下；大幅提升了传感器输出信号的质量，为传感仪器提高精度、可靠性及实用性提供了重要的理论依据；③开发了植物养分与生理信息检测传感仪器。以植物活体叶面积测定原理和检测模型，建立了多波段植物冠层养分检测与生理信息检测方法及模型；经大量试验研究和分析后，开发了植物叶片氮素含量、叶绿素含量、水分含量检测仪器，仪器的测量精度达到 95.6%；开发的植物活体叶片面积测量仪器的检测精度达到 94.8%；植物冠层养分信息与植物生理信息检测传感器及光谱检测仪器检测精度达到 93.4%，重复性较好；通过试验表明，所设计开发的仪器精度符合农业生产要求，稳定可靠；④提出了主动诱导式农业物联网的自组织网络协议。对农田大规模信息的采集特点，运用消息事件驱动机制，实现协议的网络组网；根据网络的复杂度，提出最短路径（SLR）组网规则，提出深度路由预防方法（S−SLR）和网络资源竞争模式（X−SLR）的网络组网优化规则。经过试验验证，实现大规模农田信息检测的低功耗、高效率、可深度路由的组网信息传输；⑤提出了两种自动路由维护方法。针对主动诱导式网络运行过程中容易出现的几种故障导致网络局部瘫痪或全瘫痪的情况，提出了基于局部网络重组、越级路由两种智能路由维护方式；经试验验证，两种路由维护完全满足农业物联网的网络性能要求，确保了网络组网通信可靠、稳定；⑥提出了农业物联网与自动控制系统相结合的农业信息化与自动化系统架构。开发了农业智能控制系统，实现了对农业生产园区自动灌溉、自动肥水管理与自动喷药等的智能化管理；实现了智能温室的全参数智能调控；实现了水产养殖的信息监测与智能化管理。成功应用实例表明，智能控制系统具有很好的应用前景。

第三篇 人工智能与智慧农业

1. 国外发展现状及趋势

Sanyal 和 Patel（2008）提出了一种新的水稻叶片颜色纹理分析方法，用于鉴定影响水稻植株生长的褐斑病和稻瘟病。在研究中采用多层感知器（Multilayer Perceptron，MLP）作为分类器，用每个像素领域中的低级像素作为特征向量，不作任何预定义的高级别特征，在 400 个可用样本的测试试验中取得了较好的结果[142]。

Phadikar 和 Sil（2008）根据各种水稻植株的感染图像，采用图像处理和软计算技术，设计出了一种用于水稻病害检测的软件系统。通过采用数码相机捕获受感染的水稻植物图像，使用图像增强、图像分割技术，来进行检测植物的感染部分，并利用神经网络对叶片感染部位进行分类，收到了较为理想的效果[143]。

Malicdem 和 Fernandez（2015）采用人工神经网络（Artificial Neural Network，ANN）和支持向量机（Support Vector Machine，SVM）方法，建立了预测稻瘟病发生和严重程度的模型。利用主成分分析对特征空间进行降维，确定导致稻瘟病发生的最重要天气特征。利用这些特征，建立并测试了 ANN、SVM 二元分类器（用于预测稻瘟病的发生或不发生）和回归模型（用于估计发生的水稻瘟病的严重性）。测试表明，这些分类器和回归模型的计算结果具有足够的精度，SVM 预测模型比相应的 ANN 预测模型具有更好的预测能力[144]。

Mohanty 等（2016）采用深度学习方法，对获得的公共数据集进行训练识别，数据集包括 54 306 张植物叶片图像（分为患病和健康两类）。研究将植物数据集分成两个部分，一部分用于训练，一部分用于测试，每一部分中都含有 38 类标签，同时将数据集的图像大小统一压缩成 256mm × 256mm。完成标签分类后，使用深度学习的 AlexNet 和 GoogLeNet 模型对训练集进行训练，训练好的卷积神经网络能够识别 14 种作物和 26 种疾病，识别的准确率高达 99.35%[145]。

Amara 等（2017）提出了图像处理技术在植物病害识别中的不足与局限性，并利用深度学习的卷积神经网络的 Lenet 模型对感染病害的香蕉叶图像进行分类。该研究采集了具有 RGB（Red、Green、Blue）三通道像素的香蕉叶片图像，将图片压缩成 60 × 60 的大小用于神经网络的输入，利用6层的卷积神经网络（Convolutional Neural Network，CNN）来完成香蕉叶病害分类，通过准确率测试，证明了该方案在照明、复杂背景、不同分辨率、尺寸、姿势和真实场景图像的方向等不清晰的条件下仍具有有效性[146]。

Cruz等（2017）采用机器视觉与迁移学习方法，设计了一款程序来检测橄榄的快速衰退综合征。在研究中，通过从原始数据中提取低层特征来自动检测症状叶的颜色。实验包括100片健康叶片、99片阳性叶片和100片阴性叶片的图像，设计出的方法、程序检测快速衰退综合征的可靠性、准确率达到了98.60%[147]。

Yangseon等（2018）提出了一种基于人工智能的稻瘟病预测模型。该研究利用韩国水稻生产代表区发生稻瘟病的历史数据和历史气候数据，建立了3个不同地区（雪原、伊川和密尔阳）的特定区域模型。使用长期记忆网络（Long Short-Term Memory，LSTM）提前一年预测稻瘟病发病率，通过改变输入变量（即稻瘟病评分、气温、相对湿度和日照时数）来评估所提出的LSTM模型的预测性能。选择了最广泛栽培的水稻品种，并对其预测结果进行了分析。将LSTM模型应用于稻瘟病累积评分数据，证明了稻瘟病发病率预测的有效性。在所有区域中，当4个输入变量组合在一起时，预测最准确[148]。

Garcia和Barbedo（2018）使用深度学习的GoogLeNet架构对12种植物和56种疾病进行识别检测，在研究中的学习率为0.001，batch大小为16。为了研究背景对识别结果的影响，重新训练了两个单独的CNN，第一个使用原始未处理的图像，第二个使用手动移除背景的图像，每种情况下，用于训练的样本为80%，用于测试的样本为20%，通过识别检测，同样取得了较好的识别效果[149]。

2. 国内快速发展阶段、创新发展阶段与创新趋势

在国内应用实践方面，出现许多探索性研究，也取得了不少成果和应用价值，为发展现代农业提供新技术、新方法、新启示、新模式[150]。

2.1 国内大数据技术发展典型范例——“智慧杨凌”

杨凌农业示范区——“智慧杨凌”是国内现代农业发展、创新的典型之一。“智慧杨凌”是在杨凌农业示范区、住建部和科技部支持下，2013年获批智慧城市试点之后推出的城市建设项目。“智慧杨凌”的目标是充分发挥移动通信、云计算、大数据、物联网等新一代信息技术的助推作用，推动现代农业科技示范、城市综合管理和社会保障服务等智慧应用建设，全力打造信息惠民、信息兴业、信息优政、信息引领等的杨凌示范区。

“智慧杨凌”（大数据）项目主要包括4个内容：①加快智慧农业建设，建成杨凌农业大数据中心，推动农业科技创新发展；②提升城市交通、地下管网、安全生产、市场价格、生态环境等信息化应用水平，推进城市管理智能化发展；③以惠民利民信息化服务为理念，完善住房保障、社会保险、养老医疗、文化教育、体育旅游等城市公共服务保障体系，

促进城乡公共服务事业发展；④推进“互联网＋政务”工程，大力推动政府治理信息化，不断创新和转变政府公共服务和管理，简政放权，提高政务、公共服务效率，创建杨凌“政务云”平台，提升信息化综合服务平台支撑能力。

杨凌示范区对大数据的发展、规划、应用、利用贯穿在杨凌智慧农业的每一个部分之中，杨凌智慧农业包括五大部分。

（1）杨凌农业示范区农业科技示范园信息化工程

杨凌农业示范区农业科技示范园信息化工程中信息管理系统、农产品加工信息体系体统和现代农业合作交流信息平台等各部分，都需要用到大数据分析管理技术，以满足系统中的现代化需求。

（2）涉农产业信息化建设

目标为建立：①杨凌标准体系和品牌体系；②涉农产品质量安全追溯公共服务平台；③农产品质量监控体系等平台与体系，形成示范区生物产业、食品产业和涉农装备制造业三大特色优势产业信息体系。要想实现此目标，对于大数据技术也有必要的基础需求。

（3）电子商务信息平台建设

目标为建立：①涉农电商交易服务体系；②搭建电子商务产业发展平台；③构建涉农电商物流体系；④创建跨境贸易流通体系，通过实现预期目标，来提高行业物流信息化和对外服务能力，将杨凌打造成国际化的中西部电商物流中心。

（4）大数据应用工程

目标为：①充分挖掘和共享政务；②留存农业海量基础数据；③实现数据汇聚整合；④探索在民生服务、城市管理、社会管理和经济运行等方面的应用示范。

（5）网上农高会

网上农高会是基于互联网＋农高会的发展模式，建设以农业科技创新、示范带动、新成果展示等为主要内容的农高会信息服务系统，同样需要大数据技术的支持。

例如，杨凌安全农产品溯源标识管理有限公司建立了杨凌安全农产品溯源标识体系，可以通过扫描农产品在包装上的二维码查询到产品的生产信息、施肥、施药、种子来源区域、种植者等信息。配套体系的运行方面，首先要对农产品认证，最后通过公共信息服务平台的二维码技术将信息输出生产信息。

智慧农业的本质就是将现代化信息技术融入农业当中，信息化农业的发展可以促进农业生产力的提高、促进农业的产业发展，在这个提高、发展过程中会产生大量的数据。在大数据时代，合理运用大数据技术对整个农业领域都将产生积极作用。

2.2 国内大数据技术发展应用案例

国内在农业应用研究和实用化方面进行了大量的摸索与探索，取得了许多丰硕的科研成果和实际案例。

刘涛等（2014）[151]通过图像处理与检测算法，对水稻叶部主要的15种病害进行识别研究。在研究中，对水稻叶部的病斑图像进行分割，提取形状、颜色、纹理、健病（病健）交界等信息，用于识别，通过支持向量机（Support Vector Machine，SVM）构建非线性分类模型，用于15种病害的识别分类，取得了92.67%的平均识别准确率。

黄双萍等（2015）[152]通过高光谱图像与SVM算法对稻瘟病的病害程度分级进行研究。在研究中，使用光谱成像仪对170个样本进行光谱图像采集，样本包括感染稻瘟病和未感染稻瘟病两类，使用支持向量机算法完成病害程度分级模型搭建，模型能够得到94.72%的精度。

Liu等（2016）[153]提出了一种用于农业害虫视觉定位和分类的管道。该研究通过对比全局区域的方法来计算用于定位害虫昆虫对象的特征值，然后提取包含目标的边界正方形，调整大小为固定大小，并构建大型标准数据库Pest ID。采用深度卷积神经网络（Deep Convolutional Network，DCNN）对构建的数据库进行学习分类，稻田图像测试集的平均精度为95.10%。

袁媛等（2016）[154]采用图像处理与机器学习算法对水稻的稻瘟病识别进行研究。在研究中，分割RGB 3个分量，通过中值滤波进行图像预处理，提取颜色和纹理特征并使用SVM算法构建分类器。经过测试，模型的准确率达到了95%。

刘庭洋等(2017)[155]收集了包括温度、湿度、降水量等多项条件在内的近10年气象数据，通过建立反向传播的反馈式神经网（Back Propagation，BP），来分析收集的气象因子与水稻稻瘟病之间的关系。在研究中，将进行归一化处理后的数据作为BP模型的输入，网络输出则设置为感染稻瘟病的病情指数。通过traingd、raingdx、trainlm等3种函数对模型进行10万次训练，预测准确率为80%，还分析得出环境温湿度是影响水稻患病的主要气象因子。

刘婷婷等（2017）[156]采用卷积神经网络的AlexNet模型识别检测水稻纹枯病。在研究中，收集了感染病害与未感染病害的样本图片各100张，将图片大小裁剪为227×227作为AlexNet模型的输入数据，网络整体包括5层卷积层和3层全连接层。为了比较新方法与传统方法的优劣，试验使用SVM分类器对纹枯病进行检测，作为AlexNet模型的对比试验。在SVM方法中用C均值聚类算法对颜色特征、纹理特征、形状特征进行分割提取。试验结果表明，使用CNN的效果要明显好于传统的SVM。

Huang等（2017）[157]提出了一种基于DCNN的新型水稻病害识别技术。在研究中，使用患病和健康的水稻叶、茎图像作为数据集，数据集内图像数量为500张。通过训练CNN模型来识别10种常见的水稻病害，用10倍交叉验证，得到的精度为95.48%，模型获得的精度远远高于传统的机器学习模型。

肖茂华等（2018）[158]基于主成分分析（Principal Component Analysis，PCA）和

BP神经网络提出了一种稻瘟病识别方法。在研究中，提取了病变图像的6个颜色特征，10个形态特征和5个病斑的纹理特征，并通过逐步回归分析特征参数之间的相关性。病变的分类使用3层的BP网络，网络输入是使用了PCA方法缩减尺寸的病斑特征图，识别结果显示该方法的平均识别率达到95.83%。

路阳等（2018）[159]以水稻叶片为研究对象，通过主成分分析法对收集的2000幅图像降维，随后基于快速特征嵌入的卷积结构（Convolutional Architecture for Fast Feature Embedding，CAFFE）深度学习框架设计了一个具有4层卷积层、3个Pooling层和1个全连接层的卷积神经网络，使用卷积网络训练模型来检测水稻的稻瘟病和纹枯病。网络的输入为96mm×96mm的图像，水稻叶部病害平均识别率达到了96.9%。

牛旭(2019)[160]用人工智能理论，设计了一种水稻病害检测系统。系统主要从图像采集、温湿度采集、病害检测模型3部分来完成设计，实现了常见水稻病害的智能检测，系统包含PC端与终端两个部分。①在PC端上搭建TensorFlow深度学习框架，通过CNN完成水稻病害检测模型的设计与训练，将优化后的模型移植到嵌入式端来实现终端的检测识别功能；②终端方面，嵌入式开发的芯片大部分都是16位、32位和64位3种，ARM公司v8架构64位处理器（常见Cortex−A53、Cortex−A57和Cortex−A73），选用三星公司研发的S5P6818芯片（Cortex−A53架构）作为主控单元，动态运行主频是400MHz至1.4GHz，能够很好地满足病害检测系统的计算要求。通过测试集的样本识别实验，证明了基于人工智能的水稻病害检测系统的可行性。

种子的纯度与活力是非常重要的指标。对杂交的玉米种子来说，提高1%的种子纯度，可提高10%的作物产量。在国内因种子纯度和活力等造成作物减产、受损情况常有发生，导致经济损失。常规方法（蛋白电泳、四唑染色、发芽率实验和田间实验等）虽能测定种子纯度和活力，但在数据处理的速度、精度和结果分析等方面远远不能满足种子生产的实际需要。

任东（2003）[161]采用图像识别与处理的方法，对采集图像进行窗口变换、二值化、噪声去除等一系列预处理，将图像的匹配方法用于纯度图像的识别和理解，开发出图像识别与处理系统。然后，将图像识别与处理的结果与生物学检测方法得到的结果进行比较，对图像识别与处理系统进行修正，最终得到了合格的图像识别与处理系统，研制出种子纯度与活力快速测定的图像识别与处理系统。研究以黑龙江省的玉米品种为研究对象，对人工检测得到的图像进行分析，确定图像处理方法，对处理后的图像进行识别理解，编写软件程序包，研制出玉米种子纯度与活力快速测定的人工智能图像识别与处理系统。将计算机图像识别结果和人工检测结果进行对比，验证和修正图像识别与处理系统；在种子纯度检测中，图像识别与处理系统检测结果与人工检测结果的吻合率达到了95%以上，达到了设计的要求；在种子活力检测中，图像识别与处理系统检测结果与人工检测结果的平均吻合率达到96.7%以上，同样达到了设计要求。

高静（2019）[162]结合物联网与人工智能的思想，设计了一种水稻农田信息实时查看系统，系统能实现农田气象数据与图像数据的采集，传输以及图像数据的处理分类；在评估卷积神经网络分类模型正确率上，借鉴了机器学习中随机森林算法（Random Forest Algorithm），提高了分类结果的可靠性；多个模型的分类结果统计得出最终结果，使分类的正确率达到96.32%；并对客户端应用程序的工作过程进行了测试，数据调用与数据显示功能均正常；提出的人工智能水稻精准农业信息系统能实时获取水稻农田信息，智能监测水稻的生长环境，以便及时采取措施，提高水稻的产量，节省人力物力。

王振午（2016）[163]采用遗传算法、模糊C均值聚类、Gamma Test算法、ELM神经网络对浙江省18个地区的参考作物腾发量进行了预测，以数据发掘、人工智能的模型和算法，来建立精度较高的参考作物腾发量的预测模型。研究主要包括6个方面：①以FAO–PM公式计算结果为标准，对7个公式（H.argreaves、HargreavesM1、Hargreaves–M2、Irmark–Allen、Priestley–Taylor、Makkink和Turc）在浙江省18个地区的适用性进行了研究；结果发现在所有地区Priestley–Taylor公式均有较好适应性；若在缺失气象数据的情况下在这18个地区选用半经验公式对参考作物腾发量进行计算，优先考虑已修正的Priestley–Taylor公式；②采用遗传算法优化模糊C均值聚类（FCM）算法，提高了稳定性，缺点是耗时较长。FCM算法优化后，对浙江省18个气象站点（经度、纬度和海拔）进行聚类分析，分为3个类别（分类为建模提供必要信息）；用ELM模型建模验证，可提高模型的泛化能力；③采用Gamma Test是参考作物腾发量建模输入变量进行筛选的有效方法。经实际ELM建模发现，有很多模型的输入变量有差别，但精度却非常接近；选择模型输入量时，应该综合考虑各变量的可靠性、准确性和建模有效性等因素，力求较少输入变量获得较高的模型精度；④采用ELM模型作参考作用腾发量预测是可行的。ELM模型训练不用迭代方法训练神经网络，训练速度快且精度较高。在训练ELM模型时，依据聚类结果和Gamma Test的分析结果，不同输入组合建模在训练时都取得了较满意的精度。模型在验证时有较好的精度；⑤提出遗传算法优化的模糊C均值聚类算法，对提高模型的泛化能力有一定的帮助；⑥实际建模发现，对气象站的聚类分析和对训练样本的Gamma Test分析均可为建模提供有效信息，对提高模型的泛化能力有一定的帮助。

胡敏（2008）[164]针对高含沙洪水利用、水沙系统的复杂性，利用人工神经网络、遗传算法在治沙淤地后分析土壤养分含量与颗粒组成关系，在解决多参非线性问题上有极强的自适应能力，给水土工程复杂系统的求解带来了方便。尤其是人工智能算法，结构算法简单，学习训练能够在要求的时间内完成。遗传算法与BP算法结合在分析精度方面有很好的效果，能够建立较为理想的土壤养分含量分析模型，能够正确分析土壤养分含量，可以协助治沙淤地后土壤的检测和管理，为利用高含沙洪水治沙淤地的研究及效益发挥提供理论依据。

土地规划与决策的重点是利用有限土地资源，进行土地利用适宜性评价，合理规划生产用地，保证土地资源可持续利用，协调人地之间的矛盾，达到土地合理使用的目的。於家（2010）[165]采用层次分析法、敏感性分析法来判断土地资源因素的不确定性，尝试使用新的适宜性规则分类方法来替代层次分析法，从而减少主观产生因子权重对评价结果的影响，揭示特定开发模式下土地利用适宜性的转换规律，为可持续性的土地规划提供更好的依据。主要研究成果：①提出了土地利用适宜性模拟的概念。将土地利用适宜性模拟定义为运用地理模拟系统来实现土地利用潜在适宜性评价的方法，分析了常用的多准则判断方法——层次分析法在主观性权重分配上具有的不足，据此提出了权重敏感性分析的方法；将敏感性分析融合到 GIS 的空间技术中，通过改进的 OAT（one–at–a–time）方法，研究权重值变化对适宜性评价结果的影响，采用的方法能够削弱层次分析法中权重分配的主观因素，降低评价过程中的不确定性；②设计了元胞自动机模拟潜在土地利用适宜性模拟方法。提出的土地利用适宜性模拟概念，根据元胞自动机的潜在土地利用适宜性模拟，在特定程度上使预测性土地评价工作更加精确化、规范化，使得土地利用适宜性评价工作更加符合土地利用规划和决策人员的实际要求，为土地可持续利用提供更好的技术方法和技术支持；采用了人工仿生学智能理论——蚁群算法，以自然界蚂蚁觅食过程中运用信息素来寻找最短路径的机制，获得的样本信息，归纳提炼出简单且容易理解的若干分类规则，模拟模型在多准则判断（层次分析法）作为适宜性转换规则的框架下，经过一系列的模拟演化，最终生成稳定的潜在土地利用适宜性分布形态；③采用蚁群算法挖掘土地利用适宜性分类规则。减少了层次分析法中权重分配的主观因素，降低了评价过程中权重不确定性的干扰；④采用了空间权重敏感性分析。运用改进的 OAT 空间权重敏感性分析方法，来探究评价结果的稳定性、准则因子的相对权重敏感性，来降低多准则决策方法的不确定性等内容。结果显示，使用表格、图表和专题图的表达形式，能明确方便地找出敏感性高的地理区位；⑤设计开发了土地利用适宜性评价模型工具。设计了 LSA–GIS 模型工具的框架，LSA–GIS 模型工具主要由 5 个（空间数据库、知识库、模型实现模块、空间信息处理模块和人机界面）部分构成，采用了 Microsoft C＃.NET 开发平台，使用 ESRI ArcGIS Engine 开发组件、Mathworks Matlab 嵌入式开发组件等设计开发了 LSA–GIS 模型工具，设计给出了关键的设计流程与示例代码。交互设计中采用了 UML 统一建模的方法，设计过程更规范化，提出的 GIS 交互设计方法，实现了任务分析、任务对象模型化、视图布局设计、视图逻辑关联设计、电子地图设计等功能，操作上更符合用户的使用习惯。该研究以澳大利亚 Macintyre Brook 流域的灌溉农业用地作为实例进行相关分析。通过采用潜在适宜性评价结果与当前适宜性评价结果的对比叠置分析，揭示了使用当前适宜性评价存在有发现不了的、隐含的灌溉农业和高适宜区域。该研究通过土地利用适宜性评价方法的评价模型的构建，为土地利用规划决策人员提供了开展土地利用规划开发的指导与决策依据。开发的模型工具不仅能运用于研究区域，通过简单的配置，同样可以有效地完成对其他区域、其他用地类型进行类似性的适宜性评价工作。实验证明，LSA-GIS 模型工具在研究区的评价工作中取得了良好的效果，同样可以运用于其他灌溉农区的评价工作中。

虚拟技术作为虚拟现实技术的一种，在娱乐、商业、教育等行业中作为虚拟场景的应用已经很普遍了。对于现代林业来讲，树木生长过程的研究也备受重视，通过使用计算机建立虚拟树木并进行相关虚拟试验，检验过去不能直接进行试验验证的假说，可以建立对虚拟树木实施不同的培育方案，亦可以建立虚拟林场，很好地克服实际林业生产中存在的研究实验实现困难、易受环境影响、对象体积大、生理周期长等问题。现阶段虚拟树木的研究，主要进行的是树木的外形模拟，如枝叶形态、树干形态、表面纹理颜色等。虚拟状态结果只能用于比较逼真的虚拟树木场景，树木模型功能简单，不能动态地表现树木的生长过程，建立树木的生理生态虚拟模型成为虚拟研究的新方向。

王珊(2010)[166]主要研究内容有：①采用常用的L-系统模型作为树木的虚拟基本结构。在L-系统的基础上引入参数控制，适当添加随机变量，为树木生理过程的添加做准备，从生长的角度模拟树木；②采用数学的方法描述与表达树木生理。总结了树木在光照和水分影响下树木生长的数学模型；③对树木生长过程中树高生物量的变化过程进行了虚拟模拟。树木周期长，针对采集生长量数据困难问题，采用支持向量回归结合遗传算法进行了数学建模；④建立了模拟树木的生长过程仿真平台。与传统单一的虚拟树木相比，增强了模型的真实性；⑤基于L-系统的树木生长仿真平台设计，采用编程语言来建立仿真平台、二维仿真平台和三维仿真平台，通过 OpenGL 实现了树木模型的绘制过程。该研究将树木生长过程中生物量的变化添加到模型中，使模型实现了树木生长的部分过程，能较真实地模拟树木生长量的变化过程，对农业、林业等生产具有一定的参考和利用价值。

现代城市快速发展、快速扩张、规划不合理、资源环境破坏等现代的“城市病”问题突出。探寻一种符合未来居民生活需求的城市空间模式变得势在必行，一种科学、可行的方法是把人工智能技术作为发展城市科学、分析未来城市空间的演变过程、设计未来城市理想空间模式的工具。

孙仁礼（2020）[167]以文献分析、归纳演绎、定性预测等相结合的研究方法，来描述、解释国内外人工智能、未来城市、城市空间演变的研究工作成果。在此基础之上，把农业、工业、数字信息三次技术革命发展成果与对应历史时期的古代、近代、现代城市发展历程相对比，分析与挖掘城市空间演变的规律性结论，结合城市现状、理念误区等，采用了城市大数据平台、物联网技术、无人驾驶技术、AR（Augmented Reality，增强现实技术）/VR（Virtual Reality，虚拟现实）技术、人工智能技术等代表性先进技术，分析现状，并对未来城市发展趋势进行预测、判定，加入中华民族传统文化中的人居环境思想，展望未来城市居民生活愿景，总结了人工智能代表技术的发展对未来城市空间产生的影响。主要结论：①分析概括了古代传统人居环境思想。传统人居环境思想概括为 5

种（田园的朴素自然观，天人合一的人文生态观，制天而用的自然实践观，趋利避害的风水形胜观，多思想始终文化交织下的山水人居观），古人理想的人居环境方式，始终追求自然山水环境，是一种文化价值观引领未来城市的发展，对探讨未来城市理想空间模式具有重要指导意义；②分析预判了未来城市的发展趋势。在古代传统人居环境思想基础上，采用人工智能技术对城市发展现状、发展误区进行分析，预测未来城市发展趋势，得出未来城市居民的普遍价值观念是真正决定、引领未来城市发展的因素，未来城市空间演变的加速器是人工智能技术；③采用人工智能技术分析总结了发展对城市空间的影响。未来城市居民的生活愿景的 5 个方面：空间集聚与分散产生新的模式，城市实体空间开发需求趋于回缓，传统实体空间呈现持续衰败的趋势，多样化城市空间模式的兴起和生产，生活与生态空间的高度融合；④分析展望了未来城市理想空间模式。两个层面的未来城市理想空间模式：城市整体空间形态图景（分为：城市空间、紧凑型城市空间、山水城市空间和智慧城市空间 4 个图景）和城市局部空间模式（未来城市交通无人驾驶技术、城市虚拟空间 AR/VR 技术、城市个性化空间的营造和不同维度城市空间的利用 4 个模式）。纵览人类理想城市发展史，科技的进步与变革始终在是重要角色，物联网技术、大数据智慧城市平台、无人驾驶、AR/VR 等技术代表着新一轮技术革命的浪潮，在展望未来城市居民生活愿景等方面，必将发挥着重要作用。

国内外的教育体制有着明显的差异。在国外，相关的软件虽然比较成熟，但不适合国内的国情；在国内，针对高校学分制改革发展中的新需求，国内的相关软件的设计起步比较晚，所以还没有比较成熟的系统。在这种情况下，谷弘毅（2005）[168]研究并实现了一种自动排课系统。该系统实现了自动排课，可以依据新的教学体制的排课要求，解决农业、林业、医学等专业特殊需求，满足排课难度比较大的学校、院系的课程安排。

张越杰（2017）[169]针对农业大棚种植环境参数的实时监测、图表显示、远程控制等问题，研究工作中提出了一套物联网智慧农业信息平台建设精准监测与智能控制系统的解决方案。主要研究内容有：①设计了智慧农业监控系统方案。包括物联网技术、系统各部分功能模块实现、硬件部分和软件部分、SQL Server 数据库技术、网络通信技术、软件开发环境及平台等；②设计实现了智慧农业监控的系统软件。具有用户管理系统、管理员管理系统、环境生长因子的实时监测、历史数据查询、实时数据曲线显示、对设备的远程控制、视频监控等功能；采用 Java Socket 网络通信方案，实现了智能农业信息化平台建设的精准检测和智能控制的整个 Web 系统能够稳定运行，完成了对该智慧农业监控系统整体的软件调试、运行与应用；③设计实现了生长因子监测系统软件测试及整体的稳定性运行。测试结果：①通过表格可显示作物环境参数实时监测情况；②通过曲线图实现历史数据的查询；通过视频监控查看区域作物的生长状况；③智慧农业生长因子监控系统在用户模块、管理员模块、区域视频监测、环境参数监测等方面，做到了在整体功能上能够正常稳定运行，同时可将采集到的各项环境参数（生长因子）进行实时的监测和输出显示，满足了功能及应用需求；对农作物生长环境进行了 24 h 不间断监控，有效提高了作物产量监测技术，使农业管理者通过网络就可以了解作物的地理确切位置、生长状况等实时数据和图像信息。

有机蔬菜、绿色食品、食品安全等是民众关注的重点问题。贴有绿色、有机等标签的农产品，价格相应提升，使得民众对绿色、有机农产品的安全性、价格的合理性、信赖度等问题更加关注。孔一博（2016）[170] 在农产品的溯源方面开展的研究工作：①采集数据。采用 Zigbee 技术构建无线传感器网络；②采用 B/S 结构设计了平台。采用 Node.js 作为开发平台，使用 Node.js-to-AngularJS 套件，以 Node.js 框架为平台，减少了开发成本和部署的复杂程度，提高了软件的开发效率，使得软件有很强的可扩展性和兼容性；③建立农产品档案数据库。将农产品各项信息存入档案与索引，将索引通过序列化方式存入二维码图像中，解决了二维码低储存能力的弱点；④构建 PCA-BP 神经网络预测模型。对采集到的海量农产品数据做出精确的分析和预测。该研究以辽宁省某葡萄种植园的智慧农业平台的建设为案例，利用无线传感器网络、条形码、二维码技术和视频监控等物联网的控制关键技术，对农业大棚内环境温度、土壤成分等生态因子进行全方位监测，做到了实时反馈和有效管控；对大棚内农作物生长状态、大棚安全进行视频监视，对农业大棚内大气和土壤环境进行监测，完成了大棚农作物的科学化种植，将采集的多媒体信息和数据与农产品绑定，再对数据进行处理与挖掘，实现了一个全面实时监测平台。农业监控系统对农业自动化设备实现远程控制、远程操纵，能够将农业监控系统所采集的数据与农作物的生长流程进行数据结合处理，实现可对生长期关键环境因素数据、视频图像等多媒体信息、种植期间施肥和喷洒农业等信息进行全面农产品溯源工作的系统；还能分析找出所有影响农产品品质的相关因素，再经过 PCA（主元分析法）找出的关键因素，利用 BP 神经网络预测模型对作物质量进行预测；结果可以作为农产品溯源信息，为实现农业生产的专家系统、智能化控制提供相应数据支撑，真正实现智慧农业。

沈棋云（2018）[171] 通过分析江西省智慧农业发展现状、农业信息技术基础设施建设、资金投入、推广普及力度、从业者素质等方面，主要采用文献分析、对比分析、案例分析、归纳与演绎方法，结合已有文献，在已有工作和理论基础上，挖掘总结智慧农业的概念。以物联网技术、手机终端技术、无人机技术等新技术作为载体与平台，总结现阶段对于智慧农业发展的支撑应用，总结反映智慧农业普遍存在的问题和对策的相关文献，分析西方发达国家的相关经验并学习。研究以江西省目前智慧农业发展中存在的问题为例，从政府政策、农业信息基础设施、农业人才培养、加大推广普及力度建设方面提出合理发展对策，为江西省智慧农业发展提供帮助，助力国家农业与农村信息化技术的发展。

岳梦婕（2016）[172] 以某金针菇工厂为研究对象，实现了智慧农业种植领域的数据处理算法，为农业生产提供了智能化决策。主要研究内容：①进行传感器采集原始数据预处理。为了减少数据失真，采用 k-means 聚类的方法来处理去除噪声数据，但实验结果显示，k-means 聚类算法有运行时间长，聚类结果不稳定的缺点。在使用 FPKM 算法去除噪声数据时，在迭代次数、聚类结果的稳定性上都得到了有效的提升，在运行速度、聚类结果上都较普通 k-means 算法有了明显的改善；②设计实现了金针菇栽培过程中的环境参数与最终产量之间的关系预测模型。在技术上，对生长周期未完成的金针菇进行产量预测。a. 按照统计计量预测模型和神经网络预测模型使用方法要求处理数据后，采用 BP 神经网络对金针菇栽培过程中生长环境与产量之间的关系进行建模，设计了金针菇栽培过程中的环境参数与最终产量之间的关系模型，选取 BP 神经网络模型来进行预测。b. 在建模的过程中发现 BP 神经网络在训练的过程中受初始权值的影响很大，并且收敛速度较慢，针对该问题，提出了用遗传算法优化 BP 神经网络初始权值的方法，有效地提高了预测模型的精度，同时提高了算法的收敛速度和训练结果的稳定性，经遗传算法改进后的 BP 神经网络在训练过程中的收敛速度变快，且预测模型的精度也得到了提高；③设计实现了金针菇环境与产量关系模型中的最优解预测模型。采用设计的环境参数与产量之间的关系模型，解决了遗传算法容易导致局部最优解且收敛速度慢的问题，改进了遗传算法的适应度函数，解决了最优解附近波动时仍然能保持较高的产量，保障了最优解的鲁棒性，达到最大产量的生长环境；④实现了算法智慧平台。使用 Python 语言编程，设计实现了集成模块，按逻辑集成为数据处理模块，设计到智慧农业生产平台中，使采集到的数据得到了利用；然后加入到智慧农业生产平台中去，得到一个完整的系统运用于实际操作，取得了良好的效果。

为解决智慧农业自动控制精准度较低、采集数据传输范围窄、信息决策风险难以控制等重点突出问题，郭萧（2018）[173] 开展的主要研究工作有：①提出了基于机器学习的阈值优化方法。方法上利用 Bayesian（贝叶斯）统计推断机理对农业生产环境数据进行学习，建立了各环境参数指标，构建多维高斯统计模型；应用 EM 算法建立了联合分布后验概率密度似然函数，得到稀疏项 + 正则项的对数似然函数模型；通过 ADMM（Alternating Direction Method of Multipliers）优化和 N-P 判决准则获得环境参数优化决策阈值；②设计实现了机器学习的智慧农业决策系统软件平台。平台采用 Qt 和云计算等关键技术，实现了智慧农业决策系统的管理中心模块、数据中心模块、地图中心模块和设备中心模块等功能模块。设计的决策系统，能够完成用户的登录与注册、农业生产环境参数的实时监测与显示、对应参数的趋势变化、历史数据的查询与分析、地图显示和温室环境参数状态信息的监测等功能；③设计实现了机器学习的智慧农业决策系统阈值优化方法。将机器学习的阈值优化方法应用于智慧农业决策系统中，通过基于机器学习的阈值优化方法，结合农业生产现场中的历史数据，得到了各环境参数的优化决策阈值，从而指导智慧农业决策系统的设备，能够方便控制中心远程驱动相应的电气设备。研究成果已应用在新疆伊犁的智慧农业大棚中，实际中将生产率提高了 43%，创造了额外 32% 的经济价值，研究成果也可推广应用到其他作物或其他方面的智慧农业系统。

第四篇 农业区块链等前沿技术

1. 区块链与农业区块链

1.1 区块链

区块链[174](Block Chain)是一种数据结构，是一个信息技术领域的术语。从本质上讲，它是一个共享数据库，存储于其中的数据或信息，具有“不可伪造”“全程留痕”“可以追溯”“公开透明”“集体维护”等特征。基于这些特征，区块链技术奠定了坚实的“信任”基础，创造了可靠的“合作”机制，具有广阔的运用前景。

1.1.1 起源

区块链起源于比特币，2008 年 11 月 1 日，一位自称中本聪（Satoshi Nakamoto）的人发表了《比特币：一种点对点的电子现金系统》一文，阐述了基于 P2P 网络技术、加密技术、时间戳技术、区块链技术等的电子现金系统的构架理念，这标志着比特币的诞生。两个月后理论步入实践，2009 年 1 月 3 日第一个序号为 0 的创世区块诞生。6 d 后，即 2009 年 1 月 9 日出现序号为 1 的区块，并与序号为 0 的创世区块相连接形成了链，标志着区块链的诞生。

近年来，世界对比特币的态度起起落落，但作为比特币底层技术之一的区块链技术日益受到重视。在比特币形成过程中，区块是一个一个的存储单元，记录了一定时间内各个区块节点全部的交流信息。各个区块之间通过随机散列（也称哈希算法）实现链接，后一个区块包含前一个区块的哈希值，随着信息交流的扩大，一个区块与一个区块相继接续，形成的结果就叫区块链。

1.1.2 概念定义

什么是区块链？从科技层面来看，区块链涉及数学、密码学、互联网和计算机编程等很多科学技术问题。从应用视角来看，简单来说，区块链是一个分布式的共享账本和数据库，具有去中心化、不可篡改、全程留痕、可以追溯、集体维护、公开透明等特点。这些特点保证了区块链的“诚实”与“透明”，为区块链创造信任奠定基础。而区块链丰富的应用场景，基本上都是基于区块链能够解决信息不对称问题，实现多个主体之间的协作信任与一致行动。

区块链是分布式数据存储、点对点传输、共识机制、加密算法等计算机技术的新型应用模式。区块链是比特币的一个重要概念，它本质上是一个去中心化的数据库，同时作为比特币的底层技术，是一串使用密码学方法相关联产生的数据块，每一个数据块中包含了一批次比特币网络交易的信息，用于验证其信息的有效性（防伪）和生成下一个区块。比特币白皮书英文原版，其实并未使用出现 block chain 一词，而是使用的 chain of blocks。最早的比特币白皮书中文翻译版中，将 chain of blocks 翻译成了区块链。这是“区块链”这一中文词的最早出现时间。国家互联网信息办公室 2019 年 1 月 10 日发布《区块链信息服务管理规定》，自 2019 年 2 月 15 日起施行。④作为核心技术自主创新的重要突破口，区块链的安全风险问题被视为当前制约行业健康发展的一大短板，频频发生的安全事件为业界敲响警钟。应用区块链需要加快探索建立适应区块链技术机制的安全保障体系。

1.1.3 发展历程

2008 年由中本聪第一次提出了区块链的概念，在随后的几年中，区块链成为电子货币比特币的核心组成部分——所有交易的公共账簿。通过利用点对点网络和分布式时间戳服务器，区块链数据库能够进行自主管理。为比特币而发明的区块链使它成为第一个解决重复消费问题的数字货币。比特币的设计已经成为其他应用程序的灵感来源之一。

2014 年，“区块链 2.0”成为一个关于去中心化区块链数据库的术语。对于这个第二代可编程区块链，经济学家们认为它是一种编程语言，可以允许用户写出更精密和智能的协议。因此，当利润达到一定程度的时候，就能够从完成的货运订单或者共享证书的分红中获得收益。区块链 2.0 技术跳过了交易和“价值交换中担任金钱和信息仲裁的中介机构”。可被用来使人们远离全球化经济，使隐私得到保护，使人们“将掌握的信息兑换成货币”，并且有能力保证知识产权的所有者得到收益。第二代区块链技术使得存储个人的“永久数字 ID 和形象”变成为可能，同时也对“潜在的社会财富分配”不平等提供解决方案。

2016 年 1 月 20 日，中国人民银行数字货币研讨会宣布对数字货币研究取得阶段性成果。会议肯定了数字货币在降低传统货币发行等方面的价值，还表示央行在探索发行数字货币。中国人民银行数字货币研讨会的信息表达，大大增强了数字货币行业信心。这是继 2013 年 12 月 5 日央行五部委发布关于防范比特币风险的通知之后，第一次对数字货币表示明确的态度。2016 年 12 月 20 日，数字货币联盟——中国 FinTech 数字货币联盟及 FinTech 研究院正式筹建。

如今，比特币仍是数字货币的绝对主流，数字货币呈现了百花齐放的状态，常见的有 bitcoin、litecoin、dogecoin、dashcoin，除了货币的应用之外，还有各种衍生应用，如以太坊 Ethereum、Asch 等底层应用开发平台，以及 NXT、SIA、比特股、MaidSafe、Ripple 等行业应用。

1.1.4 类型

1.1.4.1 公有区块链

公有区块链（Public Block Chains）：世界上任何个体或者团体都可以发送交易，且交易能够获得该区块链的有效确认，任何人都可以参与其共识过程。公有区块链是最早的区块链，也是应用最广泛的区块链之一，各大 bitcoins 系列的虚拟数字货币均基于公有区块链，世界上有且仅有一条该币种对应的区块链。

1.1.4.2 联合（行业）区块链

行业区块链（Consortium Block Chains）：由某个群体内部指定多个预选的节点为记账人，每个区块的生成由所有的预选节点共同决定（预选节点参与共识过程），其他接入节点可以参与交易，但不过问记账过程（本质上还是托管记账，只是变成分布式记账，预选节点的多少，如何决定每个块的记账者成为该区块链的主要风险点），其他任何人可以通过该区块链开放的 API 进行限定查询。

1.1.4.3 私有区块链

私有区块链（Private Block Chains）：仅仅使用区块链的总账技术进行记账，可以是一个公司，也可以是个人，独享该区块链的写入权限，本链与其他的分布式存储方案没有太大区别。传统金融都是想实验尝试私有区块链，而公链的应用，例如 bitcoin 已经工业化，私链的应用产品还在摸索当中。

1.1.5 特征

1.1.5.1 去中心化

区块链技术不依赖额外的第三方管理机构或硬件设施，没有中心管制，除了自成一体的区块链本身，通过分布式核算和存储，各个节点实现了信息自我验证、传递和管理。去中心化是区块链最突出最本质的特征。

1.1.5.2 开放性

区块链技术基础是开源的，除了交易各方的私有信息被加密外，区块链的数据对所有人开放，任何人都可以通过公开的接口查询区块链数据和开发相关应用，因此整个系统信息高度透明。

1.1.5.3 独立性

基于协商一致的规范和协议（类似比特币采用的哈希算法等各种数学算法），整个区块链系统不依赖其他第三方，所有节点能够在系统内自动安全地验证、交换数据，不需要任何人为的干预。

1.1.5.4 安全性

只要不能掌控全部数据节点的51%，就无法肆意操控修改网络数据，这使区块链本身变得相对安全，避免了主观人为的数据变更。

1.1.5.5 匿名性

除非有法律规范要求，单从技术上来讲，各区块节点的身份信息不需要公开或验证，信息传递可以匿名进行。

1.1.6 架构模型

一般说来，区块链系统由数据层、网络层、共识层、激励层、合约层和应用层组成。其中，①数据层封装了底层数据区块以及相关的数据加密和时间戳等基础数据和基本算法；②网络层则包括分布式组网机制、数据传播机制和数据验证机制等；③共识层主要封装网络节点的各类共识算法；④激励层将经济因素集成到区块链技术体系中来，主要包括经济激励的发行机制和分配机制等；⑤合约层主要封装各类脚本、算法和智能合约，是区块链可编程特性的基础；⑥应用层则封装了区块链的各种应用场景和案例。该模型中，基于时间戳的链式区块结构、分布式节点的共识机制、基于共识算力的经济激励和灵活可编程的智能合约是区块链技术最具代表性的创新点。

1.1.7 核心技术

1.1.7.1 分布式账本

分布式账本指的是交易记账由分布在不同地方的多个节点共同完成，而且每一个节点记录的是完整的账目，因此每一个节点都可以参与监督交易合法性。

跟传统的分布式存储有所不同，区块链的分布式存储有其特殊的独特性，主要体现在两个方面：①区块链每个节点都按照块链式结构存储完整的数据，传统分布式存储一般是将数据按照一定的规则分成多份进行存储；②区块链每个节点存储都是独立的、地位等同的，依靠共识机制保证存储的一致性，而传统分布式存储一般是通过中心节点往其他备份节点同步数据。没有任何一个节点可以单独记录账本数据，从而避免了单一记账人被控制或者被贿赂而记假账的可能性。也由于记账节点足够多，理论上讲除非所有的节点被破坏，否则账目就不会丢失，从而保证了账目数据的安全性。

1.1.7.2 非对称加密

存储在区块链上的交易信息是公开的，但是账户身份信息是高度加密的，只有在数据拥有者授权的情况下才能访问，从而保证了数据的安全和个人的隐私。

1.1.7.3 共识机制

共识机制就是所有记账节点之间达成共识去认定一个记录的有效性，这既是认定的手段，也是防止篡改的手段。区块链提出了 4 种不同的共识机制，适用于不同的应用场景，在效率和安全性之间取得平衡。

区块链的共识机制具备“少数服从多数”以及“人人平等”的特点，其中“少数服从多数”并不完全指节点个数，也可以是计算能力、股权数或者其他的计算机可以比较的特征量。“人人平等”是当节点满足条件时，所有节点都有权优先提出共识结果、直接被其他节点认同后，在最后有可能成为最终共识结果。以比特币为例，采用的是工作量证明，只有在控制了全网超过 51% 的记账节点的情况下，才有可能伪造出一条不存在的记录。当加入区块链的节点足够多的时候，这基本上不可能，从而杜绝了造假的可能。

1.1.7.4 智能合约

智能合约是基于共同可信的、不可篡改的数据，可以自动化地执行等一些预先定义好的规则和条款。以保险为例，如果说每个人的信息（包括医疗信息和风险发生的信息）都是真实可信的，那就很容易在一些标准化的保险产品中，去进行自动化的理赔。在保险公司的日常业务中，虽然交易不像银行和证券行业那样频繁，但是对可信数据的依赖是有增无减。因此，利用区块链技术，从数据管理的角度切入，能够有效地帮助保险公司提高风险管理能力。具体来讲，主要分为投保人的风险管理和保险公司的风险监督两个部分。

1.1.8 应用

1.1.8.1 金融领域

区块链在国际汇兑、信用证、股权登记和证券交易所等金融领域有着巨大的潜在应用价值。将区块链技术应用在金融行业中，能够省去第三方中介环节，实现点对点的直接对接，使得成本大大降低的同时，交易支付也能快速完成。

比如 Visa 推出基于区块链技术的 Visa B2B Connect，它能为机构提供一种费用更低、更快速和安全的跨境支付方式来处理全球范围的企业对企业的交易。要知道传统的跨境支付需要等 3 ～ 5 d，并为此支付 1% ～ 3% 的交易费用。Visa 还联合 Coinbase 推出了首张比特币借记卡，花旗银行则在区块链上测试运行加密货币“花旗币”。

1.1.8.2 物联网和物流领域

区块链在物联网和物流领域也可以天然结合。通过区块链可以降低物流成本，追溯物品的生产和运送过程，并且提高供应链管理的效率。在物联网和物流领域是区块链一个新型且很有前景的应用方向。

区块链通过结点连接的散状网络分层结构，能够在整个网络中实现信息的全面传递，并能够检验信息的准确程度。这种特性，在一定程度上提高了物联网交易的便利性和智能化。区块链 + 大数据的解决方案就利用了大数据的自动筛选过滤模式，在区块链中建立信用资源，可双重提高交易的安全性，并提高物联网交易便利程度。为智能物流模式应用节约时间成本。区块链结点具有十分自由的进出能力，可独立地参与或离开区块链体系，不对整个区块链体系有任何干扰。区块链＋大数据解决方案就利用了大数据的整合能力，促使物联网基础用户拓展更具有方向性，便于在智能物流的分散用户之间实现用户拓展。

1.1.8.3 公共服务领域

区块链在公共管理、能源、交通等领域都与民众的生产生活息息相关，但是这些领域的中心化特质也带来了一些问题。在区块链中提供去中心化的完全分布式 DNS 服务，通过网络中各个节点之间的点对点数据传输服务就能实现域名的查询和解析，可用于确保某个重要的基础设施的操作系统和固件没有被篡改，可以监控软件的状态和完整性，发现不良的篡改，并确保使用了物联网技术的系统所传输的数据没用被篡改。

1.1.8.4 数字版权领域

通过区块链技术，可以对作品进行鉴权，证明文字、视频、音频等作品的存在，保证权属的真实性和唯一性。作品在区块链上被确权后，后续交易都会进行实时记录，实现数字版权全生命周期管理，也可作为司法取证中的技术性保障。主要是面向数字图片的版权保护应用。例如，美国纽约一家创业公司 Mine Labs 开发了一个基于区块链的元数据协议，这个名为 Mediachain 的系统利用 IPFS 文件系统，实现了数字作品版权保护。

1.1.8.5 保险领域

在保险理赔方面，保险机构负责资金归集、投资、理赔，往往管理和运营成本较高。通过智能合约的应用，既不用投保人申请，也不用保险公司批准，只要触发理赔条件，就能实现保单自动理赔。一个典型的应用案例就是 LenderBot，是 2016 年由区块链企业 Stratumn、德勤与支付服务商 Lemonway 合作推出，它允许人们通过 Facebook Messenger 的聊天功能，注册定制化的微保险产品，可为个人之间交换的高价值物品进行投保，而区块链在贷款合同中代替了第三方角色。

1.1.8.6 公益领域

区块链上存储的数据可靠且不可篡改，适合用在社会公益场景。公益流程中的相关信息，如捐赠项目、募集明细、资金流向、受助人反馈等，均可以存放于区块链上，并且有条件地进行透明公开公示，方便社会监督。

1.1.9 挑战与安全

从实践进展来看，区块链技术在商业银行的应用大部分仍在构想和测试之中，距离在生活、生产中的运用还有很长的路，而要获得监管部门和市场的认可也面临不少困难，主要有以下几个方面。

1.1.9.1 受到现行观念、制度、法律制约

区块链去中心化、自我管理、集体维护的特性颠覆了人们生产生活方式，淡化了国家、

监管概念，冲击了现行法律安排。对于这些，整个世界完全缺少理论准备和制度探讨。即使是区块链应用最成熟的比特币，不同国家持有态度也不相同，不可避免地阻碍了区块链技术的应用与发展。解决这类问题，显然还有很长的路要走。

1.1.9.2 技术层面尚需突破

区块链应用尚在实验室初创开发阶段，没有直观可用的成熟产品。互联网技术上，人们可以用浏览器、App 等具体应用程序，实现信息的浏览、传递、交换和应用，但区块链明显缺乏这类突破性的应用程序，面临高技术门槛障碍。再比如，区块容量问题，由于区块链需要承载复制之前产生的全部信息，下一个区块信息量要大于之前区块信息量，这样传递下去，区块写入信息会无限增大，带来的信息存储、验证、容量问题有待解决。

1.1.9.3 竞争性技术挑战

虽然有很多人看好区块链技术，但也要看到推动人类发展的技术有很多种，哪种技术更方便高效，人们就会应用哪种技术。比如，在通信领域应用区块链技术，通过发信息的方式是每次发给全网的所有人，但是只有那个有私钥的人才能解密打开信件，这样信息传递的安全性会大大增加。同样，量子技术也可以做到，量子通信利用量子纠缠效应进行信息传递，同样具有高效安全的特点，近年来更是取得了不小的进展，这对于区块链技术来说，就具有很强的竞争优势。

1.1.9.4 安全应用问题

随着区块链技术成为社会关注热点，被监管部门严厉打击的虚拟货币出现死灰复燃势头。针对这一新情况，多地监管部门宣布，新一轮清理整顿已经展开。

2019 年 11 月 22 日，有国家互联网金融风险专项整治小组办公室（以下简称整治办）人士表示，区块链的内涵很丰富，并不等于虚拟货币。凡打着区块链旗号进行关于虚拟货币的推广宣传活动都是违法违规的。监管部门对于虚拟货币炒作和虚拟货币交易场所的打击态度没有丝毫改变。监管部门已经通盘部署，要求全国各地全面排查属地借助区块链开展虚拟货币炒作活动的最新情况，出现问题及时打早打小。在下一阶段的工作中，监管部门将加大清理整顿虚拟货币及交易场所的力度，发现一起、处置一起。

1.2 农业区块链

农业区块链技术也是最新最热的技术之一，在诸多领域已广泛应用，在国内农业现代化快速发展的过程中，引入区块链这一先进的技术也恰逢其时[175]。

农业区块链具有公开透明、全过程记录和防篡改等特点，适合用于解决农产品系统中的很多问题，例如食品欺诈、安全召回、供应链效率低下和产品可追溯性等。我国作为农业生产大国，科技化现代化的进程在快速推进，区块链在农业上的应用有着巨大空间。

1.2.1 农业区块链在农业上的应用

1.2.1.1 产品追溯

农产品追溯一直是生鲜类食品安全讨论的焦点，尤其是考虑到一些易腐食品的性质，在整个产业链的流通过程中，问题溯源和追责等过程繁复。通过区块链可使消费者以及整个过程参与者都会获得全部数据，这样当问题发生后，可以迅速追踪问题源头并改正，大大节约追溯时间和成本。

1.2.1.2 信息透明

农产品中区块链的作用不仅仅是确保产品的健康和安全，它还通过在网络中建立分类账来平衡市场价格，进而促进市场的稳定和有序发展。传统交易的价格机制取决于参与者的判断，而不是整个价值链提供的信息，区块链提供的整体数据将使供求关系更加合理化，进而累积创造出一个具有巨大透明度的市场。

1.2.1.3 降低成本

区块链的技术应用到整个市场和供应链后，农业生产流通成本会大大降低。传统农产品从生产到销售，从原材料到成品到最后抵达消费者手中，整个过程可能涉及几百个加工环节，几十个不同的地点，数目如此庞大，给供应链的管理增加了很大的成本。区块链技术可以实现信息自动存储和数据库的功能，可为生产和渠道体系提供最优化方案。此外，还可以规范相关过程的农业补贴、土地登记过程，减少贪腐、权益争端。

1.2.1.4 农村金融

金融是实体经济的命脉，农村金融同样如此。农村金融风险高，不良贷款率高和供应不足，主要是由于抵押复杂和风险测算不足。但是，在透明、可追溯和不可篡改的前提下，区块链技术的去中心化，能使数据和资产从中心保存变成不同实体间的共享，所有复杂的财产和产品信息都在这个系统的运行中供多方共享，从而使得抵押的风险都进一步可量化，从而使农业金融稳定地发展。

1.2.1.5 其他农业生产

如区域性、地区性的联合生产，国家或地区的产业布局，作物布点生产等环节。

1.2.2 典型案例

1.2.2.1 沃尔玛的全球供应链

沃尔玛与 IBM 以及清华大学展开合作，在中国政府的协助下启动了两个独立推进的区块链试点项目，旨在提高供应链数据的准确性，保障食品安全。将区块链技术应用于全球供应链，沃尔玛的成本将降低 1 万亿美元，不仅能够帮助中国更好地保障食品安全，更会为沃尔玛本身大幅度降低成本。

2019年6月25日，沃尔玛中国与中国连锁经营协会（CCFA）、普华永道、内蒙古科钦有限公司以及VeChain一起，在VeChainThor区块链上创建了可追溯性平台。在该平台推出前，沃尔玛中国已有23种产品在使用追溯系统，并逐步拓展了10个产品类别，包括鲜肉产品、大米、蘑菇和食用油等。沃尔玛的研究人员表示，沃尔玛公司可追溯的鲜肉占鲜肉总销售额的50%，可追溯的蔬菜占包装蔬菜总销售额的40%。此外，沃尔玛还在寻求设立行业标准，沃尔玛、IBM以及9个国际知名食品公司如雀巢，正在共同构建一个区块链生态系统，旨在为全世界各地的食品提供追溯服务。

1.2.2.2 中农网

中农网是国内第一个发布农业区块链白皮书的农业企业，也是国内农产品B2B电商的代表企业，其最核心的一个交易品类是蚕丝，年度交易额达数十亿元，但茧丝产业上游生产单体规模小而分散、产业链条长且效率低下，交易成本过高，买卖双方还会时常出现人为毁约。

中农网通过区块链分布式记账及不可篡改的技术，可以把买卖双方的信息公开、透明地呈现给上下游各方以及相关第三方，违约者将被行业抛弃，通过建立起正向的信誉生态，让好产品替代伪劣产品。

2019年1月11日，中农网正式对外发布“Z-BaaS”，中农网将区块链应用到了农产品的生产、加工、仓储、物流等环节，并与众邦银行、京东数科等金融机构合作，为农业企业提供供应链金融服务。

2. 无人机技术与无人驾驶技术

以无人机为代表的无人驾驶技术，在各行业得到了越来越多的应用。无人驾驶飞机[176]简称“无人机（Unmanned Aerial Vehicle/Drones，UAV）”，利用无线电遥控设备和自备的程序控制装置操纵，或者由车载计算机完全地或间歇地自主地操作。

与有人驾驶飞机相比，无人机往往更适合那些“愚钝、肮脏或危险”的任务。无人机按应用领域，可分为军用与民用。军用方面，无人机分为侦察机和靶机。民用方面，无人机+行业应用，是无人机真正的应用需求；在农业、植保、监控传染病、观察野生动物、测绘、微型自拍、快递运输、灾难救援、新闻报道、电力巡检、救灾、航拍、影视拍摄、制造浪漫等领域的应用，大大地拓展了无人机本身的用途，发达国家也在积极扩展行业应用与发展无人机技术。2018年9月，世界海关组织协调制度委员会（HSC）第62次会议决定，将无人机归类为“会飞的照相机”。

无人机利用无线电遥控设备或自备的程序控制装置操纵。无人机实际上是无人驾驶飞行器的统称，从技术角度定义可以分为：无人固定翼飞机、无人垂直起降飞机、无人飞艇、无人直升机、无人多旋翼飞行器、无人伞翼机等。与载人飞机相比，它具有体积小、造价低、使用方便、对作战环境要求低、战场生存能力较强等优点。由于无人驾驶飞机对未来空战有着重要的意义，世界各主要军事国家都在加紧进行无人驾驶飞机的研制工作。2013年11月，中国民用航空局（CA）下发了《民用无人驾驶航空器系统驾驶员管理暂行规定》，由中国 AOPA 协会负责民用无人机的相关管理。根据该规定，中国内地无人机操作按照机型大小、飞行空域可分为 11 种情况，其中仅有 116 kg 以上的无人机和 4 600 m^3 以上的飞艇在融合空域飞行时由中国民用航空局管理，其余情况，包括日渐流行的微型航拍飞行器在内的其他飞行，均由行业协会管理，或由操作手自行负责。

农业应用领域主要利用集成了高清数码相机、光谱分析仪、热红外传感器等装置的无人机在农田上飞行，准确测算投保地块的种植面积，所采集数据可用来评估农作物风险情况、保险费率，并能为受灾农田定损，此外，无人机的巡查还实现了对农作物的监测。面对自然灾害频发的农业生产，也会面对颗粒无收的局面，农业保险有时候是农民们很重要的救命稻草，却因理赔难等问题，让人多了一肚子苦水。无人机在农业保险领域的应用，一方面可以确保定损的准确性以及理赔的高效率，另一方面能监测农作物的正常生长，帮助农户开展针对性的措施，以减少风险和损失，未来应用还将更加广泛。

3. 智慧物流

智慧物流[177]（Intelligent Logistics System，ILS）由 IBM 首次提出。2009 年 12 月中国物流技术协会信息中心、华夏物联网、《物流技术与应用》编辑部联合提出智慧物流的概念。智慧物流是在空间、时间变化中的商品等物质资料的动态状态。

3.1 概念

智慧物流是指通过智能软硬件、物联网、大数据等智慧化技术手段，实现物流各环节精细化、动态化、可视化管理，提高物流系统智能化分析决策和自动化操作执行能力，提升物流运作效率的现代化物流模式。

智慧物流是一个面向未来的具有先进、互联和智能三大特征的供应链，通过感应器、RFID 标签、制动器、GPS 和其他设备及系统生成实时信息的“智慧供应链”概念，将物联网、传感网与现有的互联网整合起来，通过以精细、动态、科学的管理，实现物流的自动化、可视化、可控化、智能化、网络化，从而提高资源利用率和生产力水平，创造更丰富社会价值的综合内涵。

在 2009 年，奥巴马提出将“智慧的地球”作为美国国家战略，认为 IT 产业下一阶段的任务是把新一代 IT 技术充分运用在各行各业之中，具体地说，就是把感应器嵌入和装备到电网、铁路、桥梁、隧道、公路、建筑、供水系统、大坝、油气管道等各种物体中，并且被普遍连接，形成所谓“物联网”，然后将“物联网”与现有的互联网整合起来，实现人类社会与物理系统的整合，在这个整合的网络当中，存在能力超级强大的中心计算机群，能够对整合网络内的人员、机器、设备和基础设施实施实时的管理和控制，在此基础上，人类可以以更加精细和动态的方式管理生产和生活，达到“智慧”状态，提高资源利用率和生产力水平，改善人与自然间的关系。

中国物联网校企联盟认为，智慧物流是利用集成智能化技术，使物流系统能模仿人的智能，具有思维、感知、学习、推理判断和自行解决物流中某些问题的能力。在流通过程中获取信息从而分析信息做出决策，使商品从源头开始被实施跟踪与管理，实现信息流快于实物流。可通过 RFID、传感器、移动通信技术等实现配送货物自动化、信息化和网络化。

3.2 “智慧 + 共享”物流

“智慧 + 共享”物流是指将智慧化和共享化两种理念共同融入现代化物流运作系统，在降本增效等耦合力机制作用下，实现智慧化的物流智能技术体系和共享化的物流，共享互动机制之间关联要素相互耦合衔接，推动物流系统主要功能环节相互适应、耦合协调、相辅相成并最终达成物流运作流程高效智能化、物流资源高度共享化、物流系统功能全面转型升级的新型物流运作模式。

“智慧 + 共享”物流 = 智慧化物流智能技术体系 + 共享化物流共享互动机制 + 降本增效耦合动力机制。“智慧 + 共享”物流融合了智慧化和共享化两种理念，推动物流系统主要功能环节相互适应、耦合协调、相辅相成，并最终促进物流运作流程高效智能化、物流资源高度共享化以及物流功能全面转型升级。

物流企业“智慧 + 共享”耦合的制约因素可划分为物流智慧化水平、物流共享化水平、耦合环境、耦合机制、耦合能力、耦合意愿、企业特质等 7 个主范畴以及 23 个副范畴。内驱因素、外驱因素、中介因素和调节因素构成四大机制及各作用路径交互融合，共同推动物流企业“智慧 + 共享”耦合运行。

物流智慧化和共享化具有天然耦合“基因”，共享物流“智慧化”、智慧物流“共享化”是未来物流企业发展趋势，物流企业的“智慧 + 共享”耦合运作、共融共生将打破传统行业企业边界、实现多方利益主体的协同合作，打造互联共享的智慧共享物流生态圈。

3.3 发展历程

物流是在空间、时间变化中的商品等物质资料的动态状态。因此，很大程度上物流管理是对商品、资料的空间信息和属性信息的管理。在以物联网为基础的智能物流技术流程中，智能终端利用射频识别 RFID 技术、红外感应、激光扫描等传感技术获取商品的各种属性信息，再通过通信手段传递到智能数据中心对数据进行集中统计、分析、管理、共享、利用，从而为物流管理甚至是整体商业经营提供决策支持。

据资料显示，2011 年国内社会物流总额将达 158 万亿元，物流总成本占 GDP 约 18.4%，与 1991 年的 24% 相比，社会物流总额的下降明显，国内物流行业的进步突出。但是与欧美发达国家的 8.9% 相比，高出一倍多社会物流总额，也意味着国内的整体物流成本仍处于高位，物流行业发展空间巨大，物流标准化程度低、缺乏拥有自主知识产权的信息系统、提供基础信息和公共服务的平台发展缓慢等成为现阶段物流发展的制约因素。

在智慧物流概念提出的同一年，《物流业调整和振兴规划》提出，积极推进企业物流管理信息化，促进信息技术的广泛应用；积极开发和利用全球定位系统（GNSS）、地理信息系统（GIS）、道路交通信息通信系统（VICS）、不停车自动交费系统（ETC）、智能交通系统（ITS）等运输领域新技术，加强物流信息系统安全体系研究。两年后，2011年8月，《国务院办公厅关于促进物流业健康发展政策措施的意见》持续强调，加强物流新技术的自主研发，重点支持货物跟踪定位、无线射频识别、物流信息平台、智能交通、物流管理软件、移动物流信息服务等关键技术攻关。适时启动物联网在物流领域的应用示范。两项政策都从国家宏观层面，强调了发挥地理信息系统等关键信息技术在物流信息化中的作用。

2009年8月7日，时任国务院总理温家宝在无锡提出了“感知中国”的理念，表示中国要抓住机遇，大力发展物联网技术。2009年11月3日，温家宝总理再次指示要着力突破传感网、物联网关键技术。进入2010年，物联网成为当年“两会”的热门话题，“积极推进‘三网’融合，加快物联网的研发应用”也首次写入政府工作报告。据了解，2010年一系列物联网发展相关的产业政策将陆续出台。

基于智慧物流的发展，结合物流行业信息化发展现状，物流业是最早接触物联网的行业之一，也是较早应用物联网技术，实现物流作业智能化、网络化和自动化的行业。在2009年中国物流技术协会信息中心、华夏物联网、《物流技术与应用》编辑部率先在行业提出“智慧物流”概念。华夏物联网总经理王继祥发表了“物联网推动智慧物流变革”的文章，在业界引起广泛反响。

很多先进的现代物流系统已经具备了信息化、数字化、网络化、集成化、智能化、柔性化、敏捷化、可视化、自动化等先进技术特征。很多物流系统和网络也采用了最新的红外、激光、无线、编码、认址、自动识别、定位、无接触供电、光纤、数据库、传感器、RFID、卫星定位等高新技术，这种集光、机、电、信息等技术于一体的新技术在物流系统的集成应用就是物联网技术在物流业应用的体现。

智慧物流概念的提出，顺应历史潮流，也符合现代物流业自动化、网络化、可视化、实时化、跟踪与智能控制的发展新趋势，符合物联网发展的新方向。

3.4 信息平台

物流公共信息平台是指基于计算机通讯网络技术，提供物流信息、技术、设备等资源共享服务的信息平台，具有整合供应链各环节物流信息、物流监管、物流技术和设备等资源，面向社会用户提供信息服务、管理服务、技术服务和交易服务的基本特征。

物流公共信息平台包括3方面的内涵：①物流电子政务平台。用于政府监管和服务的职能，电子口岸即属于此类；②物流电子商务平台。用于供应链一体化网上商业活动；③电子物流平台。用于物流运输全过程实时监控管理。

3.5 六大作用

3.5.1 降低物流成本，提高企业利润

智慧物流能大大降低制造业、物流业等各行业的成本，实打实地提高企业的利润，生产商、批发商、零售商三方通过智慧物流相互协作，信息共享，物流企业便能更节省成本。其关键技术是物体标识及标识追踪、无线定位等新型信息技术应用，能够有效实现物流的智能调度管理、整合物流核心业务流程，加强物流管理的合理化，降低物流消耗，从而降低物流成本，减少流通费用、增加利润。

3.5.2 加速物流产业的发展，信息技术成为物流业的支撑

智慧物流的建设将加速物流产业的发展，集仓储、运输、配送、信息服务等多功能于一体，打破行业限制，协调部门利益，实现集约化高效经营，优化社会物流资源配置。同时，将物流企业整合在一起，将过去分散于多处的物流资源进行集中处理，发挥整体优势和规模优势，实现传统物流企业的现代化、专业化和互补性。物流企业还可以共享基础设施、配套服务和信息，降低运营成本和费用支出，获得规模效益。

3.5.3 为企业生产、采购和销售系统的智能融合打基础

RFID 技术与传感器网络的普及和物与物的互联互通将企业的物流系统、生产系统、采购系统与销售系统的智能融合联系在一起，而网络的融合必将产生智慧生产与智慧供应链的融合，企业物流完全智慧地融入企业经营之中，打破工序、流程界限，打造智慧企业。

3.5.4 使消费者节约成本，轻松、放心购物

智慧物流通过提供货物源头自助查询和跟踪等多种服务，尤其是对食品类货物的源头查询，能够让消费者买得放心，吃得放心，再增加消费者的购买信心，进而促进消费，最终对整体市场产生良性影响。

3.5.5 提高政府部门工作效率，助力政治体制改革

智慧物流可全方位、全程监管食品的生产、运输、销售，大大节省相关政府部门的工作压力的同时，使监管更彻底更透明。通过计算机和网络的应用，政府部门的工作效率将大大提高，有助于国内政治体制的改革，精简政府机构，裁汰冗员，从而削减政府开支。

3.5.6 促进经济进一步发展，提升综合竞争力

智慧物流集多种服务功能于一体，体现了现代经济运作的需求，即强调信息流与物质流快速、高效、通畅地运转，从而降低社会成本，提高生产效率，整合社会资源。

3.6 公司（企业）代表

随着物流业的不断发展，智慧物流也从理念走向了实际应用。基于智慧物流理念而建的成都物流公共信息平台，将最流行的“云计算”技术融入到成都物流公共信息平台的搭建之中，将大量用网络连接的计算资源统一管理和调度，构成一个计算资源池向用户按需服务，具有超大规模、虚拟化、可靠安全等独特功能。

成都市物流公共信息平台的建立是结合成都现代物流业发展的实际需要，融合云计算、物联网和三网融合等最新一代技术，并具备多项独立知识产权，总投资超亿元的现代物流公共信息示范平台。该平台于 2011 年 7 月正式投入运营。

作为现代智慧物流公共信息示范平台，成都市物流公共信息平台本着立足成都、辐射全国、连接世界的战略目标，将彻底改变传统物流的经营理念和运作模式，主要体现在以下 5 个方面。

3.6.1 信息平台功能更新换代

该平台的功能定位是集在线交易、支付、监管、信息发布、产品展示、推广、营销终端应用为一体的复合功能的物流平台。

3.6.2 全新的市场价值定位

该平台的市场价值定位为融合各条物流具体工作流，同时在第三方服务机构等主体的参与下，建立的一站式集成化服务的物流平台。

3.6.3 诚信体系的建立和导入

该平台建立了一套完备的物流诚信体系，引进第三方担保组织，解决平台承担和抗风险能力。

3.6.4 科学的控制技术和安全保障

在技术定位上，该平台采用云计算、物联网、三网融合等新一代技术，打造了智慧物流体系的物流平台。

3.6.5 业内权威与全新的信息服务平台

该平台发布的信息在业界具有权威性、可靠性、可信性，将全新服务带到物流业，包括从未有过的服务体验、新颖的服务功能。

3.7 发展方向

当前，物联网、云计算、移动互联网等新一代信息技术的蓬勃发展，正推动着中国智慧物流的变革。智慧物流将是信息化物流的下一站，可以把数字物流、智慧物流作为物流信息化的新标志、新方向。

中国物流与采购联合会副会长、中国物流技术协会董事长表示，智能物流标志着信息化在整合网络和管控流程中进入到一个新的阶段，发展进入到一个动态的、实时进行选择和控制的管理水平，这个方向肯定是未来发展的方向。国内先进的信息技术在物流行业的应用和推广水平仍然较低，自主创新和产业支撑能力不强，物流设施设备的自动化、智能化程度和物品管理的信息化水平与发达国家相比还有较大差距。

物流信息化的标准问题一直是影响物流产业发展的关键问题之一。加快研究和制定物流信息技术、服务、编码、安全和管理标准，促进数据层、应用层和交换层等物流信息化标准的衔接，能够推动物流信息化标准体系建设。国内物流标准化体系的建设还很不完善，系统内条块分割现象比较严重，难以实现信息的交换和共享，难以形成完整通畅的供应链，这最终将导致无效环节增加，物流速度降低，成本和事故上升。《推进物流信息化工作指导意见》要求，要加强推进物流的各项建设，要支持利用云计算等技术，开展物流信息技术服务平台建设试点，提高物流信息化关键共性技术研发、推广和应用水平。在装备制造、食品、药品、危险化学品、烟草等具有高附加值或需重点监管的行业，开展物联网应用试点。

孙志国（2017）[178]介绍了区块链技术及其特征，分析了物联网发展面临的问题，提出了采用区块链技术来解决物联网问题。描述性地展开区块链技术在农业物联网、食品安全、粮食安全、农业生产及电子商务、农业资源和生态环境保障以及农业大数据方面的应用，对区块链作为第三次信息技术革命给农业带来的影响进行了展望。

杨洋（2017）[179]认为物联网技术的飞速发展，使得传统农业迎来了新的变革，区块链技术的出现为农业物联网数据的存证和溯源提供了可能；探讨了区块链技术在现代农业中应用的主要方向，逐步展开分析了区块链技术在农业物联网应用中面临的挑战；指出区块链的技术发展不会因为遇到困难而停滞不前，反而随着人们对于区块链技术的认知越来越高，更多的资源和人才会投入到其中，解决存在的问题也只是时间问题，未来区块链技术的应用也会随着科研人员的深入研究而带来一系列新的变革。

孙忠富（2019）[180]指出国内农业正处于升级转型的重要时期，融合现代信息技术发展智慧农业是实现农业现代化的先行之路。他分析探讨了国内农业的发展现状，论述了智慧农业发展及其与区块链应用融合的必要性，介绍了区块链的内涵及发展现状，分析了区块链在智慧农业创新发展中可能的应用领域。新一代信息技术催生了数字经济，促进了新型业态的发展壮大，引领了传统产业的升级转型。展望未来，由于智慧技术兴起，正在推动智慧农业新一轮农业科技革命的浪潮，农业正在朝现代化方向升级转型。区块链作为智慧农业中的又一个关键技术，将逐渐成为学术界和产业界的投资热点与技术研究方向，同时也将助推智慧农业健康发展。

4. 云计算

云计算[181]（Cloud Computing）是继互联网、计算机后在信息时代又一种新的革新，云计算是信息时代的一个大飞跃，使用户通过网络就可以获取到无限的资源，同时获取的资源不受时间和空间的限制。云计算是分布式计算的一种，指的是通过网络“云”将巨大的数据计算处理程序分解成无数个小程序，然后通过多部服务器组成的系统进行处理和分析这些小程序得到结果并返回给用户。早期的云计算，简单地说，就是简单的分布式计算，解决任务分发，并进行计算结果的合并。因而，云计算又称为网格计算。通过这项技术，可以在很短的时间内（几秒钟）完成对数以万计的数据的处理，从而进行强大的网络服务。

“云”实质上就是一个网络。狭义上：云计算就是一种提供资源的网络，使用者可以随时获取“云”上的资源，按需求量使用，并且可以看成是无限扩展的，只要按使用量付费就可以，“云”就像自来水厂一样，我们可以随时接水，并且不限量，按照自己家的用水量，付费给自来水厂就可以；广义上：云计算是与信息技术、软件、互联网相关的一种服务，这种计算资源共享池叫做“云”，云计算把许多计算资源集合起来，通过软件实现自动化管理，只需要很少的人参与，就能让资源被快速提供。换句话说，计算能力作为一种商品，可以在互联网上流通，就像水、电、煤气一样，可以方便地取用，且价格较为低廉。云计算不是一种全新的网络技术，而是一种全新的网络应用概念，云计算的核心概念就是以互联网为中心，在网站上提供快速且安全的云计算服务与数据存储，让每一个使用互联网的人都可以使用网络上的庞大计算资源与数据中心。

现阶段的云服务已经不单单是一种分布式计算，而是分布式计算、效用计算、负载均衡、并行计算、网络存储、热备份冗杂和虚拟化等计算机技术混合演进并跃升的结果。云计算应用就是共享了数据资源，云计算技术已经融入现今的社会生活。

5. 边缘计算

边缘计算[182]（Edge Computing）并非是一个新鲜词。作为内容分发网络 CDN 和云服务的提供商 AKAMAI（阿卡迈公司），早在 2003 年就与 IBM 合作“边缘计算”。AKAMAI 作为世界上最大的分布式计算服务商之一，当时它承担了全球 15% ~ 30% 的网络流量。在其内部研究项目中即提出“边缘计算”的目的和解决问题，并通过 AKAMAI 与 IBM 在其 WebSphere 上提供基于边缘 Edge 的服务。

边缘计算是指在靠近物或数据源头的一侧，采用网络、计算、存储、应用核心能力为一体的开放平台，就近提供最近端服务。边缘计算处于物理实体和工业连接之间，或处于物理实体的顶端，而云端计算仍然可以访问边缘计算的历史数据。

5.1 边缘计算 VS 云计算

云边缘计算只是实现物联网、智能制造等所需要计算技术的一种方法或者模式。对物联网而言，边缘计算技术取得突破意味着许多控制将通过本地设备实现而不用交由云端，处理过程将在本地边缘计算层完成。这无疑将大大提升处理效率，减轻云端的负荷。由于更加靠近用户，还可为用户提供更快的响应，将需求在边缘端解决。

5.2 物联网及其应用

万物互联、万物感知的智能社会，边缘计算则是跟物联网发展相伴而生，将得到更多的应用。边缘计算是在高带宽、时间敏感型、物联网集成这个背景下发展起来的技术，“Edge”这个概念的确较早为包括 ABB（阿塞亚布朗 · 博韦里）、B&R（贝加莱）、Schneider（施耐德）、KUKA（库卡）这类自动化／机器人厂商所提及，涵盖“贴近用户与数据源的 IT 资源”，是从传统自动化厂商向 IT 厂商延伸的一种设计。2016 年 4 月 5 日，尽管 Schneider 主打的还是其“微数据中心”的概念，但其已经定义了边缘计算——物理基础设施。而其他自动化厂商提及边缘计算，都认为它是与 IT 融合的一种趋势，并且具有边缘与泛在的特点。新技术必将会深刻影响其他技术领域的发展节奏和方向，影响资本、市场和消费行为，影响农业技术变革，引导农业未来。

第五篇 发展西藏农业信息存在问题分析

随着现代农业的发展，信息技术、分子生物学等不断突破、创新，但随之而来的是海量数据测序及分析问题的出现，促进了大数据技术的发展与应用，这同农业信息化发展关系紧密。如今，大数据、物联网、人工智能、智慧农业、云计算、边缘计算、数据挖掘、深度学习等技术在农业领域的应用，不断向深度、广度发展。没有农业现代化，没有农村繁荣富强，没有农民安居乐业，国家现代化是不完整、不全面、不牢固的。因此，发展现代农业种植、现代育种与种业创新就更加重要。

20 世纪分子生物学得到快速发展。Sanger 等（1977）[183]提出了第一代测序技术（Sanger 法测序）；Margulies 等的 454①（2006）[184]、Bentley 等的 Solexa②（2008）[185]和 Valouev 等的 SOLiD③（2008）[186]为广泛使用的第二代 454 高通量测序技术；再到 Eid 等 (2009)[187]与 Rusk (2009)[188]的 Pacbio④和 Clarke 等 (2009)[189]与 Stoddart 等 (2009)[190]的 Binano⑤，均是现在使用的第三代测序技术。目前，发展到了第四代测序技术（表 51）[191]。

因测序工作孕育而生的分子标记方法，不断地促进着测序技术的发展。

1. 分子标记开发应用

DNA 分子标记（Molecular Marker）是在现代分子生物学发展过程中产生和发展的，由于其共显性遗传、多态性好、操作简单，已成为在细胞标记、形态标记和生化标记之后快速崛起的一种新型的较为理想的遗传标记形式，近年来已经出现了十多种分子标记方法[192]。分子标记在作物遗传育种、基因定位、物种鉴定、遗传图谱构建、基因克隆等各个方面均发挥出重要的作用。分子标记在广义上的定义为可检测、可遗传的蛋白质或 DNA 序列，在狭义上的定义就单纯地指 DNA 标记。

---

①Roche 454 测序法，由 454 公司研发，是二代测序技术的奠基者，是一种边合成边测序技术（Sequencing-by-Synthesis，SBS）。

②Illumina Solexa 测序法，由 Solexa 公司研发，也是一种边合成边测序技术的新型测序方法。

③ABI SOLiD 测序法，由 ABI（美国应用生物系统）公司研发，推出 SOLiD 二代测序平台。

④Pacbio 测序法，一种三代测序方法，是单分子荧光信号测序法，使用美国太平洋公司（Pacific Biosciences, PacBio）的单分子实时测序（Single Molecule Realtime, SMRT）技术。

⑤Binano 测序法，BioNano Genomics 公司研发的一种三代基因组作图技术（不是基于测序的技术）。利用 Irys 系统特定的限制性内切酶和特殊的荧光标记对单链 DNA 分子进行成像，展现高质量图像。

表 5-1 测序技术发展时间表

序号	测序技术	产生时间点
1	第一代 Sanger 测序技术（Sanger Sequencing，SS）或（First Generation Sequencing Techniques，FGST）	1977 年，英国人 Frederick Sanger 创建了双脱氧链末端合成终止法（Chain Termination Method），简称 Sanger 法、双脱氧法或酶法
2	第二代 454 高通量测序技术（Next-Generation Sequencing，NGS）	（2005—2009 年）
3	第三代单分子测序技术（Single Molecule Sequencing,SMS）或（Third Generation Sequencing，TGS）	（2009—2013 年）
4	第四代纳米孔测序技术（Nanopore Sequencing，NS）（单分子纳米孔测序技术）	（2010 年至今）

现在常用的 DNA 分子标记有以下几种（按照出现时间先后顺序）：①限制性片段长度多态性（Restriction Fragment Length Polymorphism，RFLP）；②简单重复序列（Simple Sequence Repeat，SSR）；③随机扩增多态性 DNA（Random Amplified Polymorphism DNA，RAPD）；④表达序列标记（Expression Sequence Marker，EST）；⑤扩增片段长度多态性(Amplified Fragment Length Polymorphism,AFLP)；⑥简单重复序列间(Inter-Simple Sequence Repeat，ISSR)；⑦单核苷酸多态性(Single Nucleotide Polymorphism，SNP)；⑧潜在内含子多态性（Potential Intron Poly-morphism，PIP）等。

1.1 限制性片段长度多态性（RFLP）

RFLP 标记技术的原理是利用限制性内切酶解 DNA 而产生许多限制性片段，然后利用凝胶电泳的方法将 DNA 片段区分开。

RFLP 操作步骤如下：①将凝胶上的 DNA 变性来检测多态性片段；②通过 Southern 杂交转移至支持膜上；③利用同位素或地高辛标记的探针与膜上的酶切片段进行杂交；④通过放射自显影显示出的杂交带即为 RFLP。RFLP 分子标记在生物体内分布非常广泛，并且具有很高的层次性和特异性，表现为孟德尔的共显性遗传，结果稳定，重复性好。后来出现了一种新的将 PCR 扩增和 RFLP 联合在一起的技术即 PCR-RFLP（聚合酶链式反应—限制性片段长度多态性），采用这种方法由于是特定引物扩增，退火温度高，假阳性低，可靠性非常高。RFLP 的主要缺点是在杂交过程中使用了对人体有害的放射性同位素可能会危及实验者的健康，另外这种技术还需要酶切，对 DNA 的质量和实验水平要求较高[193]。袁力行等（2000）认为在玉米的遗传多样性研究上，RFLP 仍然是一个有效的分子生物学手段并得到了广泛应用[194]；贾继增等（2001）在小麦的遗传多样性分析中利用了 RFLF 方法，提出了一些丰富小麦遗传多样性的建议[195]；左开井等（2000）利用 RFLP、SSR 和 RAPD 标记构建了陆地棉分子标记连锁图[196]；曹永国等（1999）认为 RFLP 在玉米基因定位等方面发挥了重要的作用[197]；Lin 等（2001）也利用 *N. plumbaginifolia* × *N. longiflora* 两个野生种，使用 RFLP 分子标记方法，构建出第一张烟草的遗传图谱[198]。

1.2 简单重复序列（SSR）

高焕等（2005）认为在真核生物基因组中有两种类型的重复序列，分别为散在重复序列和串联重复序列，根据重复基元的长度，拷贝数以及位置又可把串联重复序列分为序列较长的约为 100 ~ 300 bp 的卫星 DNA，还有序列长度处于中等的 10 ~ 60 bp 的小卫星 DNA 和重复序列较短的 1 ~ 6 bp 的微卫星 DNA[199]。陈雪玲等（2002）认为通常情况下的简单重复序列 SSR 就是微卫星 DNA（Microsatellite DNA），是一类由 1 ~ 6 个碱基组成的基序（Motif）串联重复的（一般情况下）小于 100 bp 的 DNA 序列，如（GT）n、（AC）n、（GAA）n、（GATA）n、（GACA）n 等序列情况[200]。在人类基因组中的研究表明，所有的染色体及其各个区段上均有 SSR 的分布，在植物基因组中也是呈现相似规律，按照孟德尔规律显性遗传，平均每 15kb 就存在一个 SSR 位点[201, 202]。Powell 等（1996）研究发现，在 SSR 基元中最常见的是（CA）n 和（TG）n，而在植物基因组中数目最多的为 AT 二碱基重复单元[203]。

由于 SSR 方法较为符合理想的分子标记状态的特性，被广泛应用于资源物种鉴定、遗传图谱构建、目标性状基因标记等领域。据研究，SSR 所检测出来的多态性频率要比 RFLP 多一些。在遗传图谱构建方面，SSR 在植物中的应用更为广泛，在花生、玉米、大豆、杂交水稻等重要的农作物育种中都利用 SSR 分子标记构建了遗传图谱，SSR 分子标记在后续的遗传育种、基因定位等方面发挥出重要的作用[204−207]。Binde 等在 2007—2011 年研究烟草的过程中，分两次利用了 Hicks Broad leaf × Red Russian（Flue-cured × Dark tobacco）作为父母本，用 SSR 分子标记构建了两套遗传图谱，研究表明 SSR 标记能够有效地将不同类型的烤烟进行聚类，还能够准确对烟草的遗传连锁群体进行区分[208, 209]。童志军等自 2012 年至 2016 年期间，分别利用 Hicks Broad leaf × Honghua Dajinyuan 和 Y3 × K326 两组烤烟作为父母本构建出更加精细的遗传连锁图谱，在普通烟草的近缘品种中可以看出，由于 SSR 较高的保守性、多态性和可转移性，能够对不同烟草品种进行聚类并能够有效地区分不同物种的地理位置[210, 211]。

1.3 随机扩增多态性 DNA（RAPD）

Williams 等（1990）[212] 研究发现了一种基于 PCR 技术的检测核苷酸序列多态性的

方法，即RAPD标记技术。RAPD技术是将一条DNA作为模板，将一条随机的大约为10 bp碱基的寡核苷酸序列作为引物，通过PCR扩增产生不连续的DNA产物来检测其多态性。RAPD技术操作简单，省工省力，成本较低，不涉及放射自显影技术，还比较安全，而且在不同环境、发育、稳定性状遗传影响下不会改变其多态性。惠东威等（1992）[213]、陈洪等（1995）[214]、汪小全等（1996）[215]、刘新芝等（1997）[216]分别在系统进化发育、基因定位、遗传图谱的构建和分子标记辅助育种选择等研究领域方面应用了RAPD技术。肖炳光等（2006）[217]在烟草研究中，将Speight G−28×NC2326 作为父母本，再利用RAPD分子标记构建了国内外第一张烤烟分子标记的遗传图谱，为烤烟优良性状的基因定位以及分子标记辅助选择奠定了基础。

1.4 扩增片段长度多态性（AFLP）

翁跃进（1996）[218]认为AFLP的特点是具有孟德尔遗传共显性，不受环境影响，多态性丰富，无复等位效应，带纹丰富，用量少，灵敏度高。AFLP是一种联合PCR扩增和RFLP分子标记产生的一种新型分子标记技术，可通过不同片段长度的限制性内切酶来检测DNA多态性的一种DNA指纹分析技术。在美国加利福尼亚大学，Mackill等（1995）[219]选用14份水稻作为材料，采用AFLP和RAPD 2种方法进行实验，其中用AFLP方法18对引物得到了529条带纹，147个标记，而使用RAPD方法21对引物只获得了103条带纹和43个标记。蔡长春等（2009）[220]在国内烟草研究中，首次利用AFLP分子标记技术将父母本Burley37和Burley21进行杂交研究，第一次构建了白肋烟遗传图谱，可用作不同烟草类型的遗传图谱比较，构建高密度遗传连锁图谱，也为进一步精细定位和克隆控制白肋烟优良性状的功能基因奠定了基础。

1.5 单核苷酸多态性（SNP）

SNP（Single Nucleotide Polymorphism）是第三代分子标记。SNP的改变包括转换、颠换、插入和缺失等，是指在基因组水平上，在基因组序列上，因单个核苷酸发生改变而引起的DNA序列多态性变化。研究表明，SNP数目极为丰富，在人类基因组中每113 bp中就会存在一个SNP位点。Stephens等（2001）[221]指出，SNP技术在群体进化等研究方面发挥着重要的作用。Wu等（2006）[222]指出，SNP芯片分型已被广泛应用于基础生物学研究和生物工程领域，成为DNA测序、表达微阵列、蛋白质组双向电泳凝胶和其他系统工具。随着新兴的生物信息学发展，增加了我们对生命和环境的认识。人类疾病研究人员认为，通过芯片和其他高通量技术可以大量发现可能是相互关联的疾病，并可以进一步修改、扩展到其他方面。Xu等（2010）[223]在水稻作物研究中，采用SNP方法，在高精度遗传图谱的构建和QTL定位方面取得了显著成果，为未来大规模全基因组研究，提供了强有力的工具与方法，为水稻培育优质品种奠定了基础。唐立群等（2012）[224]指出，SNP遗传稳定性高、位点丰富且分布广泛，富有代表性、二态性和等位基因性，检测快速，容易进行自动化分析。唐一通等（2013）[225]对全基因组关联和GWAS（Genome-Wide Association Studies）验证分析做了详述，建立高度自动化和高通量的SNP检测分析技术十分必要，尤其是SNP方法在遗传学、医学研究、临床诊断、药物开发、合理用药和法医学等各方面的作用更加重要。周琳等（2018）[226]分析了SNP标记的特点在开发方法、检测方法，尤其是在品种鉴定、辅助育种、亲缘关系分析、连锁图谱构建和遗传多样性等方面的重要作用，认为SNP标记是研究工作的有力工具。

SNP作为第三代分子标记，也存在一定的缺陷。SNP作图时，需要对每一个SNP进行靶扩增，结果是人力和财力成本增加，在使用方面，导致一般实验室很难开展工作量这么大的研究。

1.6 潜在内含子多态性（PIP）

基因中包含着内含子和外显子，潜在内含子多态性是由于内含子不会编码序列，所以导致了变异度会比较高。PIP是根据内含子高变异度特性而设计的分子标记方法。可以根据需要，在外显子上设计特异性的引物，将内含子扩增出并电泳检测内含子上的多态性。因检测方法拥有较多的优点，如方便检测、无表型效应、共显性、引物保守性高、通用性好等，所以PIP方法在应用方面，具有非常巨大的挖掘潜力。

2. 西藏农业信息发展的不利因素

西藏农业的发展必须紧跟国内外先进技术，立足区域特点，克服困难、克服不利因素，从战略制高点着手布局。在实施中制定短期目标、中期计划、长期规划、长远战略。在当前，西藏农业信息发展不利因素，主要表现在以下方面。

2.1 缺乏农业信息顶层设计、总体部署和具体工作定位

西藏在农业信息战略的顶层设计、总体部署和具体工作上，主要是缺乏战略定位制定和战略发展规划措施及具体实施步骤，尤其是预期达到水平和效果等实质性运作方案。

主要原因是：在国家大力支持下、在全国人民、各省市大力支持下，为西藏提供了良好的“政策、资金、物质、人力”外部条件。在内部环境上，我们对国家支持政策执行的力度、深度都很好，但在农业信息资金投入上和农业信息人力资源上相对缺乏不足，导致了执行力度上的不足，进而导致在农业信息方面没有具体战略目标、没有具体的方案、缺乏具体的工作实施目标与对象。

因此，在西藏农业信息工作方面，在区党委政府、在财政支出和涉农部门大力支持下，要充分借鉴国内外研究成果、实践案例、成熟技术方法等，在充分学习、消化的基础上，深刻理解技术理念，从国际发展、再到国内战略制定、规划、部署，并着手落实于西藏农业生产实施应用的方方面面。下面分别介绍下美国、德国和我国的农业信息发展战略。

2.1.1 美国战略

2.1.1.1《先进制造伙伴计划》

《先进制造伙伴计划》（Advanced Manufacturing Partnership，AMP），又被称为“再工业化”，由 3 个部分构成：《保障美国在先进制造业的领导地位》（2011 年）、《获取先进制造业国内竞争优势》（2012 年）、《加速美国先进制造业》（2014 年）。

（1）AMP 的发展

美国依靠其强大的互联网能力，提出“互联网 +”制造为基础的再工业化之路。在 2011 年提出“先进制造业伙伴关系”AMP2.0，以期通过政府、高校、企业的合作来强化美国的制造业，在 2012 年 2 月正式发布《先进制造伙伴计划》，计划描述了全球先进制造业的发展趋势及美国制造业面临的挑战，明确了三大原则：一是能够应对市场变化和有利于长期经济投资的创新政策；二是建设制造商共享的知识资产和有形设施的产业公地；三是优化联邦政府和机构的投资。

该计划内容来自国家制造创新网络各个利益相关方的反馈与建议，它表达了国防部、能源部等计划参与部门和波音、洛马、GE(美国通用电气公司) 等工业领袖对该计划未来至少 3 年该如何发展的共识。

（2）AMP 战略的三大支柱

① AMP 三大支柱之一：加快创新

未来制造业将迎来智能化、网络化、互联化，技术创新是实现未来制造的助推器，美国要保持制造业领导者地位必须依赖创新才可以实现。这部分内容分为 6 个层次：制定国家先进制造业战略，增加优先的跨领域技术的研发投资，建立国家制造创新研究院网络，促进产业界和大学合作进行先进制造业方面的研究，建立促进先进制造业技术商业化的环境，建立国家先进制造业门户。

② AMP 三大支柱之二：确保人才输送

人才历来是保障国家具有创新能力的关键要素，而美国的国情存在优秀人才不愿意进入制造业的弊端，因此保证人才输送将是实现工业创新的关键。这部分内容分为 6 个层次：改变公众对制造业的错误观念，利用退伍军人人才库，投资社区大学水平的教育，发展伙伴关系提供技能认证，加强先进制造业的大学项目，推出关键制造业奖学金和实习计划。

③ AMP 三大支柱之三：改善商业环境

美国市场是一个充满竞争的管理资本主义市场，美国一直以本国的市场化商业环境而感到骄傲，为保证未来的美国制造，自然会格外重视商业环境的改善。这部分内容分为 4 个层次：颁布税收改革，合理化监管政策，完善贸易政策，更新能源政策。

2.1.1.2《美国先进制造领导战略》

2018 年 10 月 5 日，美国白宫发布了四年一度的《美国先进制造领导战略》(Strategy for

American Leadership in Advanced Manufacturing）。由“先进制造战略计划（Advanced Manufacturing Strategic Plan）”发展到“先进制造领导战略”，计划引发了新一轮国家战略发展，形成新的制高点竞争。

该战略计划侧重于新技术的开发和未来劳动力的培训，提出了3个目标：①发展和推广新的制造技术；②教育、培训先进制造所需的劳动力；③扩大国内制造业供应链的能力。

该战略计划认为，长期以来，美国商品生产和销售在国内外市场上成长强劲。制造业在美国经济的几乎每个领域都发挥着至关重要的作用。先进制造，包括新的制造方法和通过创新实现的新产品的生产，是美国经济实力的引擎和国家安全的支柱。该战略计划的动机是影响先进制造的创新和竞争力因素。技术的快速发展与经济力量相结合，正在改变产品和服务的构思、设计、制造、分配和支持方式。虽然快速创新长期以来一直是美国工业的一个明确特点，但近年来私人对制造业技术的投资大幅缩减，因为投资者关注的是通过基于软件的初创企业实现投资的快速回报。新兴市场、出口和贸易领域的制造领导力不仅需要对先进技术进行投资，还需要有效利用工业部门的新技术和平台。虽然不是该战略计划的重点，但制造业领导层需要贸易政策来保护和推进美国工业。通过确保公平和互惠的贸易，美国可以为先进制造的增长创造最佳环境。虽然美国仍然是某些行业最大的产品生产国，但令人担忧的是一些具有重要战略意义的行业，特别是通信和计算机行业的生产和就业急剧下降。该战略计划由这些和其他关键部门组成的美国制造业和国防工业基础和供应链对经济繁荣至关重要，必须保持快速创新的能力。

2.1.2 德国战略

德国所谓的“工业4.0”是指利用物联信息系统（Cyber Physical System，CPS）将生产中的供应、制造、销售信息数据化、智慧化，最后达到快速、有效、个人化的产品供应。工业4.0[232]是基于工业发展的不同阶段作出的划分。按照共识，工业1.0是蒸汽机时代，工业2.0是电气化时代，工业3.0是信息化时代，工业4.0则是利用信息化技术促进产业变革的时代，也就是智能化时代。

工业4.0研究项目由德国联邦教研部与联邦经济技术部联手资助，在德国工程院、弗劳恩霍夫协会、西门子公司等德国学术界和产业界的建议和推动下形成，并已上升为国家级战略。这个概念最早出现于2013年，在德国的汉诺威工业博览会上正式提出，其核心目的是提高德国工业的竞争力，在新一轮工业革命中占领先机。随后由德国政府列入《德国2020高技术战略》中所提出的十大未来项目之一。项目由德国联邦教育局及研究部和联邦经济技术部联合资助，投资达2亿欧元，旨在提升制造业的智能化水平，建立具有适应性、资源效率及基因工程学的智慧工厂，在商业流程及价值流程中整合客户及商业伙伴，其技术基础是网络实体系统及物联网。该战略已经得到德国科研机构和产业界的广泛认同，弗劳恩霍夫协会将在其下属6～7个生产领域的研究所引入工业4.0概念，西门子公司已经开始将这一概念引入其工业软件开发和生产控制系统。自2013年4月在汉诺威工业博览会上正式推出以来，工业 4.0 迅速成为德国的另一个标签，并在全球范围内引发了新一轮的工业转型竞赛。

工业 4.0 的本质就是通过数据流动自动化技术，从规模经济转向范围经济，以同质化规模化的成本，构建出异质化定制化的产业。对于产业结构改革，这是至关重要的。工业 4.0 驱动了新一轮工业革命，其核心特征是互联。互联网技术降低了产销之间的信息不对称，加速了两者之间的相互联系和反馈，因此，催生出消费者驱动的商业模式，而工业 4.0 是实现这一模式的关键环节。工业 4.0 代表了“互联网 + 制造业”的智能生产，孕育了大量的新型商业模式，真正能够实现“C2B2C（Customer to Business to Customer，实现顾客与企业之间、顾客与顾客之间的信息交流）”的商业模式。

德国制造业是世界上最具竞争力的制造业之一，在全球制造装备领域拥有领头羊的地位。这在很大程度上源于德国专注于创新工业科技产品的科研和开发，以及对复杂工业过程的管理。德国拥有强大的设备和车间制造工业，在世界信息技术领域拥有很高的能力水平，在嵌入式系统和自动化工程方面也有很专业的技术，这些因素共同奠定了德国在制造工程工业上的领军地位。通过工业 4.0 战略的实施，德国将成为新一代工业生产技术（即信息物理系统）的供应国和主导市场，会使德国在继续保持国内制造业发展的前提下再次提升它的全球竞争力。在社会根本上，德国完善的民主法制和知识产权保护是保障德国制造业健康发展的坚实后盾，更是降低社会生产成本、提升效率的真正利器。

2.1.2.1 一个核心：“智能 + 网络化”

分为两个部分：① CPS（Cyber Physical System）系统。通过人工开发的软件系统进行数据处理与指令发送；②构建智能工厂。生产过程的智能化以及方便人工实时控制。

2.1.2.2 重战略

（1）领先的供应商战略

关注生产领域，要求德国的装备制造商必须遵循“工业 4.0”的理念，将先进的技术、完善的解决方案与传统的生产技术相结合，生产出具备“智能”与乐于“交流”的生产设备，为德国的制造业增添活力，实现“德国制造”质的飞跃。该战略注重吸引中小企业的参与，希望它们不仅成为“智能生产”的使用者，也能化身为“智能生产”设备的供应者。

（2）领先的市场战略

强调整个德国国内制造业市场的有效整合。构建遍布德国不同地区、涉及所有行业、涵盖各类大、中、小企业的高速互联网络是实现这一战略的关键。通过这一网络，德国的各类企业就能实现快速的信息共享、最终达成有效的分工合作。在此基础上，生产工艺可以重新定义与进一步细化，从而实现更为专业化的生产，提高德国制造业的生产效率。除了生产以外，商业企业也能与生产单位无缝衔接，进一步拉近德国制造企业与国内市场以及世界市场之间的距离。

2.1.2.3 大集成、关键技术、主题

从产品的研究、开发与应用拓展至建立标准化策略，提高社会分工合作的有效性、探索新的商业模式以及考虑社会的可持续发展等，实现全社会网络的价值。

（1）机器对机器（Machine to Machine，M2M）

M2M：技术的发展，使得制造设备之间能够主动地进行通信，配合软硬件系统实现生产过程的智能化。

（2）物联网（Internet of Things，IoT）

其应用范围超越了单纯的机器对机器的互联，将整个社会的人与物连接成一个巨大的网络，这是一个无处不在、时刻开启的普适网络社会。

（3）各类应用软件（Applications）

企业资源计划系统、产品生命周期管理、供应链管理、系统生命周期管理等软件发挥协同的作用，成为企业进行智能化生产和管理的利器。

2.1.2.4 5个特征

（1）前景特征

①智能产品可识别性；②整个制造过程中的细节；③半自主地控制它们生产的各个阶段；④工作范围内发挥最佳作用；⑤整个生命周期内随时确认自身的损耗程度。

（2）良好的网络设施和服务

①通过进一步拓展相关的网络基础设施和特定的网络服务质量；②满足具有高带宽需求的数据密集型应用；③满足提供运行时间保障的服务供应商。

（3）社会－技术互动

①循环网络；②生产资源具有自主性、可自我调节、配置；③端对端；④数字与物质的完美结合。

（4）灵活应对需求变化

①特殊产品特性需求的客户直接参与到产品生命周期的各个阶段；②临时的需求变化，可立即使之变为可能。

（5）员工创新性

①企业员工可以根据形势和环境敏感的目标来控制、调节和配置智能制造资源网络和生产步骤；②员工将从执行例行任务中解脱出来，使他们能够专注于创新性和高附加值的生产活动。

2.1.2.5 八大措施

①技术标准化和开放标准的参考体系；②建立模型来管理复杂的系统；③提供一套综合的工业宽带基础设施；④建立安全保障机制；⑤创新工作的组织和设计方式；⑥注重培训和持续的职业发展；⑦健全规章制度；⑧提升资源效率。

2.1.3 中国战略——《中国制造 2025》

2015 年《政府工作报告》中首次提出实施“中国制造 2025”，坚持创新驱动、智能转型、强化基础、绿色发展，加快从制造大国转向制造强国。此后，“中国制造 2025”一直是贯穿国务院工作部署的关键词之一。其根本目标在于改变中国制造业“大而不强”的局面，通过 10 年的努力，使中国迈入制造强国行列，为到 2045 年将中国建成具有全球引领和影响力的制造强国奠定坚实基础。

2.1.3.1 指导思想

创新驱动、质量为先、绿色发展、结构优化、人才为本。

2.1.3.2 基本原则

①市场主导，政府引导；②立足当前，着眼长远；③整体推进，重点脱坡；④自主发展，开放合作。

2.1.3.3 发展形势与环境

（1）国内经济发展环境发生巨大变化

①各方面的需求对制造业提出更高的要求；②国内经济发展进入新常态，调整结构，转型升级刻不容缓。

（2）全球制造业格局面临巨大调整

①新一代信息技术与制造业深度融合；②发达国家“再工业化”；③发展中国家扩展国际市场空间。

（3）建设制造强国任务艰巨而紧迫

①国内已具备了建设工业强国的基础和条件；②建设制造强国，必须紧紧抓住当前难得的战略机遇。

2.1.3.4 制造业现状

（1）优点

①制造业规模大，种类全；②拥有完整的供应链条。

（2）存在问题

①自主创新能力差；②产业结构不合理；③产品质量低，缺乏世界品牌；④能源利用

率低，环境污染严重；⑤核心技术和高端装备对外依存度高。

2.1.3.5《中国制造 2025》的内容

（1）一个“目标

从制造业大国向制造业强国转变。

（2）“两化”融合

通过信息化和工业化两化深度融合来引领和带动整个制造业的发展，这也是国内制造业所要占据的一个制高点。

（3）“三步走”战略

①2025 年 —— 迈入世界强国行列。2020 年，基本实现工业化，制造业大国地位巩固；2025 年，整体素质大幅提升，创新能力显著增强，两化融合迈上新台阶。

②2035 年 —— 达到制造强国阵营中等水平。创新能力大幅提升，重点领域发展取得重大突破，整体竞争力明显增强，优势行业形成全球创新引领能力，全面实现工业化。

③2045 年 —— 综合实力进入世界制造强国前列。主要领域具有创新引领能力和明显竞争优势，建成全球领先的技术体系和产业体系。

（4）四项基本原则

①自主发展，开放合作。在关系国计民生和产业安全的基础性、战略性、全局性领域，着力掌握关键核心技术，完善产业链条，形成自主发展能力。继续扩大开放，积极利用全球资源和市场，加强产业全球布局和国际交流合作，形成新的比较优势，提升制造业开放发展水平。

②市场主导，政府引导。全面深化改革，充分发挥市场在资源配置中的决定性作用，强化企业主体地位，激发企业活力和创造力。积极转变政府职能，加强战略研究和规划引导，完善相关支持政策，为企业发展创造良好环境。

③立足当前，着眼长远。针对制约制造业发展的瓶颈和薄弱环节，加快转型升级和提质增效，切实提高制造业的核心竞争力和可持续发展能力。准确把握新一轮科技革命和产业变革趋势，加强战略谋划和前瞻部署，扎扎实实打基础，在未来竞争中占据制高点。

④整体推进，重点突破。坚持制造业发展全国一盘棋和分类指导相结合，统筹规划，合理布局，明确创新发展方向，促进军民融合深度发展，加快推动制造业整体水平提升。围绕经济社会发展和国家安全重大需求，整合资源，突出重点，实施若干重大工程，实现率先突破。

（5）五大基本方针

①创新驱动。坚持把创新摆在制造业发展全局的核心位置，完善有利于创新的制度环境，推动跨领域跨行业协同创新，突破一批重点领域关键共性技术，促进制造业数字化网

络化智能化，走创新驱动的发展道路。

②质量为先。坚持把质量作为建设制造强国的生命线，强化企业质量主体责任，加强质量技术攻关、自主品牌培育。建设法规标准体系、质量监管体系、先进质量文化，营造诚信经营的市场环境，走以质取胜的发展道路。

③绿色发展。坚持把可持续发展作为建设制造强国的重要着力点，加强节能环保技术、工艺、装备推广应用，全面推行清洁生产。

④结构优化。坚持把结构调整作为建设制造强国的关键环节，大力发展先进制造业，改造提升传统产业，推动生产型制造向服务型制造转变。

⑤人才为本。坚持把人才作为建设制造强国的根本，建立健全科学合理的选人、用人、育人机制，加快培养制造业发展急需的各种人才，走人才引领的发展道路。

（6）五大工程

①制造业创新中心建设工程。重点开展行业基础和共性关键技术研发、成果产业化、人才培训等工作；2020 年建成 15 家，2025 年建成 40 家制造业创新中心。

②智能制造工程。开展新一代信息技术与制造装备融合的集成创新和工程应用；建立智能制造标准体系和信息安全保障系统等。

③工业强基工程。以关键基础材料、核心基础零部件（元器件）、先进基础工艺、产业技术基础为发展重点。

④绿色制造工程。组织实施传统制造业能效提升、清洁生产、节水治污等专项技术改造；制定绿色产品、绿色工厂、绿色企业标准体系。

⑤高端装备创新工程。组织实施大型飞机、航空发动机、智能电网、高端诊疗设备等一批创新和产业化专项、重大工程。

（7）九项战略任务

①提高国家制造业创新能力；②推进信息化与工业化深度融合；③大力推动重点领域突破发展；④加强质量品牌建设；⑤全面推行绿色制造；⑥强化工业基础能力；⑦深入推进制造业结构调整；⑧积极发展服务型制造和生产性服务业；⑨提高制造业国际化发展水平。对制造业转型升级的整体谋划，不仅要提出培育发展新兴产业的路径和措施，还要加大对量大面广的传统产业的改造升级力度，同时还要解决制造业创新能力、产品质量、工业基础等一系列阶段性的突出矛盾和问题。

（8）十大重点领域

①新一代信息技术产业。集成电路、信息通讯、操作系统和软件；②高档数控机床和机器人；③航空航天装备。大型客机、宽体客机、运载火箭等；④海洋工程装备及高技术船舶。深海探测、资源开发利用、海上作业保障装备等；⑤先进轨道交通装备。绿色智能、高速重载轨道交通系统；⑥能与新能源汽车。电动汽车、燃料电池汽车等；⑦电力装备。

新能源、可再生能源、智能电网、高效超净排放煤电机组；⑧农机装备。育、耕、种、管、收、运、贮等过程中使用的先进农机装备；⑨新材料。特种金属、高性能结构材料、高分子材料、无机非金属材料、新型复合材料；⑩生物医药及高性能医疗器械。药物新产品及影像设备、药用机器人等移动医疗产品。

从“中国制造2025”的内容可以看出，国内在工业2.0占比80%，在工业3.0占比50%，在工业4.0占比25%；国内现阶段要做到的事情就是工业“2.0补课”“3.0普及”“4.0示范”，着力进行产业转型，结构升级，解决创新能力、产品质量和品牌、工业基础等问题，同时要紧跟工业4.0智能化和网络化的发展趋势[233]。

“中国制造2025、德国工业4.0、美国先进制造”——在21世纪的工业领域，“制造强国”开启新一轮角逐。尽管实现路径各有侧重，核心策略是通过互联网和智能技术实现企业生产和管理的降本增效。正因如此，工业物联网IIoT（Industrial Internet of Things）被视为助推智能制造转型升级的“催化剂”。

工业物联网究竟有怎样的“魔力”？从制造、生产角度切入，智能制造的全产业链包括：工业软件和数据库的信息采集和处理；工业以太网、传感器和RFID的网络传输和传感识别；搭载机器视觉，完成自动化生产线集成和装备生产。整个过程中，各类资源要素经由通讯网络的数据链接，实现“机器、数据、人”三大要素的互联共通。对此，工业互联网所承担的“重任”概括来说就是四化：数字化、自动化、网络化和智能化。

制造业是国民经济的主体，是立国之本、兴国之器、强国之基。18世纪中叶开启工业文明以来，世界强国的兴衰史和中华民族的奋斗史一再证明，没有强大的制造业，就没有国家和民族的强盛。打造具有国际竞争力的制造业，是国内提升综合国力、保障国家安全、建设世界强国的必由之路。新中国成立尤其是改革开放以来，国内制造业持续快速发展，建成了门类齐全、独立完整的产业体系，有力推动了工业化和现代化进程，显著增强了综合国力，支撑了我国世界大国地位。然而，与世界先进水平相比，国内制造业仍然大而不强，在自主创新能力、资源利用效率、产业结构水平、信息化程度、质量效益等方面差距明显，转型升级和跨越发展的任务紧迫而艰巨。当前，新一轮科技革命和产业变革与国内加快转变经济发展方式形成历史性交汇，国际产业分工格局正在重塑。必须紧紧抓住这一重大历史机遇，按照“四个全面”战略布局要求，实施制造强国战略，加强统筹规划和前瞻部署，力争通过三个十年的努力，到新中国成立一百年时，把国内建设成为引领世界制造业发展的制造强国，为实现中华民族伟大复兴的中国梦打下坚实基础。

2.1.4 西藏自治区战略

西藏自治区“十四五”规划在国家“十四五”规划指导意见指导下，出台了相关指导建议——《中共西藏自治区委员会关于制定国民经济和社会发展“十四五”规划和二〇三五年远景目标的建议》。结合我区实际，展望2035年，西藏基本实现社会主义现代化，展现出美好的发展前景。现代经济体系基本建立，优势产业竞争力明显增强，科技创新能力不断提升，“地球第三极”品牌具有全球影响力，集约高效、经济适用、智能绿色、安全可靠的现代化基础设施体系初步建成，基本实现新型工业化、信息化、城镇化、农业现代化；城乡区域发展差距显著缩小，城乡居民人均可支配收入达到全国平均水平；社会事业全面进步，基本公共服务均等化基本实现，各族群众共同富裕迈出坚实步伐；中华民族共同体意识全面铸牢，中华文化始终是各民族的情感纽带、心灵归属，西藏文化是中华文化不可分割的一部分的思想深深扎根在群众心中；生态环境质量保持全国领先水平，重要的国家生态安全屏障日益巩固，所有市县达到国家生态文明建设示范市县标准，美丽西藏全面建成，成为全国乃至国际生态文明高地，率先实现碳达峰和碳中和；国家安全屏障筑牢，确保边防巩固和边境安全；人民平等参与、平等发展权利得到充分保障，法治政府、法治社会基本建成；各方面制度更加完善，治理体系和治理能力现代化基本实现，藏传佛教中国化取得新进展，社会文明程度达到新的高度，社会大局实现长治久安。

西藏自治区农牧科学院制定了“农业科技信息化和智能化”方面的规划，主要涉及建立西藏农业科学数据中心、农作物育种信息系统、农业数据图书馆、农业科研管理系统。但目前都只是宏观、建设性的指导，都没有涉及具体实施过程、规划方面则不够具体、实施性及操作性不强。

2.2 缺乏明确的西藏农业信息具体实施领域和实施梯度

由于受专业科技人员、农业信息技术水平发展等因素的限制，西藏农业信息发展技术水平与农牧业发展取得的成就与进程不协调，导致西藏农牧业生产运用“数字农业”引领西藏未来农业科技发展所发挥的作用尤显不足，引导实际农业生产所发挥的作用与效率相对不足。总体上讲，西藏农业信息建设缺乏实施领域和实施梯度。

2.3 缺乏稳定的农业信息专业团队

从事农业信息的研究工作，关键资源因素之一就是专业人才队伍，在西藏人才缺乏这个问题就更加突出。在西藏从事农牧业信息工作，不仅需要信息研究工作的专业技能，更加需要既懂信息专业技能，又熟悉农牧业专业技能的复合型人才，才能解决和处理实际工作中所面临的困难和问题。西藏从事农业信息工作的人才少，许多都是半路从非农业信息专业入行。另外，还存在从事农业信息工作的人员相对于农业专业研究工作的人员比例更少的问题，这是制约发展的一个突出因素。

2.4 缺乏重点与长期稳定持续性农业信息项目建设与投资

西藏在农业互联网 +、农业大数据、农业生产应用工作方面建设基础投入相对滞后，缺乏前瞻性的计划、超前规划，相对缺乏明确计划；而且在资金上缺少长期稳定的资金投入和长效机制的支持，许多持续性的工作开展不足。因此，在今后的农业发展建设规划中，制定发展梯度规划，加强农业基地设备建设投资显得尤为重要。

2.5 农业信息化服务体系尚不健全

推进西藏农业信息化稳步发展，需要构建完善的服务体系，建立农业信息化单独配置组织机构和办事流程，使工作人员做到有法可依，有章可循，使群众在遇到问题和需求时能够快速准确地找到解决途径。目前，农业信息化服务体系健全度偏低。主要体现在：第一，组织机构不健全，西藏还没有设置农业信息化服务机构，目前是全国唯一没有农业信息研究院所的省份，仅在西藏自治区农牧科学院内设有一个类似部门勉强具备该功能，但该部门并不是独立运行的，缺乏自主决策权。很多市级以下行政机构无农业信息化服务机构，或者设置于其他部门下，上下级领导困难，自身信息传递便存在较大阻碍。第二，信息服务标准化水平低，还没有充分认识到农业信息化的重要性。

2.6 受西藏农业区域发展不均衡制约

西藏由于特殊的自然地理条件因素，导致了全区农业自然经济发展的不均衡性，制约了农业信息化在西藏农业生产中的应用。

2.7 其他综合制约因素

交通因素、区域地理环境因素、基层信息化软硬件条件、农业信息化技术应用技术条件、农牧民素质等因素也制约着西藏农业信息的发展。

研究表明，文化水平较高的农牧户对农业信息技术认知度较高。而目前，许多农牧户、涉农企业对农业信息技术的认知程度还相对较低，这在很大程度上影响了农业现代化、信息化的发展进程。各级政府和相关部门应当高度重视，因此可以通过村组织培训、免费图书发放以及电视广播等方式培育现代农牧民，广泛深入地开展农业信息的宣传教育，提高农牧户获取信息、接受新鲜事物的能力，增强其利用现代化技术务农的意识。

随着科技时代的到来，在中国大力推动信息化的形势下，要推动农业科技的跨越式发展，西藏就要不断地提高农牧户的专业化知识和综合素质，使农牧户主动积累专业化、科学化农业相关知识，而农业信息化、科技化作为现代农业发展的未来趋势，农业物联网技术必然随着互联网有效利用程度的不断提高而被更多人所认识和接受。

第六篇 发展西藏农业信息的对策、建议与措施

随着信息技术的发展，应用边缘科学和交叉科学的渗透日益明显，学科交叉、融合更加精细，互相影响。目前，农业信息技术已经不单纯是一门科学技术，它加快了其他科学的发展，已经深入农业科学各个研究领域、应用领域，作用和影响巨大。

农业是国家稳定与发展的基石、是全面建成小康社会、实现国家现代化的基础。农业安全和发展与国家和人民利益息息相关，国内约 8% 的全球耕地，要养活 20% 左右的世界人口，对国内粮食生产和安全提出了巨大挑战。新中国成立以来，国内粮食生产成就巨大，2019 年，粮食总产量 66 384 万 t，比 2018 年增加 594 万 t，增长 0.9%。其中谷物产量 61 368 万 t，比 2018 年增加 365 万 t，增长 0.6%[234]。

农业科研工作中，作物育种是关键，也是重中之重的任务。农作物育种是科研人员根据当前和今后一段时间内农业生产与经济发展需要，制定有计划、有目标的作物性状改良。育种目标主要是：提高作物生物学产量、提高作物营养品质、提高作物加工品质、提高作物对环境的适应性、提高作物抗逆性（如抗病、抗虫、抗旱、抗寒、抗盐碱等），适应人类生活需要而达到的改良目标或方案。育种技术和育种成效是国内粮食安全和农业可持续发展的重要保证。为满足日益增长的粮食需求，需要更加高效和精准的育种技术[235]。

西藏是国内育种的一个特殊区域，代表着世界第三极育种工作。也是全国粮食安全的关键环节。育种研究人员为加快西藏农业育种工作发展，提高西藏作物育种成果应用水平，通过“高海拔边境地区青稞绿色增产增效关键技术研究与集成示范项目（2018 年）”，引进了金种子云平台，旨在系统化进行育种工作的数据存储、育种材料和数据的管理，解决或避免因科技人员流动而导致科技育种信息丢失，通过农业信息化技术手段，科学地记录育种信息材料和科技管理数据并进行科学分析，致力于服务西藏作物科研、实际应用工作。

1. 西藏农业信息人才存在的主要问题

1.1 专业型农业信息人才严重缺乏

目前，西藏从事农业信息科研项目工作的人员很少具有专业化的学习和培训经历或相关项目工作经历。农业大数据时代下要求农业信息人员精通网络技术，又熟知农业经济运行规律，才能将农业信息技术与农业科研工作相融合，才能发挥农业信息技术的优势与作用。目前，西藏科研院所、农业院校中农业信息化类学科培养条件都不足以满足当前农业

科研与农业生产的用人需求，导致了从事农业信息活动的专业型人才仍然与西藏的科研、技术服务推广和市场需求存在很大的差距。

1.2 农业信息人才队伍结构与层次框架失衡

农业大数据时代下，农业信息科研项目任务要求农业信息人员具有熟练的数据分析能力、数据处理能力、关联性分析能力、数据可视化能力等业务技能。同时，还要求人才具备农业科研领域专业研究的科研知识及农业结构体系知识。然而，当前专业型的农业信息人才的层次构架、性别结构、知识结构、学历结构、技能结构与农业信息活动实际需求存在一定程度的偏差。在西藏内从事农业科研任务工作的人才队伍少、研究项目少，无法满足大数据时代农业信息活动的需要，导致不能充分挖掘农业信息资源，直接影响了农业信息前瞻性科研的推进、总体战略规划部署、农业信息的具体决策工作、农业育种工作以及农业科研相关领域的研究工作等方方面面。

1.3 具体开展的农业信息科研项目不足

由于农业人才队伍与层次框架失衡，导致制定战略规划部署缺乏足够的信息反馈与信息支撑，规划目标缺乏部署，农业信息科研在整体分配研究项目时经费预算不能有效决算，结果就导致了农业信息类科研项目偏少或不足问题。

1.4 农业信息科研项目与农业科研及生产需求存在差异

现有从事农业信息人才在知识结构、学历背景同实际农业科研及生产需求，同农牧民的实际需求均存在差异。即使处理同一数据源，不同农业信息人员的分析结果也存在差异。此外，各市（地）、同一市（地）不同县、乡、镇、村区域间，以及各机构间农业信息资源共享利用率较低。由于基础设施差异较大，加上数据资源不规范性等因素，导致了工作效率低，严重浪费已有的数据资源，造成了更大差异性。

1.5 农业信息人才薪酬待遇和人才资源管理利用制度尚不规范健全

目前，西藏农业信息人员主要为农业机关的事业编制人员，薪酬发放形式主要为财政拨款，来源主要为基本工资和岗位津贴，相关人员的工作积极性和主动性不高。虽然，西藏管理协调部门大力开展人才引进工作，由于在薪酬待遇、住房条件、子女教育等因素的影响下，所能达到的预期目标效果甚微。

有科研单位及相关涉农事业单位推行“绩效考核”方式评估员工工作效率，然而这种量化考核的结果仍然不能充分调动员工工作的积极性，不健全、不规范的薪酬管理体制直接影响农业信息人员工作的态度和质量，影响农业新型人员在工作过程中提升自身技能水平和知识水平的意愿。

针对农业信息人才工作，应按照西藏农业人才层次，加强农业信息人才培养，不断提升各层次人才技能，使人才致力于奉献西藏农业、服务西藏农业、热心西藏科研事业。

2. 设计相应的对策、措施及相关的统筹管理办法

2.1 加强农业信息顶层设计，制定落实规划、目标

推进西藏区政府农业信息化的主体决策、主体引导工作，加快西藏区政府农业信息化建设，充分发挥政府的引领作用，可从以下两个方面入手。

2.1.1 增加在农业信息化建设方面的投入

在西藏农业信息服务机构发展过程中，必须辅之以相关基础设施建设，优化管理服务系统。在考虑到区域农业发展实际的基础上，了解不同地区的实际情况，充分反映不同地区农业信息服务工作的实用性，在农业协会、企业以及农民之间搭建农产品供求信息平台，农民可以从中了解最新的农业生产信息化内容。同时，政府也应该利用自身优势，对农业信息化发展起到合理的引导作用。

2.1.2 做好村信息服务站等基础设施建设

从政府机关层面，要想做好农村信息服务站建设工作，必须建立在乡镇农业技术服务中心的基础上，才能够为企业及市场在第一时间内提供更加便利的信息，才能对于农业生产起到指导作用。

在明确西藏区政府农业信息化内部环境、外部环境、技术应用、产业发展、人才等方面现状基础上，从政府引导、配套资金来源、人力资源配给、服务体系建设等方面剖析农业信息化存在的问题，并结合国家及地方政府的最新政策，逐步推进农业信息化的建设工作。

2.2 加强制定具体目标，实施工作内容

从顶层设计上制定战略目标，长远目标和中、短期目标。按照国家发展规划要求，结合西藏实际，按照“十四五”规划，落实工作部署。

2.3 加强农业信息资金管理

针对农业信息资金工作，合理划定一定资金比例，用于开展农业大数据、农业物联网、农业人工智能及其他相关农业领域发展工作，持续保障研发工作资金投入。

2.4 加强农业信息项目建设

合理划定农业信息项目比例，包括农业大数据、农业物联网、农业人工智能等相关科研项目，有力开展农业育种、大田推广、提升农牧民科学种植生产技术等相关建设工作。保障重点支持，多样发展农业信息工作，最终服务于农业、农村、农牧民。

2.5 加强农业信息人才培养

首先，国家和西藏都非常重视人才培养工作，为不断加大加强人才培养力度，制定了许多措施，意识到了农业信息人才在相关农业活动中的价值，但是由于各种因素限制，导

致了西藏个别领域专业人才断层相对明显，农业信息人才培养工作更具有滞后性，针对当前农业信息人才队伍培养主要存在的问题，在现有条件下，应做好以下几个方面的工作。

2.5.1 加强现有科技人员的培养和培训

针对现有科技人员进行农业信息技术知识、应用技术、软件应用、农业统计数据信息化处理、数据加工、数据挖掘等方面，开展有阶段、有层次、有梯次的培养培训工作，提高他们的农业信息技能，实现为西藏农业服务的目标。

2.5.2 增加现有科技人员数量，提供必要的培训场所和条件

在条件允许的情况下，开展农业统计软件使用，农业物联设备操作，农业信息数据分析、整理、处理的培训工作。针对科研人员，可以开展一些高级数据分析、数据挖掘等实用技能培训，在实践中加强农业信息人才的培养工作，增加现有科技人员数量，提供必要的培训场所和条件。

2.5.3 加强农业信息技术的学术交流，有效地指导西藏农业信息技术研发工作

邀请“各类农业信息平台”专家进行实地讲座、现场技术指导，进行农业信息工作技术指导；在条件不便利的地方，也可以开展网上视频交流培训，多渠道、多办法地培养现有的人才队伍。

2.5.4 有计划地开展“农业领域专家 + 农业信息专家”高层复合型人才的培养

根据农业科研领域的不同，将行业领域专家进行农业信息化知识交叉提升培养，将农业信息知识与行业知识相互渗透，从而加速农业信息的实际应用，从而提高农业效率及效益。

2.5.5 有针对性、有目的性、分批、分层次，培养不同批次的复合型人才

针对西藏农业生产特点、农业区域条件和农业基础设施特点，按照“高、中、基础”层次，培养不同结构需求的人才，形成基础扎实、牢靠，中层执行有力，高层前瞻研发局面，建立一支结构优良、有质有量的人才队伍，高效率地保证西藏农业科研工作的运转和持续快速发展。

2.5.6 有条件地对农牧民进行农业信息知识培训

培训农牧民的益处在于新技术能够在农业生产中得到快速应用，农业信息化设备能够得到农牧民的保护，甚至能得到及时维护，达到技术、设备使用的最佳效果。

农业为现代社会的发展提供了物质保障，从传统的刀耕火种到机械化农业、信息化农业的发展过程中，农业信息服务工作作为农业行业中新兴的工作内容，是农业效率提高的生力军。现代农业科研工作中始终伴随着海量数据的产生，只有将海量的农业数据与农业大数据研究相结合，发挥农业信息服务人才作用，分析、归类、提升、挖掘宝贵的科研数据，才能快速实现提高农业信息服务业的水平、实现科学数据的共享，最大发挥其效率和作用，最终达到西藏农业建设所期望的目标。

3. 加强农业信息人才培养和团队建设

与传统农业不同的是，农业信息化需要大量复合型人才支持，涉及基础农业、社会科学、计算机、管理等学科，传统的单学科人才无法适应时代需求。根据国内其他发达省市的既有经验，农业信息化人才首先要对当地农业基础知识有比较深刻的理解，其次要掌握农业经济规律，贯通信息技术，能够在短时间内完成信息的采集、处理、分析、传输等工作，在此背景下，人才缺乏与资金短缺相比更加突出和棘手。

目前，西藏自治区农牧科院农业信息服务机构的工作人员，除 2 ～ 3 人是专业信息人员，其他工作人员都是非专业人员，跨专业人才极少，对信息的敏感性和处理信息能力较弱。在对西藏其他市、县、乡级农业信息机构调查走访时发现，很多从业人员尚不能够熟练操作计算机，分析信息能力极差，难以满足基本工作要求。

改革开放以来，西藏基础教育普及率日益提高，即便是农民，大多也拥有初高中教育经历，能够胜任基础的农业工作，但是农业信息化工作真正需要的高水平复合型人才非常稀缺。在西藏农业发展新环境和新趋势影响下，在国内经济形势影响下，高端人才外流是近些年的大趋势，如何挽留这些人才为家乡农业信息化发展贡献力量，是值得深思的重要课题。

西藏农业技术人才主要来源于 8 个渠道（表 6–1）。目前，尤其缺乏能够为政府的长远规划和战略目标制定工作提出更加合理的建议的高层次人才。西藏高层次人才引进难、培养难，主要是由于存在以下不利条件：人才待遇条件完全兑现难、人才年金相比国内其他省份偏低、子女上学环境差等。可以采取 3 项措施解决人才缺乏问题：一是制定出符合西藏当前条件的人才引进配套政策措施；二是利用现有人才资源，尤其是加大现有中、高层次人才，开展重点培养，提升他们的技能、创造力和奉献力；三是加强中、基层人才培养工作，使他们快速成长，成为中坚力量。

表 6–1 西藏农业技术人才的 8 个主要来源

来源地	渠道
国内其他省份	1. 高层次人才引进农业人才
	2. 项目合作单位农业人才
	3. 援藏短期工作农业人才
	4. 国内大专院校专业农业人才
区内（西藏本地）	5. 区内藏族、其他少数民族农业人才
	6. 区内长期建藏汉族农业人才
	7. 区内大专院校专业农业人才
其他	8. 其他人才交流渠道

4. 加强农业大数据在西藏农业建设及应用工作

在西藏农业信息化工作中，应加强基于 Hadoop 大数据平台的西藏农业大数据应用工作，开展各类数据平台搭建工作，将其引入到西藏农业生产与科研中。针对西藏农业生产，应在以下几个方面发挥 Hadoop 大数据平台的强大功能及现代信息科学技术作用。

4.1 构建 Hadoop 大数据农田基本信息数据资源库平台

将西藏全区农业信息数据资源，包括农田的土壤类型、肥力条件、水资源情况，利用 Hadoop 大数据分类功能划分出不同的等级和农田类型，便于管理部门直接安排规划作物种类、播种面积、适宜栽培的品种类型等。

4.2 构建 Hadoop 作物育种化信息平台

优良的作物品种是农牧民能否取得高收入的关键，作物现代育种单位必须要从海量的优良性状中寻找出适合于生产的栽培品种。而 Hadoop 大数据管理平台强大的分析功能能够模拟配制出多种作物育种组合，指导与辅助育种家缩短育种周期、排除干扰组合，筛选出生产中需要的优势作物组合，最终成功育成作物新品种。这不仅能够发挥平台的功能，最重要的是培育出的优良作物品种可以直接在生产中发挥其作用与优势。

4.3 构建 Hadoop 作物资源评价利用平台

作物种质资源(亦称品种资源、遗传资源或基因资源)是发展的战略性资源，是作物育种、农业生产等发展的基础，是国家粮食安全、食物安全的重要保证，同信息资源一样具有战略重要性和潜在重要价值[236]。通过构建 Hadoop 作物资源评价利用平台，可以对资源进行多重评价与归类分析，可以供农业生产者从多维角度上分析资源、发现资源的利用价值。

4.4 构建 Hadoop 作物种植模型和农业物联网管理平台

利用农业物联网可以对农业大田作物进行全程管理控制，对作物生长环境，如温度、湿度、pH 值、光照强度、土壤养分、CO_2、土壤养分、农田质地等情况进行实时数据采集，从而实现农业物联网的可控功能[237]。利用 Hadoop 大数据的评判功能对数据进行分析、比对，可以推测出作物种植模型，进而发挥出 Hadoop 大数据平台的作用。

4.5 构建 Hadoop 农业智能产量预测平台

利用 Hadoop 大数据农田基本信息数据资源，结合历史数据资源，同时利用 Hadoop 分析预测功能，可以合理地对西藏作物产量进行预测，得出科学结论，为市场销售、农产品加工、作物布局和政府决策提供大数据科学技术支撑。

4.6 构建 Hadoop 农业人工智能平台

结合西藏实际，利用农业领域人工智能，大力发展青稞特色作物，把青稞作为优先发展的粮食安全作物，将青稞安全掌握在农业科研人员自己的手中[238]。用 Hadoop 大数据与农业人工智能技术结合，促进西藏农业产业能力提高、促进青稞产品加工升级，实现西藏农牧民增收，实现农业经济发展，推动西藏农业生产大发展。

4.7 构建 Hadoop 农业防灾抗灾管理应用平台

西藏由于自然地理条件原因，导致农业自然灾害经常发生，且灾害种类多、分布地域广、破坏程度大，严重制约着农业生产和发展。西藏的自然灾害类型主要包括：干旱灾害、雪灾、霜灾、冰雹灾害、洪涝灾害、风灾和地震灾害[239]。构建 Hadoop 农业防灾抗灾管理应用平台，能够有效地应对各种频发的自然灾害，尤其是避免农业生产中的各种灾害，从而有效地保障农业生产，并获取最大的生物学产量、获得最大经济收入，实现西藏农业增产增收[240]。

5. 大力发展农业育种信息化建设

西藏作物育种工作，还有大量的研究工作要开展，很多新的育种理论、研究方法，亟待引进学习，具体表现在以下几方面。

5.1 分子育种是现代育种关键技术

王建康等（2011）[236] 对中国作物育种分子开展了设计研究工作，进行多因素模拟、筛选和优化。按照分子设计育种的 3 个步骤，评述了国内在遗传研究材料创新、重要性状遗传分析、育种模拟工具开发和应用、设计育种实践、分子设计育种技术体系建设等方面取得的重要进展，分析了国内外研究现状及分子设计育种的未来方向，提出了最佳的符合育种目标的基因型以及实现目标基因型的亲本选配和后代选择策略，以提高作物育种中的预见性和育种效率，实现从传统的“经验育种”到定向、高效的“精确育种”的转化。

贾继增等（2015）[237] 指出，在小麦育种研究中小麦基因组、基因资源与育种是当今 3 个重要的研究领域，构建了一个基于小麦基因组学的基因资源发掘与基因组育种研究平台，并利用了平台的 5 个主要功能：①对核心种质及其导入系群体进行了多年多点的主要农艺性状鉴定，鉴定出了一批综合农艺性状优良、目标性状突出的优良导入系，其中 4 个品种已通过审定；②通过利用高通量的 SNP 标记 Wheat660 对核心种质及筛选出的优良导入系进行了基因型分析，构建小麦的单倍型图谱（Hapmap），发掘一批优良候选基因位点；③利用人工突变体库进行基因克隆的工作正在进行中；④利用小麦全长 cDNA 文库中筛选出了 1 000 个转录因子基因转入水稻，通过表型与基因型分析，明确了部分转录因子的功能；⑤利用高效转化平台，已完成了 20 余个小麦候选功能基因的转化。利用平台进行小麦新基因发掘与育种，促进了国内小麦研究的发展。

范成明等（2018）[238] 指出，油菜是重要的油料作物，全国常年种植面积约 1 亿亩，占国内植物油总消费量的 19.7%，每年可生产约 450 万 t 菜籽油。油菜产业与发达国家相比，主要问题是产量低、品质差，年进口油菜籽约 500 万 t。2017 年前，油菜研究集中在油菜籽含油量及品质、油菜籽产量、基因组驯化、雄性不育、非生物胁迫及抗病育种等方面。由于油菜基因组测序的完成，对于油菜育种工作有极大的推动作用，为油菜分子设计育种的实现提供了重要的理论基础，今后应在4个方面加强油菜育种工作：①加大油菜种质资源及基因的挖掘利用；②油菜分子设计育种创新体系建设；③油菜杂种优势利用领先研究；④加快油菜理想株型培育及提高油菜产量等研究。

5.2 育种平台、大数据育种、人工智能及创新育种

张俊灵等（2016）[239]通过在国际挑战计划项目（Generation Challenge Programme，GCP）和集成育种平台（Integrated Breeding Platform，IBP）的相关工作，研究了在国内开展的集成育种平台（Integrated Breeding Platform，IBP）。其中，育种管理系统（Breeding Management System，BMS）是集成育种平台的核心产品，可以无偿地为传统和现代育种活动提供先进的育种技术和优质服务，加速作物新品种的选育进程；育种管理系统是一套综合的相互兼容的应用软件，能帮助育种者和研究者管理科研项目，搜集、存储和分析研究数据。育种平台初衷是供完整的植物育种决策，突破传统育种模式，运用现代科学技术建立一套全新的育种方法，应对全球不断增长的粮食需求。有效利用育种管理系统，可以方便育种专家们有效地利用各种作物信息和分析工具，改变传统作物育种仅靠“眼睛、尺子、秤”的传统检测方法，从而提高育种工作成效。

农作物育种是一项复杂的系统工程，现代作物育种技术发展迅速，特别是近年来伴随高通量测序技术的发展，产生了海量作物育种相关基因及其表达数据，更是形成了海量育种大数据。2012年以来，在商业、信息技术等领域发展迅猛的大数据技术，致力于解决大数据采集、存储及处理等壁垒，大数据育种应用初显端倪。同样，国外很多跨国种业公司已然意识到育种数据不可估量的价值。孟山都、杜邦先锋、先正达等各大种企都建有自成体系的私有数据库和管理系统（其结构、功能及内涵的商业机密是保密的），具备海量数据的超大存储能力，复杂数据的高效分析能力，庞大系统的科学管理能力，能够为研究和管理人员提供简捷、高效、精准的服务，更好地完成相关的育种研究，如数据的自动采集、分类、存储、分析、建模等育种相关工作。樊龙江等（2018）通过利用TRIZ流分析技术，综合分析了育种领域已有资源和目标达成的矛盾问题，提出大数据育种技术应用于作物育种的创新方案，明确了将大数据技术应用于育种领域的框架和实现目标；提出了基于大数据理念的育种技术，拟采集和整合已有育种数据资源，实现数据自动采集等，从而能够平衡育种数据膨胀或利用和育种需求产生的矛盾；构建了基于大数据技术的育种数据信息化平台，实现作物育种方法理念的创新，可以为广大育种工作者提供数据支撑和育种新途径[240]。

5.3 加强自主技术创新，拓展育种功能

胡亮等（2010）[241]采用JAVA和MySQL技术，收集、整理20余年来四川育种相关数据，建立了基于Web的农业科技信息网络化服务平台，可以提供育种攻关门户网站、

育种攻关综合数据库、育种攻关动态、作物育种信息等，实现了“技术 + 资源 + 服务”的“一站式”服务，是国内农业科技领域第一个育种攻关综合信息服务平台及综合数据库。利用数据库技术和网络技术可以为四川省育种攻关提供全方位的信息服务。

西藏未来育种工作要加大技术引进、消化、应用，如引进 BMS 系统、同时加大技术交流、合作，尤其是自主创新能力的加强，一定会对西藏作物育种起到积极作用。西藏作物育种工作，同国内外育种研究相比，在实际应用中存在育种研究不足、深入研究工作薄弱等突出问题。但是在国内外先进技术支撑优势、大数据育种、人工智能技术等发展机遇下，只要根据自身发展特点，依据自身地理、区域特点，不断地自主创新。处理好实际问题，就能够加快实现符合自身特点的现代化作物育种进程，能够不断地服务于西藏农业科研、农业生产需要，促进西藏经济发展，促进安全稳定。

5.4 现有优势学科

西藏农业大数据作物（青稞）育种是西藏现有优势学科，该学科定位：①立足于西藏作物（青稞）研究与生产；②借助于近年来，国内外在农业大数据科学研究领域的硬件设施和专业学术研究成果；③利用农业大数据技术，助推西藏作物（青稞）科学研究与应用，主要体现在农作物（青稞）新品种选育、农作物（青稞）分子育种、农作物（青稞）功能基因挖掘与研究应用、作物（青稞）种质资源的保护与再利用、农作物（青稞）物联供应链体系构建等学科方面，再带动相关学科持续研究、发展、应用、提升。

农业大数据的发展，是借助数字信息科学技术的发展。必须要有数字设备设施和农业大数据和专业交叉学科的互融结合。通过农业大数据的基础设施收集、传输、反馈、检测、控制、存储的载体，记录西藏作物（青稞）信息数据，构建符合西藏农业作物（青稞）的农业大数据库，通过专业的管理软件、数据分析软件、专业团队、西藏各地（基层）农技服务推广机构等，将最新作物（青稞）研究成果应用于西藏农业生产实践中，创造出符合西藏地域的农业生产科研技术成果，促进西藏农业经济发展。

5.5 创新团队

5.5.1 西藏农业大数据作物（青稞）育种团队

团体以西藏作物（青稞）为研究对象，以西藏作物（青稞）育种为突破口。以西藏作物（青稞）粮食安全、品质改良、抗逆性育种为重点。

5.5.2 西藏农业大数据青稞基因挖掘研究应用团队

团体以西藏作物（青稞）育种数据为信息分析基础，突出现代信息技术在作物（青稞）育种的应用，将传统育种与信息大数据归类、分析、数据挖掘等功能相结合，快速实现向现代分子育种、大数据育种、人工智能育种新方向突破与转变，加快西藏育种现代化步伐。

6. 抓住机遇大力发展西藏农业人工智能在农业中的应用

人工智能技术已经发展到了人工智能（Artificial Intelligence，AI）和“人工智能＋”（Artificial Intelligence Plus，AI+）阶段。它将“人工智能”作为当前行业科技化发展的核心特征并提取出来，与工业、商业、金融业等行业全面融合，推动经济形态不断发生演变，从而带动社会经济实体的生命力。

通俗来说，“AI+”就是“AI+ 各个行业”，它不是简单的两者相加，而是利用人工智能技术以及互联网平台，让人工智能与传统行业、新型行业进行深度融合，创造新的发展生态。而“人工智能”在社会中的作用，是将“人工智能”的创新成果深度融合于经济、社会各个领域发展中，提升全社会的创新力和生产力。“智能＋”是“互联网＋”发展目标，是经济、技术和变革的核心引擎。

据 2016 年 6 月数据统计，国内网民规模为 7.1 亿，互联网普及率达到 51.7%，稳居全球首位。4G 移动电话用户达到 7.14 亿，比 2015 年增长 3.86 亿，增幅达 118%，占移动电话的 54.1%，仍旧保持高速增长。网民数量的平稳增长与移动互联网用户的快速增加，为各类互联网应用的创新成果惠及百姓民生提供了有力支撑。据工业和信息化部有关数据，8 Mbps 及以上用户达 2.59 亿户，20 Mbps 及以上用户达 2.11 亿户，光纤接入 FTTH 用户达 2.15 亿户，比 2015 年分别增长 121%、262% 和 95%，分别占 88.1%、71.7% 和 73%。在国内由于带宽技术的不断提升，移动网络进入 VoLTE 为代表的 4G+ 时代。2017 年代表 5G 技术的 IMT−2020 已经完成关键技术验证阶段，5G 技术试验全面启动，这些技术进步，为今后的智慧农业、智慧云农业、农业人工智能、农业人工智能＋夯实了基础和支撑。Google 子公司 DeepMind 研发的基于深度强化学习网络的 Alpha Go 赢得李世石的“世纪对决”赛，是人工智能里程碑意义的事件。2016 年，以 BAT 为代表的互联网企业，把更多的人工智能技术应用到产品中，深刻地影响未来产业发展与格局。数字分析在 2016 年国内人工智能市场规模达到 15 亿美元左右，人工智能技术应用将会发生更深刻影响及带来更新的变革，深刻地影响新兴产业发展[242]。

“AI+”是新变革的核心引擎[243]。目前“AI+”已经开展了许多实际应用。如：家居上的“人工智能＋家居”、教育上的“人工智能＋教育”、金融上的“人工智能＋银行”、工业上的“人工智能＋工业”、农业上的“人工智能＋农业”“人工智能 +N”。在语言图像理解、机器视觉、专家系统、人脸识别、自动规划、智能控制、智能搜索、遗传编程等方面 AI 技术被广泛运用于人们日常生活各个领域，“AI+”时代已经来临，而机器人新领域步伐也才刚刚开始。

6.1 西藏农业发展农业“AI+”的机遇

“农业大脑”作为代表国内首个农业全产业链人工智能工程正式启动。“农业大脑”是通过对农业环境与资源、农业生产、农业市场和农业管理等数据进行收集、处理和分析，实现跨行业、专业、业务的数据分析与挖掘以及数据可视化，并形成农业全产业（链）大数据，从而对相关过程进行指导，并为人工智能提供支撑，推动实现中国农业的转型升级。“农业大脑”工程，其核心是采用物联网、云计算、人工智能等技术，基于农业全产业链传感矩阵的人工智能决策体系，通过把传感器融合到农业全产业链的各个环节，从而得到最合理、最经济、最高效的结果[244]。

《西藏自治区“十三五”时期农牧业发展规划》针对农业信息化方面提出，推进实施“互联网 +”，建设数字农业和智慧农业工作，建设西藏农牧业云计算服务中心、重大疫情（灾害）应急指挥中心、农牧业资源监测遥感中心等，完善农牧业电子政务等现代农牧业行动计划。西藏“十三五”规划与目标为西藏农业实际应用发展指明了具体发展目标和方向[245]。

如今，传感器技术和产品、互联网、互联网 + 应用也日趋成熟，在农业“人工智能”的应用方面呈现出更广阔的前景，实际应用是未来发展的必然趋势和方向，“AI+”在西藏农业上的应用只是时间早晚的问题。

6.2 农业试验信息数据采集系统

项目建设单位缺乏青稞（作物）科学研究的数据现代采集方法，现有青稞（作物）科学数据采集手段效率低、精度低，数据缺乏时空连续性。研究人员可以利用物联网技术在实验地布设物联网数据采集点，安装土壤、空气环境数据和青稞（作物）相关数据的各类传感器、影像采集设备，通过农业物联网技术实现持续性、高精度、实时的数据采集，并自动传输到西藏青稞（作物）科学物联网数据中心。

6.3 西藏青稞（作物）物联网数据中心

该中心可以将西藏青稞（作物）物联网数据进行管理及展示，由存储、管理、应用的相关服务器、磁盘阵列等硬、软件设备组成，具备数据分析、数据展示、全区种植决策、未来趋势预测等重要功能，可为西藏全区农业科技创新提供青稞（作物）科学物联网数据支撑。

6.4 西藏青稞（作物）专家决策系统

基于知识模型和数据管理的专家决策系统可以构建青稞实验地农情信息智能挖掘专业模型和知识系统，可以实现对青稞（作物）生产全过程全状态（苗情、墒情、病虫情等）的精准监测，最终实现智能分析与科学决策，满足西藏青稞（作物）产业化的需要。

6.5 青稞“人工智能 +”管理系统

青稞是西藏的特色作物，也是西藏发展农业特色经济的特色产业。西藏要把青稞作为优先发展的粮食安全作物，牢牢把握在科研工作人员自己的手中。在农业人工智能 + 方面，根据青稞在西藏主要粮食作物自身的特殊性，利用现代农业人工智能 + 发展产业链及经济链。西藏农业农村的发展中，呈现出多样化的趋势，由于经济社会大环境的发展变化，经济形态的多样化，导致久居于农牧区的农牧民已经不能满足于安稳的现状，更多的是“以变求发展”。农牧区的牧民将剩余劳动力转移进入城镇，致使现有农牧区的生产资源发展不均衡，为此，要通过发展大数据资源，通过建立人工智能＋农业的系统，将现有青稞资源的利用有效化、合理化。

6.6 引进发展生产实用型智能机器人

国内从20世纪70年代末开始，在美国、日本等研究的基础上，也着手开始对机器人进行研究。“精准农业”技术也在20世纪90年代在发达国家得到应用，已经在农业生产中投入使用了采摘机器人、嫁接机器人、耕耘机器人、除草机器人、喷农药机器人、插秧机器人、林木清洁机器人、饲喂机器人、禽蛋检测与分级等十类机器人[246–249]。这些农业用的智能机器人为引进提供了丰富的选择。不过要根据西藏的实际情况，引用适用于农业实际生产的农业智能机器人，避免出现引进的农业智能机器人不能在西藏农业生产发挥作用的情况。选择不当会造成重大经济损失，同时又制约农业智能机器人在西藏的发展应用。

6.7 大力发展适合于西藏农业的人工智能＋专家系统

将3S（GIS、RS、GPS）技术、专家系统（ES）、物联网及云计算技术结合在一起，构成了西藏农业大数据资源及分析平台。这个专家平台结合农业人工智能知识系统，可以对西藏农业人口资源、地理差异、分配效益、优势资源和净化环境等方面进行综合考虑，为西藏农业生产提供智能化、形象直观的信息和决策服务，具体到为每一块农田提供品种、施肥、灌溉、病虫害防治、产后处理和销售等辅助决策。西藏科研人员可以更多地开展实时资源＋数据融合、数据挖掘分析工作，打造出符合于西藏农业的人工智能＋专家系统。

6.8 适时发展西藏农业人工智能＋预警预测系统及重大事件评估系统

将人工智能、机器的深度学习功能集成到大数据的Web应用、移动应用和行业应用中，提高各行业应用与预测能力，是人工智能、人工智能＋领域下一步研究和发展的方向。

农业物联网应用技术日益成熟，不断促进、助推着农业人工智能技术的进化完善，不断提升农业数据安全和农业智能化水平，解决了农业实际应用问题；不断促进解决农业粮食安全、农业资源战略预警、农业重大自然灾害预报、农业生态情报分析、农产品质量与安全追踪溯源等问题。农业人工智能＋智能分析、预警、预测、评价分析平台，将为西藏农业生产发展发挥作用。目前，利用人工智能进行天气预测和产量预测，已经取得了部分成效。人工智能在农田病虫害发生、农田杂草入侵、禽畜养殖业的应用方面也有了较好、较深的应用研究。人工智能在农业领域的应用才刚刚开始，面对农业地理位置、周围环境、气候水土、病虫害、生物多样性、复杂的微生物环境等农业相关因素，农业人工智能＋一定会产生更深远、更积极的影响，总之，经过几十年的发展，人工智能＋的黄金时期已经到来。

根据西藏农业信息化发展的技术基础和目前所具备的技术能力，在西藏现有条件下，农业人工智能＋发展中会遇到很多困难和问题。我们要清醒地看到西藏农业基础薄弱，农业的建设还需要大量资金投入，前进的道路也不会一路平坦。但是，只要我们集中优势资金，抓住发展中的主要问题与矛盾，抓住青稞特色产业与建设，培训农业信息人才，依据区域特色发展优势农业经营产业，就能够克服不足，努力发展西藏特色农业经济。

无论是IBM推出的沃森问答系统在危险边缘知识竞赛中战胜人类冠军，还是Alpha Go在围棋对战中战胜韩国顶级高手李世石，都只是证明了大数据的普及和计算能力的提高。如果让它们下飞行棋，它们可能连小学生都不如。达到人类级别的强人工智能，还要搭建一个更加完善的认知系统，进行更多的数据挖掘工作，这些都是人类在创造“人工智能”的愿望上，必然面临的挑战。

所以，在西藏我们利用农业人工智能＋在农业领域里推动“AI”与传统行业的融合，充分发挥农业人工智能在西藏农业生产要素配置中的优势，将人工智能＋深度融合于西藏农业各领域之中，提升农业实体经济的创新力和生产力，形成更广泛的以农业人工智能为基础设施和实现工具的经济发展模式，将进一步推动西藏农业产业模式的发展，也会为西藏农业发展营造出更多新的机会。

7. 大力发展西藏农业物联网（智慧农业）技术与应用

物联网是继计算机、互联网之后，世界信息产业的第三次浪潮。农业物联网技术与应用是现代农业发展的需要和重要标志，更是未来农业发展的方向。农业物联网是一个庞大的系统工程，在西藏农业建设发展中，必须由政府牵头，制定地方发展总体建设目标和实施规划，投入必要的物联网基础建设专项资金，制定明确的研究任务和实施步骤。同时还要强化顶层设计，制定战略规划，让科技服务农业。在西藏实际建设与应用工作中，更加需要对农业物联网建设工作进行长期鼓励和稳定扶持，这样才能制造一个良好的环境来促进农业物联网的发展。农业物联网的发展必将提高西藏高原区域农业产品的数量和质量，提高农民的收入，增强食品安全，必将为西藏现代农业带来一次全新的改革，实现农业自动化、智能化，向农业人工智能的方向发展。

智慧农业是最近兴起的一个概念，目前国内外还没有一个公认的定义。中国农业大学李道亮教授认为：智慧农业是以最高效率利用各种农业资源，最大限度地降低农业成本和能耗，减少农业生态环境破坏以及实现农业系统的整体最优为目标，以农业全产业、全过程智能化的泛在化为特征，以全面感知、可靠传输和智能处理等物联网技术为支撑和手段，以自动化生产、最优化控制、智能化管理、系统化物流和电子化交易为主要生产方式的高产、高效、低耗、优质、生态和安全的一种现代农业发展模式与形态。中国农业科学院周国民研究员认为：智慧农业是充分利用信息技术，包括更透彻的感知技术、更广泛的互联互通技术和更深入的智能化技术，使得农业系统的运转更加有效、更加智慧，以使农业系统达到农产品竞争力强、农业可持续发展、农业资源有效利用和环境保护的目标。

物联网是互联网技术的拓展，由人人互联、人物互联拓展到物物互联，即由人与人之间、人与物之间的信息交流拓展到物与物之间的信息交流。物联网建立在以各类传感器（物理、化学传感器）为基础的智能感知技术、识别技术（包括无线射频识别技术——RFID 技术）、计算技术和网络技术。物联网借助各种信息传感设备实时采集任何需要监控、连接、互动的物体或过程等信息，借助通讯网络进行传输，从而实现物品与网络的连接，实现实时、精准地识别、管理和控制。物联网技术是围绕人类社会需求而发展起来的专用业务技术，能从根本上提升应用领域的数据时间和空间精准度，提升决策、控制的效率与质量。物联网技术是智慧地球、智慧城市、智慧工厂、智慧农业、智慧社会等各种尺度智慧生产与管理的基础，5G 时代已经来临，万物互联的梦想已经可以实现。

以美国为代表的发达国家，农业物联网技术及其应用发展迅猛，农业专用传感设备、传输网络和应用服务 3 个方面发展较为均衡。

中国农业物联网技术也飞速发展，各地建成了大量的智慧农业监管系统，在大田农业生产、畜牧信息化养殖及设施农业智能控制等领域有大量的成功案例。尤其从 2017 年开始，农业部启动了“数字农业建设试点项目”，支持和激励了大量的政府和企业开展农业物联网监管系统的建设。以成都市为代表，2013 年明确以物联网信息技术应用为重点大力推动都市现代农业领先发展，2014 年推进多元化投入机制建设农业物联网技术运用示范基地，2016 年建成锦江明生、金堂正鑫、蒲江佳沃等 57 个农业物联网基地，新增投资总额达 5 500 多万元，拉动社会资本投入比达 3.4 倍。

西藏发展农业信息建设可以充分借鉴和使用成熟、可靠、可行的研究方法与经典案例，结合西藏农业建设需求，必将产生相应作用和效益。

7.1 物联网（智慧农业）系统在西藏发展的几个关键点

7.1.1 西藏农业生产环境关键数据采集

系统通过各种无线传感器实时采集农业生产现场的温湿度、光照、CO_2 浓度等参数，利用视频监控设备获取农作物的生长状况等信息，远程监控农业生产环境，同时将采集的参数和获取的信息进行数字化转换和汇总后，经传输网络实时上传到相关农业智能管理系统中。系统按照农作物生长的各项指标要求，精确地遥控农业设施自动开启或者关闭（如远程控制节水浇灌、节能增氧等），实现智能化的农业生产。

7.1.2 开发适合西藏农业自然地理条件的各类传感器

组建无线传感器网络，开发智能农业应用系统，对空气、土壤、作物生长状态等数据进行实时采集和分析，系统规划农业产业园分布、合理选配农作物品种、在线疾病识别和治理、科学指导生态轮作。在未来的现代农业生产过程中，智慧农业的应用将更加广泛，农户将选择合适的农业生产智能化系统，以提高农产品产量，增加收益。

7.1.3 西藏农业生产安全溯源体系规范与标准

利用 RFID 电子标签，搭建农产品安全溯源系统，加强农业生产、加工、运输到销售等全流程数据共享与透明管理，实现农产品全流程安全溯源，促进农产品的品牌建设，提升农产品的附加值。

7.2 物联网（智慧农业）系统和架构

通常情况下，应用于智慧农业系统的物联网架构可以按感知层、网络层和应用层 3 个层次来设计。

7.2.1 感知层设施硬软件条件

物联网感知层主要由常见的传感器、RFID 设备、视频监控设备等数据采集设备组成，实现将数据采集设备获取到的数据通过 ZigBee 节点、CAN 节点等通讯模块传送至物联网智能网关，做到现场数据信息实时检测与采集。此外，上层应用系统下发的控制命令，通过物联网智能网关传送到继电器控制设备，远程控制农业设施的开关（如智能浇灌等），实现农业生产环境的改善。

7.2.2 传输层设施硬软件条件

物联网网络层通过 LAN、WLAN、CDMA 和 3G 等的相互融合，实现现场数据信息和上层控制命令实时准确地传输与交互。

7.2.3 应用管理硬软件条件

物联网应用层主要包括农业生产环境管理、农业生产过程管理、农业疾病识别与治理等农业应用系统，实现对物联网感知层采集的海量数据进行分析和处理，以及对农业生产现场的智能化控制与管理。同时，为合理生产提供决策支持。

7.3 加强农业物联网基础设施建设

总体建设方面，需要建成西藏农业应用物联网平台，大幅度提高西藏农业科学研究与技术创新相关数据采集、存储、应用综合能力，从根本上改善、增强西藏农业技术创新的科学数据支撑能力，大幅度提高西藏农业科技创新的效率与质量，为相关农业科研活动全程提供高效率、高质量的数据支撑。

7.4 加强西藏物联网基础领域信息研发工作

7.4.1 加强西藏自然地理条件下传感器研发

加强基于 Zigbee 协议等无线传感器网络的研发工作，确保无线数据传输的可靠性。

7.4.2 加强西藏自然地理条件下组网工作研发

加强选择适合于西藏环境条件下的自动控制与农业模型，模型应具有无线通信、无线组网、无线传感、无线控制、数据处理等能力，可为农业生产智能管理提供相应的技术控制管理方案和技术规划等。

7.4.3 加强智能终端的实用化开发

加强智能终端APP的研发与实用化应用工作，同时要加强针对Andriod、ios、iPhone、Windows、Linux等终端设备应用软件的实用化开发工作。

7.4.4 加强西藏农业生产感知信息研发

做好农产品生产、流通、销售过程的全程信息感知、传输、跟踪与溯源工作。

7.4.5 加强各型农机作业、管理和精准调度

利用信息管理控制技术实现农机资源的充分利用，通过专业管理平台实现对各型农机作业和管理调度，并实行有效监控管理。

7.5 加强物联网（智慧农业）专业团体建设

从事农业物联网工作，要从基础建设上加强农业科技信息人才团体建设。科研机构应利用自身研究的优势吸引人才，通过各自方式加强人才队伍建设，引导专业农业人才成长，加强现有人才农业信息技术学习，形成“双向、复合人才”建设，从而在一定程度上迅速改观西藏农业物联网及相关领域的不利局面。

在现有技术手段和条件下，科学有序开展物联网（智慧农业）工作。解决西藏农业种植自动控制、大田种植智能管理、农产品安全溯源、畜牧业生产管理、花卉种植控制、温室大棚智能控制等关键技术，一定会对西藏农业生产发展起到重要的促进作用。

8. 加强无人技术在西藏农业生产中的开发与应用

将先进的无人技术应用于西藏农业生产各类工作中，如利用无人机技术开展无人机施肥、无人机喷洒农药治病防虫，利用无人驾驶控制技术，开展远程耕地、施肥、播种工作，节约各种资源成本。

9. 加强西藏现代农业信息学科建设

由于西藏现代农业信息学科工作发展相对滞后，在“十四五”建设时期，需要抓住机遇，开展好各类农业信息建设工作，以后来优势，实现快速发展，缩小同其他地区技术上的差距，实现大步发展，达到服务于西藏农业的目的。

10. 加强西藏现代农业信息团体组建与建设

按照实际发展需求，根据现有技术条件，制定出“战略团体、高层团体、中层团体、基层服务团体、技术普及团体”组建方案，依需依团，开展“长远、中期、短期”建设工

作，建立不同层次的需求，达到各项目标任务。

11. 长期谋划、长期决策、长期支持、长期引导，加强西藏农业信息研发建设

从政府层面，应该降低农民上网成本，在政府年度预算中，应考虑到农业信息化建设内容，做好农业信息化发展中的资金预算，积极鼓励多种社会力量参与到农业信息化建设中来，并给予资金支持。同时，政府还应该做好农业信息网络各部门的管理工作。第一，做好与农业信息化建设的相关投资工作，结合目前农村社会发展实际，加快推动农业信息网络建设；第二，增加基础设施建设投资力度水平，应该全面做好农业信息网络体系建设，增加对于农业信息网络基础设施建设投入力度，增加网络服务范围，帮助农民有效解决“最后一公里”等问题。

11.1 全面加强农业信息化体系建设目标规划

区政府要制定长期战略目标、发展目标，实施规划顶层部署工作，从全局考虑，综合布局协调“资金资源、技术资源、人力资源”，将目标划分为短期实现目标、中期发展目标、长期规划目标，最终实现达到战略发展目标。

11.2 全面加强农业服务体系建设发展

做好农业服务体系建设工作，应该重点做好以下几个方面的工作：一方面，在信息资源开发基础上，全面推进农业信息网络服务平台发展。不同县级农业信息服务机构在发展中，必须辅之以相关基础设施建设工作，优化管理服务系统。在考虑到区域农业发展实际的基础上，了解不同地区的实际情况，充分反映不同地区农业信息服务工作的实用性。在农业协会、企业以及农民之间搭建农产品供求信息平台，农民可以从中了解最新的农业生产信息化内容。同时，政府也应该利用自身优势，对于农业信息化发展起到合理的引导作用。另一方面，做好村信息服务站建设，在乡镇农业技术服务中心的基础上，为企业及市场在第一时间内提供更加便利的信息，指导农业生产。

11.3 建立以企业为投资主体的多元化投资机制

政府层面除了要积极承担责任、行使职能的同时，还应该鼓励社会其他组织积极参与到推动农业信息化建设中来。第一，政府应该出台相关鼓励投资的优惠政策。特别是要加强大企业对于农业信息化建设的投资；第二，完善相关法律体系，建立健全农业信息化项目多元化投资模式，政府应该重点扶持共享信息服务的发展；第三，做好农业科研信息的推广发展，做好相关基础设施建设工作，增强信息化建设质量，扩大移动通信网络在农村地区的覆盖范围。积极运用远程教育等不同方式，重点做好农民科技信息的学习工作，建立农村信息应用平台。与此同时，除了涉及上述硬件支持之外，还应该加强软件支持，提

升 App 用户界面的人性化管理，提升智能手机的普及范围，让广大农民能够通过智能手机来实时了解最新内容。

11.4 加强农业信息化人才培训力度

在提升农业信息化管理专业人才方面下功夫，提升信息化人才的工作责任感，优化人才知识结构，提升人才的综合素质水平。第一，加强农业信息化专业人才培训工作，全面提升信息化人才的专业水平。通过一系列培训工作的开展，能够有效引导农牧民了解相关农业信息化建设的基本知识以及实用技术，并能够将其应用到实际生产中去。同时，还应该重点加强对于农村中介、农业专业经济合作组织等相关的培训工作；第二，学习利用现代化农业信息技术，积极探索多元化的培训服务模式，进一步提升农业信息化人才的综合水平；第三，在提升农民综合素质水平上下功夫。增强农牧民的科技意识，通过远程教育模式，让农牧民实时了解最新的农业信息化建设信息，提升农民综合素质水平。

区政府在开展综合部署、分配、协调农业信息化、内部环境、外部环境、技术应用、产业发展、人才等方面工作时，要从引导、配套资金来源、人力资源配给、服务体系建设等方面剖析区内农业信息化存在的问题，并结合国家及地方政府的最新政策，提出推进区政府农业信息化的战略部署目标。

12. 加强西藏农业信息与西藏旅游农业应用，增强多样化农业新经济发展，支持农牧民持续增收

休闲农业又称农业旅游、乡村旅游、观光农业等，目前国际上并没有对这些名称做出统一界定，一般来说欧美国家习惯使用“乡村旅游”这一名称，而亚太的农业发达地区如日本等则常用“休闲农业”。休闲农业是以农业特有的资源优势为基础，依托农业传统文化，吸引游客进入农村进行观赏、体验的旅游活动。

互联网在中国的高速发展催生了许多提供标准化产品的在线旅游平台，如携程、飞猪、艺龙等，以及主打自由行的马蜂窝、穷游网等，他们虽然实现了对游客和旅游目的地的连接和分享，但依然存在着无法满足游客复杂个性化旅游需求、无法将游客和旅游要素提供方深度匹配、无法为旅游主管部门决策提供帮助等问题。因此，当今的旅游业需要一种融汇最新科技手段，能够真正解决信息不对称和旅游要素匹配度差的问题，满足旅游业管理和服务创新、提高服务效率、促进旅游全要素协同发展的需求，并能够实现游客、旅游要素提供方与旅游主管部门价值共创的全新的旅游平台。

在 21 世纪第三个十年即将到来之际，以大数据、人工智能、VR、AR 等技术为核心的旅游科学的飞速发展为旅游业供需失衡的问题提出了一种新的解决方案，从制度、人员、组织、资源和技术 5 个方面提供了保障措施。

12.1 加强西藏旅游与农业生产观光路线设计

加强西藏生态旅游与农业生活体验设计工作，促进农牧民增收。如开展西藏油菜花观赏旅游，结合民俗风情人文体验，丰富农业资源，实现农牧民增收。利用西藏不同区域、海拔梯度差异，因地开展旅游资源与农业生产结合工作，达到双效、多效目标。

食、住、行是休闲农业游客最为关注的 3 个问题。①饮食方面，游客不求精致高端，干净、整洁、富有农家味是他们对农家饭的最大诉求；②住宿方面，多数游客希望能够拥有整洁、安静的环境，因此房间隔音效果要好，同时也需要稳定的热水服务；③出行方面，游客更青睐于易达、好找、交通便捷、安全的区域，周边是否有条件良好的停车场也是他们非常关注的要点，休闲农业的集约化、规模化开发必须要考虑到区位、交通以及停车等因素。在环保生态理念下，设计符合区域特色的卫生间也是一个关键因素。

12.2 利用信息技术，实现“西藏农业在线 - 虚拟观摩”体验

可以利用虚拟技术，在西藏开展在线农业旅游节目，为因为时间、交通、气候等原因无法前来的游客提供体验，达到增加收入目的。

休闲农业要实现集聚化、多元化、规范化、绿色化发展，政府的综合整治规划势在必行。地域文化特色的挖掘、服务人员素质的提升、基础设施的改善是西藏农区休闲农业蓬勃发展的必经之路。

西藏 2019 年 3 月起开始构建“西藏高海拔边境地区青稞绿色增产增效基础地理信息数据数字化及数据库——西藏自治区青稞种植区划决策系统”，该系统于 2019 年 6 月完成了构建设计、技术构架及方案，从 2019 年 7 月至 12 月，开始系统设计开发工作、数据库构建，截至 2019 年 12 月基本完成了系统的构建工作（见附录）。2020 年 1 月至 3 月，开展决策系统整体功能测试，2020 年 4 月至 6 月对系统测试并进行完善，逐步投入使用与决策辅助工作，不断在实用中推进系统的应用功能，发挥应有的作用、同时不断增添、完善数据资源补充在该系统中，不断提升决策系统的功能和作用，促进西藏青稞育种持续性研究与推进工作。

展 望

大数据技术存在处理技术和管理技术不成熟的问题。数据处理技术是指对数据进行操作以产生有价值信息的过程。在大数据时代的数据处理理念产生了三大转变：①要全体不要抽样；②要效率不要绝对精确；③要相关不要因果。大数据时代，数据处理所面临的场景也发生了根本性变化，数据成批处理和流处理都是典型的大数据处理模式，数据成批处理是首先进行数据的存储，然后再对存储的静态数据进行集中计算；流处理是对数据的实时处理，与先存储后处理不同，通常采用直接处理的模式。相对于两种不同处理模式，需要不同的数据处理技术。大数据的数据处理技术主要采用数据成批处理模式，也就是先存储再处理的模式。由于大数据的数据收集缺少对实时数据的关注，也造成了实时数据处理技术缺乏的问题。大数据处理技术发展过程中，提高处理数据的效率以及深化数据之间的相关性研究是两种数据处理模式共同追求的目标。大数据时代，数据规模巨大，人们不得不面临海量数据管理问题，传统的数据管理在一定程度上解决了结构化数据管理的问题，但是面对新的数据形态，数据管理技术需要创新发展，提供新的思路来提高数据库的扩展性。大数据管理技术中广为大家接受的是 NoSQL（Not Only SQL）和 NewSQL（New SQL）两种类型的数据库技术。虽然两种数据库管理技术都在快速发展中，相关数据库也已经达到了数百种之多。但是，对于农业数据管理来说，无论是基于 NoSQL 还是基于 NewSQL 的农业数据管理研究工作都还在探索中，农业大数据的管理技术并不成熟。农业信息数据库中缺少农业生产环境数据、生命信息智能感知、农田变量信息、农业遥感数据和农业生产方面等的实时数据积累，原因也在于大数据管理、应用技术的不成熟。一些实时数据难以得到良好的保存，造成了数据流失，因此要加强大数据管理和应用技术的探索研究。

同样，农业信息化也不单单是指要将农业的生产、销售实现信息化，还包括农业管理和农村社会服务的信息化。

一、农业生产过程信息化

（一）农业基础设施信息化

将农业生产当中的基础设施进行信息化升级，使其符合当前农业生产的需求。例如：在农田灌溉工程中，实现信息化、自动化、智能化灌溉是关键。目前主流的灌溉系统可以通过水流量、土壤、气象等传感器提供的数据，由计算机进行数据分析，自动地计算出灌溉时间和质量并实施灌溉，达到节约用水和高效管理的目的。在农产品仓储工程中，要想实时掌握仓库内的温度、湿度等信息，及时进行调节，保证农产品的品质，就需要用到计算机对其进行监测、调节和控制。

（二）农业技术操作自动化

将农业生产中采集的信息由计算机系统进行数据分析，根据分析结果，自动进行相应的操作。农业技术操作自动化大体分为 3 个发展方向。

1. 农作物栽培管理自动化

在田间布置水分、土壤、pH 值等各种传感器，将获取的数据传递给计算机，利用计算机分析数据，确定接下来进行的灌溉、杀虫或者施肥操作，接着发送命令给智能农具，实现自动化作业。

2. 农作物病虫防治信息化和自动控制

在田间布置监测系统，捕捉飞虫的图像与计算机中害虫数据库的数据进行对比，从而确定防治措施，由自动化机器执行防治工作。

3. 畜禽饲养管理的信息化和自动化

通过在畜禽体内植入芯片，获得畜禽的各种体征信息，将信息汇总到计算机，由计算机进行模拟计算，判断畜禽的状态，调整饲养策略。操作处理上的实现离不开大量的数据运算，是在大数据、物联网和云计算的基础之上实现的。

二、农产品流通进程信息化

实现农产品流通进程的信息化，需要建立信息化的农产品展销批发市场，在市场建设中运用信息技术，使得农产品入库、存贮、结算、运输等流通环节都能够在网络上查到记录，便于管理。

利用大数据建立可以提供惠农政策、资源、技术和民生信息的综合化一体网络平台，为农户提供惠农信息、资源信息、技术信息和天气信息等与农业生产销售息息相关的信息。除此之外，利用大数据技术收集的海量数据，经过计算机建模运算，可以得出未来市场走向的预测分析，帮助农户合理地进行生产经营，使得农户与市场之间互利共赢、共同发展。

信息技术和互联网将全国甚至是全世界的农业从业者都联系在一起，形成一个巨大网络市场。农户可以在网络上购买所需的农业生产资料，也可以在网上售卖自己的农产品，不仅可以降低销售成本，而且利润空间也有保证。不仅如此，农户还可以通过网络获得市场行情预测、专家权威分析等信息，与世界各地的同行讨论生产经营中遇到的问题，从而避免出现此类问题，使得有限的土地资源得到高效的利用。

三、农业管理过程信息化

（一）实现农业经管信息网络化

一是需要因地制宜地结合当地农业发展的实际情况建立计算机决策系统；二是通过互联网了解当前的市场信息和惠农政策，根据市场和政策选择合适的农作物进行生产销售，以获得最佳的经济效益；三是利用互联网上丰富的资源，学习适用于当地实际情况的先进种植技术和生产经验，引进先进的设备，不断提升当地土地和劳动的生产力。

（二）农业管理服务信息网络化

为了满足国家信息化发展和电子政务的要求，在各级政府和各级单位内建立网络 OA 系统和涉农政务数据库，实现行政审批、市场监管等事务的网络化办公，增加政务管理的透明度，提高部门的办事效率，为民众“最多只跑一趟”的目标提供支持。

四、农村社会服务信息化

农业信息化不仅体现在农产品的生产销售领域，还进一步地扩展到农户的日常生活领域。国内农村地区的互联网普及率超过 36.5%，农户的业余生活从单一的饭后闲谈逐渐转向多元化的休闲娱乐方式，这从精神层面上转变了农户的思维模式，能够使农户从相对封闭的信息环境中解放出来，丰富农户的业余生活，拓展农户与农业相关的专业知识，同时也可以为农村提供优质的网络教育平台。

五、对未来农业信息化研究工作的展望

从研究工作来看，以上内容都需要在未来的研究工作中改进，例如，利用信息技术来加强农作物产量监测。农作物产量除了受气候天气因素影响外，还受其他多方面的因素影响，例如土壤特性、化肥农药的施放量、农事管理方法等，需要加强综合性数据研究，提高科学性、准确性、精确性。

在农业信息技术运用过程和实践实施过程中，要更加注重各类农业科学数据的安全性，尤其要加强农业科学数据存储、管理、使用安全性，制定出科学、可行的管理办法，成为服务于农业生产、农业发展的有力工具。

结 语

西藏农业发展受到地理位置、社会整体发展水平以及专业人才等诸多因素的影响，这些因素导致西藏农业信息化建设工作并不是能够在短时间内完成的，而是需要经历较长的发展过程。目前，西藏农业信息化发展整体相对缓慢，发展增速低于全国平均水平，且存在较大差距。

在全面推动西藏农业信息化发展中，应该按照“自下而上”以及“自上而下”相结合的模式，加强不同主体之间的互动交流。一方面，在推动农业信息化建设中，要充分发挥政府的主导作用；另一方面，要全面提升农民在推动农业信息化建设中的积极性。总之，在实际发展中，政府应该结合不同地区的实际发展情况，在推动西藏农业信息化建设中起到引导作用。

本书主要以国内硕、博研究论文、农业科学期刊文章研究成果为主体，在分析中追溯了国内、外技术发展最新成果和农业前沿应用技术，涵盖基因技术应用、分子育种、粮食安全、安全溯源、植物保护、智能控制、无线传输、识别技术等，涉及农业全行业、农业生产各方面与各领域、农业生产全过程，为西藏农业信息化发展提供了可行、可操作、可参考、实用性强、针对性强的技术出处和技术实现的依据及方法，必将为西藏农业实现现代化发展提供有力技术装备、技术支撑、技术控制、技术实现。参考本书，结合西藏农业发展实情、实际水平以及国家农业发展总体目标，可制定出符合西藏发展的目标。

农业信息时代已经来临，农业大数据时代、农业人工智能、物联网、无人技术、云技术、边缘计算等不是科技狂想，而是又一场科技革命。随着信息技术的完善，相关产品设备成本的下降，农业信息技术业务将逐渐走向全面应用。农业信息技术的应用必将给西藏农业发展带来全新的变化，不仅具有乐观的发展前景，而且蕴藏着巨大的市场潜力，既是机遇，也是挑战，关键在于我们能否很好地发展和利用现代农业信息技术服务于西藏农业生产实际工作。

本书由于成书方法的局限，无法对影响农业信息技术认知情况的更多因素进行探讨，同时，在成书过程中，限于篇幅，省略了部分技术流程图（技术构架图）、部分图例及说明，由于时间有限，使得研究结论以及整个书稿存在诸多不完善之处，敬请读者批评指正！

致谢

感谢西藏自治区科学技术协会对本书出版工作的大力支持！

感谢西藏自治区作物协会对本书出版工作大力支持！

感谢中国农业科学院农业信息研究所魏虹、王晶静、聂迎利、孔令博、林巧老师，对本书出版工作的大力支持！

感谢西藏自治区农牧科学院农业研究所及相关团队和成员通力协作支持！

感谢在本书出版过程中，所有亲人、朋友、同仁的支持和提供过帮助的人们！

术语对照表

序号	英文缩写	英文全称	中文名称
1	6LoWPAN	IPv6 over Low power Wireless Personal Area Network	基于 IPv6 的低速无线个域网
2	ADMM	Alternating Direction Method of Multipliers	期望值结合乘子法
3	AFLP	Amplified Fragment Length Polymorphism	扩增片段长度多态性
4	AI+	Artificial Intelligence Plus	人工智能＋
5	AIOT	Agriculture Internet of Things	农业物联网
6	AMP	Advanced Manufacturing Partnership	先进制造伙伴计划
7	ANN	Artificial Neural Network	人工神经网络
8	BMS	Breeding Management System	育种管理系统
9	BPNN	Back Propagation Neural Network	BP 神经网络或反馈式神经网
10	C2B2C	Customer to Business to Customer	实现顾客与企业之间、顾客与顾客之间的信息交流
11	CA	Cluster Analysis	聚类分析
12	Caffe	Convolutional Architecture for Fast Feature Embedding	快速特征嵌入的卷积结构
13	CMDB	Configuration Management Database	配置管理数据库
14	CNN	Convolutional Neural Network	卷积神经网络
15	CPS	Cyber Physical System	信息物理系统
16	CVFDT	Concept-adapting Very Fast Decision Tree	自适应快速决策树
17	DBSCAN	Density-Based Spatial Clustering of Applications with Noise	基于密度的聚类算法
18	DCNN	Deep Convolutional Network	深度卷积神经网络
19	DFS	Distributed File System	分布式文件系统
20	DM	Data Mining	数据挖掘

序号	英文缩写	英文全称	中文名称
21	DT–BPNN	Decision Tree–Back Propagation Neural Network	决策树 –BP 神经网络
22	ED	Edit Distance	编辑距离
23	EDA	Electronic Design Automation	电子设计自动化
24	EEMD	Ensemble Empirical Mode Decomposition	网络整体经验模态分解；整体经验模态分解法；系综经验模态分解法
25	ELM	Extreme Learning Machining	极限学习机或超限学习机
26	EST	Expression Sequence Marker	表达序列标记
27	ET0	Reference Crop Evapotranspiration	参考作物腾发量
28	FAO–PM	FAO–Penman Monteith	国际粮农组织 – 彭曼公式
29	FAP	Food and Agriculture Organization of the United Nation,FAO	国际粮农组织
30	FCMA、FCM	Fuzzy C–Means Algorithm	模糊 C 均值聚类算法
31	FCS	Frame Check Sequence	帧校验序列
32	FIR	Finite Impulse Response	有限长单位冲激响应滤波器
33	FPGA	Field Programable Gate Array	现场可编程逻辑门阵列
34	GA	Genetic Algorithm	遗传算法
35	GWAS	Genome–Wide Association Studies	全基因组关联分析（研究）
36	HHT	Hilbert–Huang Transform	希尔伯特黄变换
37	HIS	Hve–Intensity–Saturation	色调 – 亮度 – 饱和度
38	HTML	Hyper Text Markup Language	超文本标记语言
39	IBP	Integrated Breeding Platform	集成育种平台
40	IETF	The Internet Engineering Task Force	国际互联网工程任务组
41	IMF	Intrinsic Mode Function	固有模态函数，本征模态函数
42	IoT	Internet of Things	物联网
43	ISSR	Inter–Simple Sequence Repeat	简单重复序列间
44	KDD	Knowledge Discovery	知识发现
45	KMA	K–Means Algorithm	K 均值聚类算法

序号	英文缩写	英文全称	中文名称
46	KMCA	K–Means Clustering Algorithm	K 均值聚类算法
47	KNN	K–Nearest Neighbor	K 最邻近
48	LD	Levenshtein Distance	莱文斯坦距离（或编辑距离）
49	LSTM	Long Short–Term Memory	长期记忆网络
50	LTR	Learning to Rank	机器学习排序
51	M2M	Machine to Machine	机器对机器，物对物
52	MLP	Multilayer Perceptron	多层感知器
53	MRL	Multiple Linear Regression	多元线性回归
54	MVC	Model View Controller	模型 – 视图 – 控制器
55	NN	Neural Network	神经网络
56	OOP	Object–Oriented Programming	面向对象程序设计
57	PACS	Picture Archiving and Communication System	影像归档和通信系统
58	PCA	Principal Component Analysis	主成分分析
59	PIP	Potential Intron Poly–morphism	潜在内含子多态性
60	PM	Penman Monteith	彭曼公式
61	RAPD	Random Amplified Polymorphism DNA	随机扩增多态性 DNA
62	RBFANN	Radical Basis Function Artificial Neural Network	径向基函数神经网络
63	RFA	Random Forest Algorithm	随机森林
64	RFID	Radio Frequency Identification	射频识别
65	RFLP	Restriction Fragment Length Polymorphism	限制性片段长度多态性
66	SaaS	Software–as–a–Service	软件即服务
67	SDH	Synchronous Digital Hierarchy	同步数字体系
68	SNP	Single Nucleotide Polymorphism	单核苷酸多态性
69	SSR	Simple Sequence Repeat	简单重复序列
70	SVM	Support Vector Machine	支持向量机
71	SVR	Support Vector Regression	支持向量回归
72	UML	Unified Modeling Language	统一建模语言或标准建模语言

序号	英文缩写	英文全称	中文名称
73	WSN	Wireless Sensor Network	无线传感网络
74		Big Data	大数据
75		Cloud Computing	云计算
76		Information High Way	信息高速公路
77		Nemerow	内梅罗
78		Strategy for American Leadership in Advanced Manufacturing	美国先进制造领导战略

参考文献

[1] 百度百科．大数据 [EB/OL]. [2021-06-06]. https://baike.baidu.com/item/%E5%A4%A7%E6%95%B0%E6%8D%AE/1356941?fr=Aladdin.

[2] 百度百科．农业大数据 [EB/OL]. [2021-06-06]. https://baike.baidu.com/item/%E5%86%9C%E4%B8%9A%E5%A4%A7%E6%95%B0%E6%8D%AE/5842489.

[3] MBA 智库·百科．农业大数据 [EB/OL]. [2021-06-06]. https://wiki.mbalib.com/wiki/%E5%86%9C%E4%B8%9A%E5%A4%A7%E6%95%B0%E6%8D%AE.

[4] 李杰．大数据时代："互联网 +"智慧农业生产问题分析 [J]. 农家参谋，2020(4): 214.

[5] 百度百科．Hadoop [EB/OL]. [2022-06-06]. https://baike.baidu.com/item/Hadoop/3526507?fr=aladdin.

[6] 黎玲萍，毛克彪，付秀丽，等．国内外农业大数据应用研究分析 [J]. 高技术通讯，2016(4): 414-422.

[7] MOHAMMED A H, GADALLAH A M, HEFNY H A, et al. Fuzzy based approach for discovering crops plantation knowledge from huge agro-climatic data respecting climate changes[J]. Computing, 2018 (100): 689-713.

[8] 范凤翠，李志宏，王桂荣，等．国外主要国家农业信息化发展现状及特点的比较研究 [J]. 农业图书情报学刊，2006(6): 175-177.

[9] 连玉明．DT 时代从"互联网"到"大数据 ×"[M]. 北京：中信出版集团．

[10] 众筹．美国：大数据打造精准农业 [J]. 当代农机，2020(7): 56-57.

[11] 豆丁．美国农业大数据应用 [EB/OL]. [2022-06-07]. https://www.docin.com/p-2113014868.html.

[12] 王茜．英国大数据战略分析 [J]. 全球科技经济瞭望，2013(8): 24-27.

[13] 佚名．英国农业技术投资将焦点投向大数据 [J]. 现代农业装备，2013(5): 73.

[14] 何迪．美国、日本、德国农业信息化发展比较与经验借鉴 [J]. 世界农业，2017(3): 1-9.

[15] 肖红利，王斯佳，许振宝，等．德国农业 4.0 发展经验对中国农业发展的启示 [J]. 农业展望，2019(12): 117-121.

[16] 董春岩，刘佳佳，王小兵．日本农业数据协作平台建设运营的做法与启示 [J]. 中国农业资源与区划，2020(1): 212-216.

[17] 佚名．澳大利亚农业信息化发展概况．[EB/OL]. [2021-06-17]. https://www.docin.com/

p-2266314820.html.

[18] 李哲敏，任育锋，彭春燕．大数据时代的澳大利亚农业信息监测预警体系 [J]. 世界农业，2015(10): 21-26.

[19] 袁紫晋，毛克彪，曹萌萌，等．国内外农业大数据发展的现状与存在的问题 [J]. 中国农业信息，2021(3): 1-12.

[20] 王林，刘佳蕊．国外农业信息化发展概况及启示 [J]. 上海信息化，2021(7): 52-55.

[21] 罗梓超，范漪萍，李时玉．韩国“政府 3.0 推进基本计划”的数据开放建设启示 [J]. 科技管理研究，2018(23): 167-171.

[22] 魏祖宽，刘兆宏．基于 Hadoop 的大数据分析和处理 [M]. 北京：电子工业出版社，2019.

[23] 姜玉洪．印度农业信息化建设探析 [J]. 边疆经济与文化，2012(7): 1-2.

[24] 黄颖．一本书读懂大数据 [M]. 吉林：吉林出版集团，2014.

[25] 谢卫红，樊炳东，董策．国内外大数据产业发展比较分析 [J]. 现代情报，2018(9): 113-121.

[26] 廖劲为，于娟．大数据产业研究综述 [J]. 现代商贸工业，2018(6): 17-11.

[27] 颜博．从数仓到数据中台，谈技术选型最优解 [EB/OL]. [2021-09-28]. https://wenku.baidu.com/view/7bd02a8af624ccbff121dd36a32d7375a417c6a5.html.

[28] 孟凡霄．大数据发展历程及技术选型 [EB/OL]. [2021-09-28]. https://blog.csdn.net/qq_16485855/article/details/112278385.

[29] 杨玉琴，陈桂芬，郭宏亮，等．大数据处理技术在土壤肥力评价中的研究 [J]. 中国农机化学报，2016(4): 233-236.

[30] 白子威．大数据背景下黑龙江省农业信息化评价模型研究 [D]. 长春：吉林农业大学，2019.

[31] 胡洁．大数据背景下涉农网络舆情治理研究 [D]. 徐州：江苏师范大学传媒与影视学院，2018.

[32] 张薇．大数据背景下生物有机肥企业产销信息化管理研究 [D]. 武汉：湖北工业大学，2017.

[33] 张伟康．大数据环境下面向垂直领域的异构资源整合与信息挖掘 [D]. 武汉：华中科技大学，2016.

[34] 杨洪磊．大数据环境下农业数字资源存储与分析技术研究 [D]. 北京：中国农业科学院，2016.

[35] 张清清．大数据环境下农业信息资源的存取研究 [D]. 株洲：湖南工业大学，2016.

[36] 黄杰飞．基于大数据处理的农业气象灾害评估模型研究 [D]. 南京：南京信息工程大学，2017.

[37] 陈硕腾，大数据背景下泉州农业银行电信网络诈骗操作风险防范研究 [D]. 泉州：华侨大学，2018.

[38] 鲁彦君．大数据背景下我国食品安全监管模式研究 [D]. 武汉：华中师范大学，2018.

[39] 冯阳 . 大数据技术在农技推广中的应用研究以“全国基层农技推广服务云平台”为例 [D]. 北京：中国农业科学院，2016.

[40] 孙承 . 大数据视域下山东省农产品电商发展问题研究 [D]. 烟台：烟台大学，2018.

[41] 朱千强 . 大数据视域下温州市农业信息化建设研究 [D]. 杨凌：西北农业科技大学，2020.

[42] 邵守立 . 大数据下的农产品电子商务运营模式研究 [D]. 舟山：浙江海洋大学，2016.

[43] 白雪 . 大数据在内蒙古农业生产经营中的应用——以鄂尔多斯市为例 [D]. 呼和浩特：内蒙古农业大学，2015.

[44] 刘勍 . 大数据在农业领域的探索与应用研究——以生猪、蔬菜产业为例 [D]. 呼和浩特：内蒙古农业大学，2017.

[45] 韩太武 . 第八师动物卫生监督互联网 + 大数据智能监管平台设计 [D]. 石河子：石河子大学，2016.

[46] 黄芝准 . 组学大数据环境下的基因信息并行处理与分析方法研究 [D]. 合肥：中国科学技术大学，2017.

[47] 林晶晶 . 基于 Hadoop 的人类全基因组重测序数据处理技术的研究及实现 [D]. 大庆：东北石油大学，2015.

[48] 刘泰麟 . 智慧渔业大数据平台框架及关键技术研究 [D]. 青岛：青岛科技大学，2019.

[49] 杨帅 . 烟草生物大数据平台的构建及应用 [D]. 泰安：山东农业大学，2017.

[50] EDWARDS A, CIVITELLO A, HAMMOND H A, et al. DNA Typing and Genetic mapping with trimeric and tetrameric tandem repeats[J]. American Journal of Human Genetics，1991(4):746-756.

[51] SCOTT J, ROUNSLEY S, PURUGGANAN M. Comparative sequencing of plant genomes: choices to make[J]. Plant Cell, 2006 (5): 1100-1104.

[52] ROUNSLEY S, LIN X, KETCHUM K A. Large-scale sequencing of plant genomes[J]. Current Opinion in Plant Biology, 1998 (2): 136-141.

[53]DUVICK J, FU A, MUPPIRALA U, et al. Plant gdb: a resource for comparative plant genomics[J]. Nucleic Acids Research, 2008(36): 959-965.

[54]SAKATA K, ANTONIO B A, MUKAI Y, et al. Ine: a rice genome database with an integrated map view[J]. Nucleic Acids Research, 2000 (1): 97-101.

[55]DAVID S, WILKS C, LAMESCH P,et al. The arabidopsis information resource (tair): gene structure and function annotation[J]. Nucleic Acids Research, 2008(40): 1009-1014.

[56]ZHANG H E, JIN P J, TANG L,et al. Planttfdb 2.0: update and improvement of the comprehensive plant transcription factor database[J]. Nucleic Acids Research, 2011(39):1114-1117.

[57] 黄莉莎 . 烟草中 pip 和 ssr 标记的开发及其应用的研究 [D]. 泰安：山东农业大学，2013.

[58] ROZEN S, SKALETSKY H. Primer3 on the www for general users and for biologist programmers[J]. Methods in Molecular Biology, 1999 (3): 365-386.

[59] CAO H C, WANG Y J, XIE Z X, et al. TGB: the tobacco genetics and breeding database[J]. Molecular Breeding, 2013, 31(3): 655-663.

[60] 曹辉．水稻药肥精准施用大数据原型平台设计与实现 [D]. 成都：电子科技大学，2020.

[61] 张强．融合 Spark 的农业大数据处理与产量预测云平台的研发 [D]. 南昌：江西师范大学，2019.

[62] 蔡德楠．准施肥大数据系统的研究与应用 [D]. 广州：华南农业大学，2017.

[63] 刘鹏．基于农产品质量安全监管的大数据分析与实现 [D]. 兰州：兰州大学，2017.

[64] 陈志军．基于监测大数据的蔬菜中农药残留安全性评价 [D]. 北京：中国农业科学院，2019.

[65] 张开智．基于大数据平台的生姜种植面积预测研究与实现 [D]. 泰安：山东农业大学，2018.

[66] 谈志彪．基于大数据分析的土壤墒情预警系统研究 [D]. 天津：天津农学院，2018.

[67] 吴博文．基于大数据的浙江省休闲农业空间格局与发展战略研究 [D]. 杭州：浙江大学，2019.

[68] 骆秀秀．基于大数据的农作物生长环境数据存储与生长状况预警平台的研究 [D]. 晋中：山西农业大学，2016.

[69] 杨亚飞．基于大数据的蔬菜水果价格信息监测分析系统研究 [D]. 荆州：长江大学，2018.

[70] 蔡丽霞．基于大数据处理技术 Hadoop 平台玉米精准施肥智能决策系统的研究 [D]. 长春：吉林农业大学，2015.

[71] 朱丽杰．基于 Elasticsearch 的公安大数据全文检索技术的研究 [D]. 武汉：武汉邮电科学研究院，2018.

[72] 官易楠．黄茶生长大数据管理系统的研究 [D]. 杭州：浙江理工大学，2019.

[73] 傅思维．大数据环境下农产品电商平台智能推荐技术的研究与应用 [D]. 长春：吉林农业大学，2019.

[74] 张维东．大数据理论研究与应用 [D]. 重庆 : 重庆大学 , 2017.

[75] 百度百科．物联网 [EB/OL]. [2021-07-07]. https://baike.baidu.com/item/%E7%89%A9%E8%81%94%E7%BD%91.

[76] 百度百科．物联网 [EB/OL]. [2021-07-07]. https://baike.baidu.com/item/%E7%89%A9%E8%81%94%E7%BD%91%E6%A6%82%E5%BF%B5/2048181?fr=Aladdin.

[77] 百度百科．农业物联网 [EB/OL]. [2021-07-07]. https://baike.baidu.com/item/%E5%86%9C%E4%B8%9A%E7%89%A9%E8%81%94%E7%BD%91/9282675?fr=aladdin.

[78] 百度百科．射频识别 [EB/OL]. [2021-07-07]. https://baike.baidu.com/item/%E5%B0%84%E9%A2%91%E8%AF%86%E5%88%AB%E6%8A%80%E6%9C%AF/9524139?fromtitle=RFID&fro

mid=497249.

[79] HAMRITA T K, HOFFACKER E C. Development of a “smart” wireless soil monitoring sensor prototype using RFID technology[J]. Applied Engineering Agrcultrure, 2005(1): 139-143.

[80] NAGL L, SCHMITZ R, WARREN S, et al. Wearable sensor system for wireless state-of-health determination in cattle[C]//Proceedings of the 25th IEEEEMBS Conference, Cancun: IEEEEMBS, 2003, 17-21.

[81] BISHOP-HURLEN G L, SAIN D L, ANDERSON D M, et al. Virtual fencing applications: Implementing and testing an automated cattle control system[J]. Computer and Electonics in Agriculture, 2007, 56(1): 14-22.

[82] 孙玉文 . 基于无线传感器网络的农田环境监测系统研究与实现 [D]. 南京：南京农业大学，2013.

[83] HWANG J, SHIN C, YOE H. Study on an agricultural environment monitoring server system using wireless sensor networks[J]. Sensors, 2010, 10(12): 11189-11211.

[84] 李先斌 . 基于 LabVIEW 的精准农业实时监控系统设计与实现 [D]. 郑州：郑州大学，2013.

[85] SAILER J. M2M – internet of things – web of things – industry 4.0[J]. E & I Elektrotechnik Und Informationstechnik, 2014, 131:3-4.

[86] 佚名 . 大数据在农业生产中的应用 . [EB/OL]. [2021-7-18]. http://www.ciotimes.com/bi/alfx/82912.html.

[87] WANG C L, RITTER F, SMEDBY O. Making the PACS workstation a browser of image processing[J]. International Journal Assisted Radiology and Survey, 2010(5): 411-419.

[88] MANCUSO M, BUSTAFFA F. A wireless sensors network for monitoring environmental variable in a tomato greenhouse[C]//Proceediiigs of IEEE International Workshop on Factory Communication Systems, Torino, 2006: 8-30.

[89] WAHLEN S, MOSHOU D, BRAVO C, et al. Simultaneocus identification of plant stresses and diseasesin arable crops using proximal optical sensing and self-organising maps[J]. Precision Agriculture, 2006(7): 149-164.

[90] BRADFORD J M, YANG C G, Everitt J H. Comparison of QuickBird satellite imagery and airborne imagery for mapping grain soighum yield pattems[J]. Precision Agriculture, 2006(7): 33-44.

[91] PARSONS J, KIMBERLING C, PARSON G, et al. Colorado sheep ED project:using RFID or tracking sheep[J]. Journal of Animal Science, 2005,83:119-120.

[92] SPIESSL-MAYR E, WENDL G, ZAEHNER M, et al. Electronic identification(RFID technology) for improvement of trace ability of pigs and meat[J]. Precision Livestock Farming, 2005, 50: 339-345.

[93] 龙腾芳 . 数据挖掘技术在农业领域中的应用研究 [J]. 微计算机信息，2005(7): 42-43.

[94] 王培，蒋平安，盛建东，等．基于WEB的农业基础地理信息系统探索[J]. 新疆农业大学学报，2008(3): 65-68.

[95] 张文静，卢海霞，杨捧，等．基于关联规则的农业专家系统知识库的建立[J]. 农机化研究，2008(7): 93-95.

[96] 刘春玲，崔凌云，贾冬青，等．数据挖掘技术在农业领域的应用[J]. 农机化研究，2010(7): 201-204.

[97] 何文娜．大数据时代基于物联网和云计算的地质信息化研究[D]. 长春：吉林大学，2013.

[98] 孙程光．基于无线传感器网络的智能温室系统设计[J]. 天津工程师范学院学报，2007(4): 19-22.

[99] 王卫星，罗锡文，孙道宗，等．茶园信息采集无线传感器网络节点设计[J]. 农业工程学报，2011, 27(5): 169-173.

[100] 陈娜娜，周益明，徐海圣，等．基于Zig Bee与GPRS的水产养殖环境无线监控系统的设计[J]. 传感器与微系统，2011(3): 108-110.

[101] 黄天戍，刘奇志，任清珍，等．组态软件在工业监控系统中的二次开发[J]. 武汉水利电力大学学报，1999(32): 77-84.

[102] 戴鑫．物联网打造智能农业应用，提高效率转变发展方式[J]. IT时代周刊，2011(15): 31.

[103] 吴仲城，徐珍玉．农业物联网关键技术及其在农产品质量追溯系统中应用[J]. 中国科技投资，2010(10): 41-42.

[104] 王磊，詹惠琴．iFIX组态软件在污水处理控制系统中的应用[J]. 商务办公，2011(6): 26-28.

[105] 潘明，钟锋．物联网在现代农业上的应用研究[J]. 现代农业装备，2011(7): 55-57.

[106] 邓择文．物联网在节能减排中的应用[J]. 科技资讯，2011(21): 24.

[107] 司文．农村农业信息化建设中物联网技术的应用探讨[J]. 北京农业，2011(4): 183-184.

[108] 李春辉．大数据在农业物联网中的应用研究[D]. 齐齐哈尔：齐齐哈尔大学，2015.

[109] 方政．机器视觉在农业物联网中的关键技术研究[D]. 兰州：兰州交通大学，2016.

[110] 何丽华．机器学习在农业物联网决策系统中的研究与应用[D]. 成都：电子科技大学，2016.

[111] 刘保君．基于6LoWPAN协议的农业物联网技术研究[D]. 北京：北京邮电大学，2013.

[112] 李飞雅．基于B/S架构的农业物联网上位机软件系统设计与实现[D]. 哈尔滨：哈尔滨工业大学，2016.

[113] 温绍梅．基于Contiki的智能农业物联网模型的开发与实现[D]. 天津：天津大学，2014.

[114] 雷思君．基于GPRS的农业物联网虫害防治监测系统的设计[D]. 长沙：湖南大学，2015.

[115] 同诗扬．ZigBee在农业物联网中的认知频谱检测算法研究[D]. 大庆：黑龙江八一农垦大学，2016.

[116] 刘晓杰．福建省农业物联网发展及应用分析 [D]. 福州：福建农林大学，2012.

[117] 曾辉．光孤子在农业物联网信息超远距离传输中高保真技术研究 [D]. 长沙：湖南农业大学，2015.

[118] 李颖．基于 OMNeT++ 的农业物联网仿真平台设计研究 [D]. 上海：复旦大学，2014.

[119] 王爱喜．基于 Python 的农业物联网网关软件中间件的研究与应用 [D]. 上海：上海交通大学，2013.

[120] 张文静．基于 STM32 的农业物联网智能网关设计 [D]. 天津：河北工业大学，2014.

[121] 单小明．基于 WSNs 技术的农业物联网平台建设及软件远程升级技术研究 [D]. 济南：山东大学，2012.

[122] 刘艺．基于农业生产过程的农业物联网数据处理若干关键技术的研究 [D]. 北京：北京邮电大学，2014.

[123] 张向飞．基于农业物联网的数据智能传输与大田监测应用 [D]. 上海：东华大学，2016.

[124] 江铁．基于农业物联网的数字滤波器研究 [D]. 长沙：湖南农业大学，2013.

[125] 牛磊．基于农业物联网的田间环境监控系统的设计与实现 [D]. 武汉：中南民族大学，2012.

[126] 熊国．基于农业物联网技术智能大棚环境监测的研究 [D]. 南昌：南昌大学，2015.

[127] 徐洪武．基于农业物联网融合的休闲农庄规划设计研究——以常州都市 e 农庄为例 [D]. 南京：南京农业大学，2014.

[128] 谢范雄．基于生态链的农业物联网应用商业模式研究 [D]. 上海：复旦大学，2011.

[129] 洪之奇．基于云服务模式下的跨区域综合农业物联网监控系统设计与应用 [D]. 杭州：浙江大学，2015.

[130] 刘倩．面向农业物联网多环境信息融合的监测判别研究 [D]. 上海：东华大学，2014.

[131] 胡甜甜．农业物联网传感器接口标准化模型设计与测试研究 [D]. 合肥：安徽农业大学，2015.

[132] 赵璐．农业物联网的社会经济特征及社会认知研究 [D]. 长春：吉林大学，2012.

[133] 蒋辉．农业物联网决策系统数据处理方法研究 [D]. 成都：电子科技大学，2015.

[134] 李鑫．农业物联网平台的研究与实现 [D]. 北京：北京邮电大学，2014.

[135] 梁辉．农业物联网文本数据统计分析 [D]. 安庆：安庆师范学院，2015.

[136] 尹来武．农业物联网信息采集与识别关键技术研究 [D]. 哈尔滨：哈尔滨理工大学，2014.

[137] 高泗俊．农业物联网应用服务监测系统设计研究 [D]. 上海：复旦大学，2014.

[138] 蒋龙泉．农业物联网智能视频监控技术的研究与应用 [D]. 上海：复旦大学，2013.

[139] 王世玲．农业物联网中若干关键技术的研究 [D]. 合肥：合肥工业大学，2015.

[140] 周泽学 . 农业物联网中数据流挖掘技术的应用 [D]. 上海：复旦大学，2012.

[141] 聂鹏程 . 植物信息感知与自组织农业物联网系统研究 [D]. 杭州：浙江大学，2012.

[142] SANYAL P, PATEL S C. Pattern recognition method to detect two diseases in rice plants[J]. The Imaging Science Journal, 2008, 56(6): 319-325.

[143] PHADIDAR S, SIL J. Rice disease identification using pattern recognition techniques[J]. Computer and Information Technology, 2008, 5: 420-423.

[144] MALICDEM A R, FERNANDEZ P L. Rice blast disease forecasting for northern philippines[J]. Wseas Transactions on Information Science and Applications, 2015, 12: 120-129.

[145] MOHANTY S P, HUGHES D P, SALATHE M. Using deep learning for image-based plant disease detection[J]. Frontiers in Plant Science, 2016, 7: 1419.

[146] AMARA J, BOUAZIZ B, ALGERGAWY A. A deep learning-based approach for banana leaf diseases classification[C]// Datenbanksysteme Fur Business, Technologie Und Web, Stuttgart, Germany,2017, 79-88.

[147] CRUZ A C, ANDREA L, LUIGI D B, et al. X-FIDO: an effective application for detecting olive quick decline syndrome with deep learning and data fusion[J]. Frontiers in Plant Science, 2017, 8: 1741.

[148] YANGSEON K, JAE-HWAN R, HA K. Early forecasting of rice blast disease using long short-term memory recurrent neural networks[J]. Sustainability, 2017, 10(2):34.

[149] GARCIA J, BARBEDO A. Impact of dataset size and variety on the effectiveness of deep learning and transfer learning for plant disease classification[J]. Computers and Electronics in Agriculture, 2018, 153: 46-53.

[150] 袁洪印，吴巍 . 计算机视觉技术在农业上的应用 [J]. 吉林职业师范学院学报，2002,18(3): 30-33.

[151] 刘涛，仲晓春，孙成明，等 . 基于计算机视觉的水稻叶部病害识别研究 [J]. 中国农业科学，2014, 47(4): 664-674.

[152] 黄双萍，齐龙，马旭，等 . 基于高光谱成像的水稻穗瘟病害程度分级方法 [J]. 农业工程学报 , 2015, 31(1): 212-219.

[153] LIU Z, GAO J, YANG G, et al. Localization and classification of paddy field pests using a saliency map and deep convolutional neural network[J]. Scientific Reports, 2016, 6: 1-12.

[154] 袁媛，陈雷，吴娜，等 . 水稻纹枯病图像识别处理方法研究 [J]. 农机化研究 , 2016, 38(6): 84-87.

[155] 刘庭洋，李烨 . 基于 BP 神经网络的稻瘟病预测预报研究 [J]. 西南农业学报，2017, 30(7):1546-1553.

[156] 刘婷婷，王婷，胡林 . 基于卷积神经网络的水稻纹枯病图像识别 [J]. 中国水稻科学，

2019, 33(1):90-94.

[157] HUANG S, SUN C, QI L, et al. Rice panicle blast identification method based on deep convolution neural network[J]. Transactions of the Chinese Society of Agricultural Engineering, 2017, 33(20):，169-176.

[58] XIAO M, MA Y, FENG Z, et al. Rice blast recognition based on principal component analysis and neural network[J]. Computers and Electronics in Agriculture, 2018, 154:482-490.

[159] 路阳，郭丹，沈贺．基于深度学习的水稻叶部病害识别方法研究 [J]. 信息记录材料，2018, 19(12): 177-179.

[160] 牛旭．基于人工智能的水稻病害检测系统研究 [D]. 哈尔滨：黑龙江大学，2019.

[161] 任东．种子纯度与活力快速测定的人工智能图像识别与处理系统 [D]. 长春：吉林农业大学，2003.

[162] 高静．基于人工智能的水稻精准农业信息系统 [D]. 哈尔滨：哈尔滨理工大学，2019.

[163] 王振午．基于数据挖掘和人工智能的参考作物腾发量预测 [D]. 杭州：浙江大学，2016.

[164] 胡敏．基于人工智能的利用高含沙洪水淤地后土壤成分含量研究 [D]. 呼和浩特：内蒙古农业大学，2008.

[165] 於家．基于人工智能的土地利用适宜性评价模型研究与实现 [D]. 上海：华东师范大学，2010.

[166] 王珊．基于人工智能的虚拟树木生长过程模拟 [D]. 北京：北京林业大学，2010.

[167] 孙仁礼．人工智能影响下未来城市理想空间模式研究 [D]. 济南：山东建筑大学，2020.

[168] 谷弘毅．人工智能在计算机自动排课算法中的应用 [D]. 长春：长春理工大学，2005.

[169] 张越杰．基于物联网智慧农业信息平台建设精准监测与智能控制系统的研究 [D]. 曲阜：曲阜师范大学，2017.

[170] 孔一博．基于智慧农业的农产品可溯源平台 [D]. 鞍山：辽宁科技大学，2016.

[171] 沈祺云．江西省智慧农业发展现状、存在问题与对策研究 [D]. 南昌：江西农业大学，2018.

[172] 岳梦婕．面向智慧农业种植领域数据处理算法的研究 [D]. 杭州：浙江理工大学，2016.

[173] 郭萧．基于机器学习算法的智慧农业决策系统研究 [D]. 西安：西安电子科技大学，2018.

[174] 百度百科．区块链 [EB/OL]. [2021-9-19]. https://baike.baidu.com/item/%E5%8C%BA%E5%9D%97%E9%93%BE/13465666?fr=Aladdin.

[175] 搜狐．农业区块链 [EB/OL]. [2021-9-19]. https://www.sohu.com/a/371505449_100033039.

[176] 百度百科．无人机 [EB/OL]. [2021-9-19]. https://baike.baidu.com/item/%E6%97%A0%E4%BA%BA%E6%9C%BA/2175415?fr=aladdin.

[177] 百度百科．智慧物流 [EB/OL]. [2021-9-19]. https://baike.baidu.com/item/%E6%99%BA%E6%85%A7%E7%89%A9%E6%B5%81/3105626?fr=aladdin.

[178] 孙志国 . 区块链、物联网与智慧农业 [J]. 农业展望， 2017,12: 72-74.

[179] 杨洋 . 区块链技术在农业物联网领域的应用与挑战 [J]. 农业网络信息，2017(12): 24-26.

[180] 孙忠富 . 区块链在智慧农业中的应用展望 [J]. 大数据，2019(2): 116-124.

[181] 百度百科 . 云计算 [EB/OL]. [2021-10-2]. https://baike.baidu.com/item/%E4%BA%91%E8%AE%A1%E7%AE%97/9969353?fr=aladdin.

[182] 百度百科 . 边缘计算 [EB/OL]. [2021-10-2]. https://baike.baidu.com/item/%E8%BE%B9%E7%BC%98%E8%AE%A1%E7%AE%97/9044985?fr=aladdin.

[183] SANGER F, NICKLEN S, COULSON A R. DNA Sequencing with Chain-terminating inhibitors[J]. Proceedings of the National Academy of Sciences of the United States of America, 1977(74): 5463-5467.

[184] MARGULIES M, EGHOLM M, ALTMAN W E, et al. Genome sequencing in microfabricated high-density picolitre reactors[J]. Nature, 2006(7057): 376-380.

[185] BENTLEY D R, BALASUBRAMANIAN S, SWERDLOW H P, et al. Accurate whole human genome sequencing using reversible terminator chemistry[J]. Nature, 2008(7218): 53-59.

[186] VALOUEV A, ICHIKAWA J, TONOTHAT T, et al. A High-resolution, nucleosome position map of *C. elegans* reveals a lack of universal Sequence-dictated positioning[J]. Genome Research, 2008(7): 1051-1063.

[187] KORLACH J, BJORNSON K P, CHAUDHURI B P, et al. Real-Time DNA Sequencing from single polymerase molecules[J]. Methods in Enzymology, 2010,472: 431-455.

[188] RUSK N. Cheap third-generation sequencing[J]. Nature Methods, 2009, 6: 244.

[189] JAMES C, WU H C, JAYASINGHE L, et al. Continuous base identification for single-molecule nanopore DNA sequencing[J]. Nature Nanotechnology, 2009, 4: 265-270.

[190] DAVID S, HERON A J, MIKHAILOVA E, et al. Single-nucleotide discrimination in immobilized DNA oligonucleotides with a biological nanopore[J]. Proceedings of the National Academy of Sciences, 2009, 19: 7702-7707.

[191] 乌日拉嘎，徐海燕，冯淑贞，等 . 测序技术的研究进展及三代测序的应用 [J]. 中国乳品工业， 2016, 4: 33-37.

[192] 贾继增 . 分子标记种质资源鉴定和分子标记育种 [J]. 中国农业科学，1996, 4:1-10

[193] BOTSTEIN D, WHITE R L, SKOLNICK M, et al. Construction of a genetic linkage map in man using restriction fragment length polymorphisms[J]. American Journal of Human Genetics, 1980, 32: 314-331.

[194] 袁力行，张世煌，傅骏骅，等 . 玉米遗传多样性与杂种优势群研究 [J]. 中国农业科学，2000, 33(S): 9-14.

[195] 贾继增，张正斌，DEVOS K，等 . 小麦 21 条染色体 RFLP 作图位点遗传多样性分析 [J].

中国科学（C 辑：生命科学），2001, 1: 13-21.

[196] 左开井，孙济中，张献龙，等．利用 RFLP、SSR 和 RAPD 标记构建陆地棉分子标记连锁图 [J]. 华中农业大学学报，2000, 3: 190-193.

[197] 曹永国，王国英，王守才，等．玉米 RFLP 遗传图谱的构建及矮生基因定位 [J]. 科学通报，1999, 20: 2178-2182.

[198] LIN T Y, KAO Y Y, LIN S, et al. A genetic linkage map of *Nicotiana plumbaginifolia* / *Nicotiana longiflora* based on RFLP and RAPD markers[J]. Theoretical and Applied Genetics, 2001, 103(6-7): 905–911.

[199] 高焕，孔杰．串联重复序列的物种差异及其生物功能 [J]. 动物学研究，2005, 26(5): 555-564.

[200] 陈雪玲，袁育康，黄辰．短串联重复序列的研究进展 [J]. 医学综述，2002, 2: 72-74.

[201] ALFORD R L, HAMMOND H A, COTO I, et al. Rapid and efficient resolution of parentage by amplification of short tandem repeats[J]. American Journal of Human Genetics, 1994, 55(1): 95-99.

[202] EDWARDS A, CIVITELLO A, HAMMOND H A, et al. DNA typing and genetic mapping with trimeric and tetrameric tandem repeats[J]. American Journal of Human Genetics, 1991, 4: 746-756.

[203] WAYNE P, MORGANTE M, ANDRE C, et al. The comparison of Rflp, Rapd, Aflp and Ssr (Microsatellite) markers for germplasm analysis[J]. Molecular Breeding, 1996, 3: 225-238.

[204] 洪彦彬，梁炫强，陈小平，等．花生栽培种 ssr 遗传图谱的构建 [J]. 作物学报，2009, 35(3): 395-402.

[205] 向道权，曹海河，曹永国，等．玉米 ssr 遗传图谱的构建及产量性状基因定位 [J]. 遗传学报，2001, 28(8): 778-784.

[206] 王珍．大豆 SSR 遗传图谱构建及重要农艺性状 QTL 分析 [D]. 南宁：广西大学，2004.

[207] 从夕汉，李莉，滕斌，等．56 个杂交水稻骨干亲本 SSR 指纹图谱的构建及遗传相似性分析 [J]. 生物学杂志，2010, 27(1): 87-91.

[208] BINDLER G, DER HOVEN R V, GUNDUZ I, et al. A microsatellite marker based linkage map of tobacco[J]. Theoretical and Applied Genetics, 2007, 2: 341-349.

[209] BINDLER G, PLIESKE J, BAKAHER N, et al. A high density genetic map of tobacco (*Nicotiana Tabacum* L.) obtained from large scale microsatellite marker development[J]. Heoretical and Applied Genetics, 2011,2: 219-230.

[210] TONG Z, YANG Z, CHEN X, et al. Large-scale development of microsatellite markers in nicotiana tabacum and construction of a genetic map of flue-cured tobacco[J]. Plant Breeding, 2012,5:674-680.

[211] TONG Z J, XIAO B G, JIAO F C, et al. Large-scale development of SSR markers in tobacco and construction of a linkage map in flue-cured tobacco[J]. Breeding Science, 2016, 3: 381-390.

[212] WILLIAMS J G, KUBELIK A R, LIVAK K J, et al. DNA polymorphisms amplified by arbitrary

primers are useful as genetic markers[J]. Nucleic Acids Research, 1990, 22: 6531-6535.

[213] 惠东威，陈受宜 . RAPD 技术及其应用 [J]. 中国生物工程杂志，1992, 12(6): 1-5.

[214] 陈洪，朱立煌，徐吉臣 , 等 . RAPD 标记构建水稻分子连锁图 [J]. 植物学报，1995, 37(9): 677-684.

[215] 汪小全，邹喻苹，张大明，等 . RAPD 应用于遗传多样性和系统学研究中的问题 [J]. 植物学报，1996, 38(12): 954-962.

[216] 刘新芝，彭泽斌，傅骏骅 , 等 . RAPD 在玉米类群划分研究中的应用 [J]. 中国农业科学，1997, 30(3): 44-51.

[217] 肖炳光,徐照丽,陈学军,等. 利用dh群体构建烤烟分子标记遗传连锁图[J]. 中国烟草学报，2006, 12 (4): 35-40.

[218] 翁跃进 . AFLP 一种 DNA 分子标记新技术 [J]. 遗传 , 1996(6):29-31.

[219] MACKIL L, DAVID J. Classifying japonica rice cultivars with rapd markers[J]. Crop Science, 1995, 3: 889-894.

[220] 蔡长春，柴利广，王毅，等 . 白肋烟分子标记遗传图谱的构建及部分性状的遗传剖析 [J]. 作物学报，2009, 35(9): 1646-1654.

[221] CLAIBORNE S J, VOVIS G F. Haplotype variation and linkage disequilibrium in 313 human genes[J]. Science, 2001, 5529: 489.

[222] WU J, SMITH L T, PLASS C, et al. Chip-chip comes of age for genome-wide functional analysis[J]. Cancer Research, 2006, 14: 6899-6902.

[223] XU J, ZHAO Q, DU P, et al. Developing high throughput genotyped chromosome segment substitution lines based on population whole-genome re-sequencing in rice (*Oryza sativa* L.)[J]. BMC Genomics, 2010, 1: 656.

[224] 唐立群，肖层林，王伟平 . SNP 分子标记的研究及其应用进展 [J]. 中国农学通报，2012, 28(12): 154-158.

[225] 唐一通，肖娜，李智山，等 . 单核苷酸多态性检测方法研究进展 [J]. 现代生物医学进展，2013, 27: 5393-5397.

[226] 周琳，段玉，文博等 . SNP 分子标记及其在木本植物遗传育种的应用 [J]. 亚热带植物科学，2018, 47(2): 187-193.

[227] ADAMS M D, CELNIKER S E, HOLT R A, et al. The genome sequence of drosophila melanogaster[J]. Science, 2000, 287: 2185-2196.

[228] LONG Y, JIN G L, ZHAO X Q, et al. Pip: a database of potential intron polymorphism markers[J]. Bioinformatics, 2007, 16: 2174-2177.

[229] 新华社 . 中共中央 国务院关于全面推进乡村振兴加快农业农村现代化的意见 [EB/OL]. (2021-01-4). [2021-02-21]. http://www.gov.cn/zhengce/2021-02/21/content_5588098.htm.

[230] 习近平：在科学家座谈会上的讲话 [EB/OL]. (2020-09-11) [2020-09-11]. http://www.xinhuanet.com/politics/ leaders/2020-09/11/c_1126483997.htm

[231] 中央第七次西藏座谈会．全面贯彻新时代党的治藏方略 建设团结富裕文明和谐美丽的社会主义现代化新西藏 [EB/OL]. (2020-08-29) [2021-06-16]. http://news.cri.cn/wifihezuo/20200829/9a524e35-c59f-f7a7-9fc5-9857bc7b69e2.html#

[232] 百度百科．工业 4.0[EB/OL]. [2021-10-2]. https://baike.baidu.com/item/%E5%B7%A5%E4%B8%9A4.0/2120694?fr=aladdin.

[233] 严雪君，李如月，赵治杰．对德国工业 4.0、美国先进制造伙伴计划、中国制造 2025 的研究 [EB/OL]. [2021-10-4]. https://baike.baidu.com/item/%E5%B7%A5%E4%B8%9A4.0/2120694?fr=aladdin.

[234] 国家统计局关于 2019 年粮食产量数据的公告 [EB/OL]. (2019-12-07) [2020-02-25]. http://www.gov.cn/xinwen/2019-12/07/content_5459250.htm.

[235] 余泓，王冰，陈明江，等．水稻分子设计育种发展与展望 [J]. 生命科学，2018,30(10):1032-1037.

[236] 尹中江，廖文华，高小丽．利用模糊聚类分析法评价西藏青稞资源的抗倒性 [J]. 西藏农业科技，2018(2): 17-24.

[237] 尹中江．西藏农业发展农业物联网存在的问题与对策分析 [J]. 西藏农业科技，2018(3): 72-75.

[238] 尹中江．农业人工智能 + 在西藏农业应用模式与发展前景探讨 [J]. 西藏农业科技，2017(4): 40-43.

[239] 张薇．近现代以来西藏自然灾害分析 [J]. 边疆经济与文化，2013(5): 1-3.

[240] 高懋芳，邱建军．青藏高原主要自然灾害特点及分布规律研究 [J]. 干旱区资源与环境，2011(8): 101-106.

[241] 王建康，李慧慧，张学才，等．中国作物分子设计育种 [J]. 作物学报，2011, 37(2): 191-201.

[242] 贾继增，高丽锋，赵光耀，等．小麦基因组、基因资源与基因组育种平台的构建与应用 [C]//第六届全国小麦基因组学及分子育种大会论文集，2015.

[243] 范成明，田建华，胡赞民，等．油菜育种行业创新动态与发展趋势 [J]. 植物遗传资源学报，2018, 19(3): 447-454.

[244] 张俊灵，孙美荣，张东旭，等．国际挑战计划项目集成育种平台研究进展 [J]. 安徽农业科学，2016,44(3):298-301.

[245] 樊龙江，王卫娣，王斌，等．作物育种相关数据及大数据技术育种利用 [J]. 浙江大学学报（农业与生命科学版），2016, 42(1): 30-39.

[246] 胡亮，雷波，牛凯，等．四川育种攻关数据共享平台系统设计 [J]. 农业网络信息，2010(7): 27-30.

[247] 2017 互联网发展分析报告 [EB/OL].(2017-09-19) [2020-12-25]. https://wenku.baidu.com/view/ad35020011661ed9ad51f01dc281e53a58025100.html.

[248] 百度百科，AI+ [EB/OL]. [2020-12-25]. https://baike.baidu.com/item/AI+/19622390.

[249] 我国首个人工智能工程“农业大脑”启动 [EB/OL]. (2017-11-03) [2020-12-25]. http://money.163.com/17/1103/09/D2ADM7BE002580S6.html.

[250] 习近平：决胜全面建成小康社会 夺取新时代中国特色社会主义伟大胜利—— 在中国共产党第十九次全国代表大会上的报告 [EB/OL].(2017-10-18) [2017-10-27]. http://www.gov.cn/zhuanti/2017-10/27/content_5234876.htm.

[251] 赵欣 . 智能机器人在农业自动化领域的主要应用 [J]. 中国农学通报，2010, 26(1):360-364.

[252] BECHAR A, VIGNEAULT C. Agricultural robots for field operations: concepts and components[J]. Biosystem Engineering, 2016, 149: 94-111.

[253] UEKA Y, ARIMA S. Development of multi-operation robot for productivity enhancement of intelligent greenhouses-for construction of integrated pest management technology for intelligent freenhouses[J]. Biological control, 2015. 53(2), 63-70.

[254]NAGLE M, ROMANO G, UDOMKUN P, et al. Potential for automated systems to monitor drying of agricultural products[J]. Potential for Automated Systems, 2016, 317-327.

附　录

西藏自治区青稞种植区划决策系统

1. 系统功能构成

1.1 数据管理、检索和下载需求

该系统涉及土地利用数据、数字高程模型、土壤类型、气候数据、水文水资源、行政区划、交通道路等基础地理数据，这些数据类型包括矢量数据、栅格数据、表格数据等多种数据类型。系统应具有对不同格式数据高效处理与管理的能力，同时应具有根据客户需要检索不同的数据，并提供基本数据下载的功能。

1.2 数据查询需求

该系统基础地理数据库涉及的数据众多，尺度多样，从整个西藏到边境地区到各个区县甚至到乡镇数据量大。因此，系统应该能够满足客户从海量数据中找出相应数据的需求，根据用户对数据的查询需求具有属性查询、空间查询等多种方式的查询功能。用户可根据输入的条件，查询不同数据的空间分布情况。

1.3 地图功能操作需求

该系统基于 GIS 可视化平台进行二次开发而建立，应具有地理信息系统的基本操作功能（如放大、缩小、平移、漫游等）、实时比例尺、地形与影像数据加载以及图层控制等 GIS 系统的基础功能以及空间量算等高级功能。

1.4 元数据需要

由于用户知识结构的差异，可能对不同的数据缺乏充分的了解，因此，系统应该能够对每种不同的数据进行详细描述，以便于用户了解数据的结构、来源、比例、分类系统及属性的具体意义。

1.5 空间分析需要

该系统的核心是根据影响青稞生长的环境条件，判决青稞种植适宜区域，这要求不同的环境数据通过空间叠加分析来实现，因此，系统应该提供多个空间数据层进行空间叠加分析的功能。

2. 系统运行环境配置

2.1 硬件环境

(1) 服务器：Intel Xeon E5-2650 处理器、16 GB 内存、2 块 4 TB 硬盘
(2) 客户端：Intel Core i5 4590 处理器、8 GB 内存、1 TB 硬盘
(3) 千兆以太网交换机
(4) 移动硬盘
(5) 其他附属辅助设备

2.2 软件环境

(1) 软件结构：B/S 结构
(2) 操作界面：浏览器
(3) 服务器系统：云服务 Win 2008 Server、远程数据服务器或本地服务器
(4) 客户端操作系统：Windows 系列
(5) 数据库管理软件：MS-SQL Server
(6) GIS 支撑平台：在线天地图
(7) 系统开发平台：Visual Studio 2015

3. 系统总体设计

3.1 系统设计目标

基于影响青稞种植与生长的相关因素，如积温、降水、海拔、土壤类型、土地利用等，该系统采用 B/S 开发模式与 SOA 体系架构，辅以 WebGIS 与数据库等技术手段构建与实现，包括用户注册与登录、地理数据检索与下载、地理数据资源展示、空间数据查询与展示、区划决策规划、图件制作与导出等功能模块。其中，区划决策规划是系统的核心功能，同时具备 GIS 系统相应的基本功能模块。

为了实现上述设计目标，提出了基于 B/S 的在线管理解决方案，按照软件开发规范，选用 C#.NET + BootStrap + JavaScript 的框架进行了系统开发与实现。该系统主要包括前台（用户界面部分）和后台（逻辑代码部分）。其中，前台通过 API 实现基础数据等信息的查询（空间查询与属性查询）与可视化展示，后台能够实现对用户人员提交的请求进行处理反馈、连接数据库、处理并发等一系列操作。基于对成本和软件开发框架体系的考虑，将该系统部署在阿里云 Windows Server 2008 服务器上（也可以本地部署），系统用户通过浏览器输入相应地址即可访问该系统。该系统面向业务应用，化繁为简实现了便捷操作，可极大地提高业务人员的工作效率。

3.2 系统平台特点

3.2.1 技术特点

3.2.1.1 B/S 架构主要特点

分布性强，客户端零维护；只要有网络、浏览器，可以随时随地进行查询、浏览等业务操作；业务扩展简单方便，通过增加网页即可增加服务器功能；维护简单方便，只需要改变页面，即可实现所有用户的同步更新；开发简单，共享性强。

3.2.1.2 .NET 平台主要特点

语法简洁，不允许直接操作内存，去掉了指针操作；面向对象设计，C# 具有面向对象语言所应有的一切特性——封装、继承和多态；与 Web 紧密结合，C# 支持绝大多数的 Web 标准，如 HTML、XML、SOAP 等；安全机制强大，可以消除软件开发中的常见错误（如语法错误），.NET 提供的垃圾回收器能够帮助开发者有效地管理内存资源；兼容性高，C# 遵循 .NET 的公共语言规范（CLS），能够与其他语言开发的组件兼容；版本处理技术灵活，C# 语言本身内置了版本控制功能，使得开发人员可以更容易地开发和维护；错误与异常处理机制完善，C# 提供了完善的错误和异常处理机制，使程序在交付应用时能够更加健壮。

3.2.1.3 数据库主要特点

（1）可信任性：为用户的关键任务应用程序提供了强大的安全特性、可靠性和可扩展性，如数据加密，增强了审查、外键管理、备份压缩、数据压缩和资源监控器等。

（2）高效性：使得用户可以降低开发和管理他们的数据基础设施的时间和成本，如基于政策的管理、改进了安装、加速开发过程、偶尔连接系统、不只是关系数据。

（3）应用性：易用性、适合分布式组织的可伸缩性、用于决策支持的数据仓库功能、与许多其他服务器软件紧密关联的集成性、良好的性价比等。

（4）智能性：为用户提供了一个全面的平台，用于为用户提供智能化，如集成任何数据、自动发送相应报表、用户可获得全面洞察力安全机制。SQL Server 整个安全体系结构从顺序上可分为认证和授权两个部分，其安全机制可分为 5 个层级：客户机安全机制、网络传输安全机制、实例级别安全机制、数据库级别安全机制、对象级别安全机制。这些层级由高到低，所有的层级之间相互联系，用户只有通过了高一层的安全验证，才能继续访问数据库中低一层的内容。

3.2.2 系统特点

3.2.2.1 负载均衡设计

利用 Nginx 与 Response 结合进行 HTTP 代理服务器设计，实现静态资源与动态资源服务分离，具有负载均衡能力，在带宽固定的情况下可提高平台吞吐率。

3.2.2.2 跨平台可移植

后台服务采用 .NET 技术，使用 C# 语言编写，并与 JQuery 异步通信相结合，平台具有良好的可移植性，可跨平台运行，增强平台部署的灵活性和安全性。

3.2.2.3 SOA 架构易扩展

软件架构设计采用 SOA（面向服务的软件架构），平台框架采用业内最前沿流行的 MVC（Model–View–Controller）设计，实现后台服务、业务逻辑、页面展示相分离，易于进行功能扩展开发与服务发布。

3.2.2.4 云存储数据服务

采用云存储的理念，将资源以文件形式管理、存放，由独立文件服务进行管理，脱离网站平台 WebApp 限制，便于进行资源的扩充、移植、存储及备份。

3.2.2.5 访问高安全性

后台访问页面全部利用过滤器控制，未经登录确认无法访问后台页面，身份验证采用加密存储保护用户安全；所有监测数据的调整与维护，都需经管理员确认控制。

3.2.2.6 移动互联网支持

该系统设计采用业内流行的 Web 前端 CSS 框架——Bootstrap，作为一个 CSS/HTML 框架，具有良好的前端跨平台性，可使前端自适应于 PC、平板、手机、智能 TV 等。

3.2.3 系统设计原则

3.2.3.1 科学性与精确性

系统的建设要在科学的思想与理论指导下应用先进的技术方法加以实现，在研制过程中还要坚持科学严谨的科研态度，确保数据来源和数据输入的准确性和可靠性。

3.2.3.2 易操作性

一个简洁明了且容易操作的系统，用户往往会有很大的兴趣去使用，对于烦琐或者操作上难度比较大的系统，很少用户愿意花费很多心思在上面，所以为了保证用户体验良好，该系统主界面和各个窗口的设置应该简单、实用、直观，易于用户和相关人员操作，并且菜单中内容表示的各项功能都是非常简明的。

3.2.3.3 实用性

在此次开发和系统建设中，要求能够实现基础地理信息数据的基本功能。所以，在设计时不但要考虑到系统中各个层次之间的接口调用，还要兼顾系统后期的维护与升级等问题。因此，应该真正地做到解决问题，本次系统建设是按照用户提出的一系列需求来进行系统模块的设计与开发的，每一个功能模型均具有特定的实际应用功能。

3.2.3.4 可扩展性

在系统的开发过程中，应考虑到后续可能需要添加一些功能或者在原有功能的基础上得到一些完善，所以在设计和开发过程中应该对其进行模块化结构设计，每一个功能模块之间尽可能做到相互独立，尽量降低其耦合性，将系统各个模块之间的影响降到最低，为系统后续升级和维护做好技术支撑。

3.2.3.5 稳定性与安全性

系统的稳定性不仅仅是指系统能够在正常情况下运行，而且还指能在接收错误的指令或者错误的数据格式的情况下运行，在处理错误的数据时应该将其忽略不计，在处理规则之外的操作时应该给予用户相应的提示信息，说明正确的操作规则。在安全性方面，主要保障主机安全、数据库安全和网络安全，通过密码设置、权限控制和网络安全防卫确保系统的安全性。

3.2.3.6 统一性与规范性

为与其他信息数据库接轨，系统设计的信息编码、坐标系统、规范的数据精度与符号系统应统一，建立一个能与规范标准接轨的包括各种属性、图形、图像等数据在内的标准数据库。

3.2.3.7 平台化和业务化原则

系统的建设是一个长期的过程，系统的建设不仅要满足现在的需求，还要能够满足对于业务变更的需要。为使系统具有柔性，动态满足用户的需求，将应用开发平台化，系统的业务粒度最小化，系统以组件的形式提供支持。

3.2.4 系统架构设计

3.2.4.1 系统逻辑架构

考虑到系统需要进行大量的数据处理与展示，为了充分利用计算机资源，同时兼顾数据的安全性，该系统在本次开发与建设中选择B/S模式，采用目前比较成熟的包括表示层、业务逻辑层和数据连接层的三层架构体系，将其进行分离，每个层次都相应地处理各自的业务。系统的三层架构可以使开发的项目结构非常清楚，而且在一定程度上能够迅速地改动业务逻辑层以及添加、删除或者编辑一些监测点新的设备类型等，即实现了“高内聚，低耦合”的思想。

（1）表示层：用户打开客户端能进行可视化操作等一系列应用的界面就是表示层，用户可以在此应用上进行相应的操作以及系统输入输出等。

在设计用户界面层时应该使其尽可能地和业务逻辑层和数据连接层进行分离，这样我们在修改系统的某些功能或者对一些问题进行完善补全时，就不需要对特定的层次进行较大改动，更加方便。用户会在界面进行大量的操作，不同的操作之间在业务逻辑和数据模型上可能会共用相同的代码，此时将表示层和其他两层模型分离出来，当用户进行不同的表示层操作时，可以不用过多地更换业务逻辑和数据模型。

（2）业务逻辑层：在三层架构中，业务逻辑的位置是非常关键的，业务逻辑层位于表示层和数据连接层之间，在数据的使用和交换中有着不可或缺的作用。

用户在界面上的一系列操作或者处理数据等操作都是在业务逻辑层进行的。一方面，在界面中进行相应的输入操作，此时业务逻辑层就需要接收输入的数据，经过一系列的处理然后按照开发协议将结果返回到用户界面。另一方面，在设计开发的系统的业务逻辑法中封装好了大量的方法，这些方法大多都是公共的，几乎大多数操作都需要调用这些方法。如若是与数据库相关联，则此时只需调用分装好的链接数据库的方法，然后在需要的情况下调用数据连接层，将数据封装好返回到表示层，表示层进行解析进而在主界面显示。

在三层架构中，业务逻辑层是最重要的一层，它上面连接表示层，下面连接数据层，处于一个承上启下的作用。在业务逻辑层中可以进行一些代码的封装，这样会使系统的性能得到很大的提高。所以我们在设计时，应该考虑诸多因素，尽量做到“高内聚，低耦合”。

（3）数据连接层：数据连接层主要是用来连接数据库的，主要是对用户请求的数据进行一系列的操作，负责对数据库的访问。有的情况下也称之为持久层，同时也可以访问一些二进制文件和文本文档以及 XML 文档等。一般而言，数据连接层主要就是对开发设计的数据库中的数据表进行一定的增删改查等操作。

当业务逻辑层的逻辑方法需要进行数据的转换操作时，此时业务逻辑层就能调用数据连接层中封装好的方法，一般来说用户在主界面显示层的大多数操作都会涉及数据的交互，此时就会涉及对数据库的操作，如果用户操作过多此时会对数据库的操作比较多，会对数据库中的数据表进行大量的增删改查操作，这就会影响到系统的运行速度，应该进行数据库的优化，例如在数据库中写一些表的存储过程以及进行数据的缓存等。

3.2.4.2 系统物理架构设计

该系统在设计模式上采用 B/S 模式，B/S 开发模式就是常用的浏览器 - 服务端架构，通过 web 浏览器来进入工作界面，极少部分事务逻辑在前端（Browser）实现，主要事务逻辑在服务器端（Server）实现，形成三层（3-tier）结构。这样使得客户端电脑负荷大大简化（因此被称为瘦客户端），减轻了系统维护、升级的支出成本，降低了用户的总体成本（TCO）。目前，所应用的大部分监测预警软件都是基于 B/S 架构来设计开发的。

B/S 模式是对 C/S（Client/Server）结构的一种改进。因为所有的 C/S 结构都是需要在客户端安装本地应用程序后才能使用的，占用了客户端的大量存储空间，造成很多没有必要的浪费。为了改进这一缺陷，B/S 架构的用户工作界面是通过互联网的浏览器来实现的，并且只有很少一部分事务逻辑在客户端浏览器实现，而主要的事务逻辑均在服务器端实现。这样可以大大简化客户端电脑的负荷，也减轻了系统维护与升级的成本，从而达到了降低用户总体成本的目的。

以目前的技术来看，通过互联网建立B/S架构的网络应用程序相对来说更易于把握，而且可以降低成本，用户访问更方便快捷，可以用不同的方式操作共同的数据库，从而更加有效地保护数据平台和管理访问权限。

3.2.5 系统开发技术

3.2.5.1 后台逻辑实现技术

该系统后台逻辑功能的开发与实现，采用了 Asp.Net MVC + Entity Framework 三层架构的技术方式。

(1) MVC：MVC全名是Model View Controller，是模型(Model)－视图(View)－控制器（Controller）的缩写，一种软件设计典范，用一种业务逻辑、数据、界面显示分离的方法组织代码，将业务逻辑聚集到一个部件里面，在改进和个性化定制界面及用户交互的同时，不需要重新编写业务逻辑。MVC 在一个逻辑的图形化用户界面的结构中被独特地发展起来用于映射传统的输入、处理和输出功能。

① MVC 模式同时提供了对 HTML、CSS 和 JavaScript 的完全控制。

② MVC 分层有助于管理复杂的应用程序，使用户可以在一段时间内专门关注一个方面。例如，用户可以在不依赖业务逻辑的情况下专注于视图设计，同时也让应用程序的测试更加容易。

③ MVC 分层同时也简化了分组开发，不同的开发人员可同时开发视图、控制器逻辑和业务逻辑。

(2) Model（模型）：表示应用程序核心（比如数据库记录列表），Model 是应用程序中用于处理应用程序数据逻辑的部分，通常模型对象负责在数据库中存取数据。

(3) View（视图）：显示数据（数据库记录），View 是应用程序中处理数据显示的部分，通常视图是依据模型数据创建的。

(4) Controller（控制器）：处理输入（写入数据库记录），Controller 是应用程序中处理用户交互的部分，通常控制器负责从视图读取数据，控制用户输入，并向模型发送数据。

(5) Entity Framework（实体框架）：

①逻辑：业务逻辑和数据存取逻辑分离开来。

新增操作：Entity Framework 一次连接，执行多条 SQL 语句；而 SqlHelper 里使用一般写法，连接又无法释放，用 using 又会造成多次连接重置。

更新操作：Entity Framework 自动优化，只 update set 有变化的字段，Entity Framework 也可以很方便地只更新实体的指定属性，产生的 SQL 语句里的 set 后的字段会更少。

智能提示：用 linq、lamda 表达式，有智能提示，写错了编译不过；而写 SQL 语句字符串，调 SqlHelper，SQL 语句写错能够编译通过。

②安全：省去了防止 SQL 注入的麻烦。

③数据库变更：使用 EF，切换较方便。

④效率：使用 EF 要比使用 Ado.net 开发效率高。

⑤可读性：代码的可读性更高。

3.2.5.2 前台页面实现技术

（1）HTML + CSS +jQuery：HTML 是超文本标记语言（Hyper Text Markup Language），是 Web 网页的基本组成部分，HTML 中定义的元素，决定了网页的内容和结构；层叠样式表 CSS 决定了如何显示 HTML 元素，JavaScript 决定了如何动态改变 HTML 元素。jQuery 是一个 JavaScript 库，极大地简化了 JavaScript 编程。使用这些工具可以在浏览器端展示出想要界面效果与交互效果。

（2）Bootstrap 框架：Bootstrap 是目前最受欢迎的前端框架，是基于 HTML、CSS、JavaScript 的，内置 JavaScript 插件的组件。它简洁灵活，使得 Web 开发更加快捷。Bootstrap 提供了优雅的 HTML 和 CSS 规范，由动态 CSS 语言 Less 写成。Bootstrap 提供了一个带有网格系统、链接样式、背景的基本结构，包含的内容如下：

① CSS：全局的 CSS 设置、定义基本的 HTML 元素样式、可扩展的 class，以及一个先进的网格系统。

②组件：包含了十几个可重用的组件，用于创建图像、下拉菜单、导航、警告框、弹出框等。

（3）JavaScript 插件：包含了十几个自定义的 jQuery 插件。用户可以直接包含所有的插件，也可以逐个包含这些插件。用户可以定制 Bootstrap 的组件、LESS 变量和 jQuery 插件来得到满足自己需求的版本。

（4）Ajax + ASHX：Ajax 是一种在无需重新加载整个网页的情况下，能够更新部分网页的技术，通过在后台与服务器进行少量数据交换，Ajax 可以使网页实现异步更新。这意味着可以在不重新加载整个网页的情况下，对网页的某部分进行更新。传统的网页（不使用 Ajax）如果需要更新内容，必须重载整个网页页面。

一般处理程序（Http Handler）是 .NET 众多 Web 组件的一种，ashx 是其扩展名。一个 http Handler 接受并处理一个 http 请求，类比于 Java 中的 Servlet。在 .Net 中需要实现 IHttpHandler 接口，这个接口有一个 IsReusable 成员，一个待实现的方法 ProcessRequest（HttpContextctx）。程序在 ProcessRequest 方法中处理接受到的 Http 请求。成员 IsReusable 指定此 IHttpHandler 的实例是否可以被用来处理多个请求。.ashx 程序适合产生供浏览器处理的、不需要回发处理的数据格式，例如用于生成动态图片、动态文本等内容。

3.2.6 系统开发方法

3.2.6.1 面向对象程序设计

面向对象程序设计（Object-Oriented Programming，OOP）是一种起源于20世纪60年代的Simula语言。在面向对象程序设计中，程序被看作是相互协作的对象集合，每个对象都是某个类的实例，所有的类构成一个通过继承关系相联系的层次结构。面向对象的语言常常具有对象生成功能、消息传递机制、类和继承机制特征。

OOP中功能是通过与对象的通信获得的。对象可以被定义为一个封装了状态和行为的实体，或者说是数据结构（或属性）和操作。状态实际上是为执行行为而必须存于对象之中的数据或信息。对象的接口，也可称之为协议，是一组对象能够响应的消息的集合。消息是对象通讯的方式，因而也是获得功能的方式。对象收到发给它的消息后，或者执行一个内部操作（有时称为方法或过程），或者再去调用其他对象的操作。所有对象都是类的实例，或者说类是可用于产生对象的一个模板。类由属性名的集合、操作的集合和性质的集合组成。类的属性名规定了类中对象属性的取值范围，类的操作是类中对象共同具有的行为以及类自身所特有的行为，类中的限制指出类中对象应满足的约束条件。对象响应一个消息而调用的方法，由接受该消息的对象自己决定。类以一种层次结构来安排，在这个层次结构中，子类可以从比它高的超类中继承得到状态和方法。在某些语言中，一个给定的类可以从不止一个超类中继承，称之为多继承。如果采用动态链接，继承就导致了多态性。多态性描述的是如下现象：如果几个子类都重新定义了超类的某个函数（都用相同的函数名），当消息被发送到一个子类对象时，在执行时该消息会由于子类确定的不同而被解释为不同的操作。方法也可以被包括在超类的接口中被子类继承，而实际上并不去真正定义它。这样的超类也叫抽象类。抽象类不能被实例化，只能被用于产生子类。概括而言，对象或者类实际上有3个重要的特性。

（1）封装性（Encapsulation）：按照面向对象编程的原定义，封装性是指隐藏类所支持和实施抽象所作的内部工作过程，封装可以避免许多维护问题。如果一个基本数据类型的结构被修改了，除类中访问该数据的方法代码外，软件系统的其余部分是不受影响的，因此改变一个类的实现，丝毫不影响使用这个类的应用程序，从而大大减少了应用程序出错的可能性。

（2）继承性（Inheritance）：类支持层次结构，假设从类A出发派生新的类B，类B为类A的派生类，类B继承了类A的全部行为和状态，并可添加自己的成员变量和成员函数。继承机制所带来的最大优势在于使软件系统非常容易扩充，程序员不仅可以直接使用各种已有的类，还可以从这些类方便地派生出新的类，以实现特殊的功能，这大大降低了软件开发的复杂性和费用，同时也使软件开发在系统中出错的可能性大大减少。

（3）多态性（Polymorphism）：多态性包括运行时的多态和编译时的多态。运行时的多态是指类和对象在软件运行时，根据不同对象的实例调用不同对象的方法和属性的一种特性。根据函数所传递的参数的不同而调用对象不同的函数的情形称之为编译时多态。

3.2.6.2 组件开发技术

组件（Component）开发技术是将软部件组合起来开发应用的软件或技术，它是为适应软件行业的工业化趋势而产生的，其关键技术包括数据交换模型、自动化、结构化存储和基本对象模型。本质上它是面向对象程序设计技术的深化与提高，因此在与面向对象开发技术上有许多共同之处，但是差别也比较明显，主要表现在面向对象程序设计开发的软件重用有制约：一是面向对象编程可重用仅限于源代码，因此使用的编程语言和编译程序不同，就不能做到软件重用；二是面向对象一般难以掌握。

组件开发技术具有 3 个比较显著的特点：

（1）以图表等可视方式提供软部件，直观地理解软部件的功能和作用，开发人员可以方便地应用它组成自己的应用系统。

（2）组合软部件的规格以标准方式实现，可以将多个人员或软部件供应商生产的部件组合起来构建系统，因部件不足而被迫编码的情况很少。

（3）不依存于以前的程序语言，可以方便地处理软部件，构成组件的软部件由于不是以源代码，而是以二进制方式提供，因此不需要汇编等繁杂的工作，可马上执行组合的软部件，随意改变软部件的情况减少，这在可靠性方面是十分重要的。组件开发技术使程序的编码工作大大减少，因为是独立维护，可以稳定应用软件的质量，将核心技术部件化。

组件式对象模型（Components Object Model，COM），是上述组件开发思想的具体体现，它不仅定义了组件程序之间进行交互的标准，而且也提供了组件程序运行所需要的环境。COM 本身要实现一个称为 COM 库（COM library）的 API，它提供诸如客户对组件的查询，以及组件的注册／反注册等一系列服务，一般来说，COM 库由操作系统加以实现，主要应用于 Microsoft Windows 操作系统平台上。COM 作为一种二进制标准，定义了组件对象之间基于这种技术标准进行交互的方法。本质上 COM 仍然是客户／服务器模式，客户（通常是应用程序）请求创建 COM 对象并通过 COM 对象接口操纵 COM 对象，服务器根据客户请求创建并管理 COM 对象。组件式技术是现今软件技术发展的潮流，它的优点是具有高度的重用性和互用性，涉及应用程序构成的各个方面，对应用程序的开发产生很大的影响。目前基于 Microsoft 的 COM/DCOM 规范业已成为业界事实上的标准。

3.2.6.3 组件式 GIS

组件式软件技术已经成为目前软件技术的潮流之一，为了适应这种潮流，GIS 软件也像其他软件一样逐渐开始采用组件式软件技术。采用了组件技术的 GIS 软件业称为

COMGIS，它的指导思想就是把GIS各大功能模块根据性质的不同划分为一个或几个控件，每个控件完成特定的功能。各个GIS控件之间，以及GIS控件与其他非GIS控件之间，可以方便地通过面向对象的可视化开发工具集成起来，根据需要把实现各种功能的“积木”搭建起来就构成面向特定应用的GIS应用系统。

组件式GIS是基于组件对象平台，以一组具有某种标准通信接口，允许跨语言应用的组件，是一种全新开发工具，同传统的GIS比较，这一技术有多方面的特点。

（1）高效无缝系统集成：GIS应用系统建设实际上是对GIS数据、基本空间处理功能与各种应用模型进行集成。各种资源和设施管理GIS应用更是要求GIS和MIS乃至办公自动化（OA）有机结合，这对GIS系统集成方案提出了很高的要求。传统的GIS软件在系统集成上都存在缺陷。组件式GIS不依赖于某一种开发语言，可以嵌入通用的开发环境（如Visual Basic或Delphi）中实现GIS功能，专业模型则可以使用这些通用开发环境来实现，也可以插入其他的专业性模型分析控件。因此，使用组件式GIS可以实现高效、无缝的系统集成。

（2）无须专门GIS开发工具和语言：传统GIS往往提供独立的二次开发语言，如Arc/Info的AML、MGE的MDL、MapInfo的MapBasic等。对GIS基础软件开发者而言，设计一套二次开发语言是不小的负担，同时二次开发语言对用户和应用开发者而言也存在学习上的负担。而且使用系统所提供的二次开发语言，开发能力往往受到限制，难以处理复杂问题。组件式GIS则不需要专门的GIS二次开发语言，只需实现GIS的基本功能函数，按照组件标准开发接口。这有利于减轻GIS软件开发者的负担，而且增强了GIS软件的可扩展性。GIS应用开发者不必掌握专门的GIS开发语言，只需熟悉基于Windows平台的通用集成开发环境以及组件式GIS各个控件的属性、方法和事件，就可以完成应用系统的开发和集成。目前，可供选择的开发环境很多，如Visual C++、Visual Basic、Visual FoxPro、Delphi、C++Builder以及Power Builder等都可以直接作为GIS的开发工具，这与传统GIS专门性开发环境相比是一种质的飞跃。

（3）大众化：组件式技术已经成为业界标准，用户可以像使用其他ActiveX控件一样使用组件式GIS控件，使非专业的普通用户也能够开发和集成GIS应用系统，推动了GIS大众化进程。组件式GIS的出现使GIS不仅成为专家们的专业分析工具，同时也成为普通用户对地理相关数据进行管理的可视化工具。

（4）成本低：由于传统GIS结构的封闭性，往往使得软件本身变得越来越庞大，不同系统的交互性差，系统的开发难度大。组件式GIS提供空间数据的采集、存储、管理、分析和模拟等功能，至于其他非GIS功能（如关系数据库管理、统计图表制作等）则可以使用专业厂商提供的专门组件，有利于降低GIS软件开发成本。另一方面，组件式GIS本身又可以划分为多个控件，分别完成不同功能。用户可以根据实际需要选择所需控件，最大限度地降低用户的经济负担。

4. 青稞种植决策系统

4.1 系统基本功能

该系统包括用户注册与登录、地理数据检索与下载、地理数据资源展示、空间数据查询与展示、区划决策规划、图件制作与导出等功能模块，其中，区划决策规划是该系统的核心功能，同时具备 GIS 系统相应的基本功能模块。

4.2 系统功能模块设计

该系统基于 WEB GIS 平台——在线天地图，采用 C# 编程的方式解决了系统建设所面临的海量数据繁琐分析和运算效率较低的问题，同时借助 C# 将相关信息存入数据库，以供前台展示系统读取并可视化展示。整个系统的开发采用了多线程并发执行的思想，以提高系统的工作性能。此外，为了使得该系统更具普适性，根据系统的设计模式及其逻辑模块，在系统中还嵌入了一些常用的 GIS 功能模块，如地图漫游、地图缩放、地图比例尺等。

该系统主要有七大模块。包括：用户管理模块、数据检索模块、数据资源模块、属性查询模块、模型库模块、决策区划模块、后台管理模块。

4.2.1 用户管理模块

用户需要向管理员申请才能访问该系统。在新用户注册时，需要输入一些基本信息项目：如用户名称、密码、确认密码、单位名称。新用户注册完成以后，需要等待系统管理员在审核通过以后，才可以使用注册的账号登录系统。新用户注册时，需要选择用户类型，有普通用户和管理员用户两种类型。普通用户只能使用前端展示系统，而管理员用户既可以使用前端展示系统，也可以使用后端管理系统，只是需要在登录时选择相应的用户类型即可。

4.2.2 数据检索模块

数据检索模块提供了西藏高海拔边境地区基础地理数据的下载功能，由于西藏边境地区的敏感性，目前仅仅开放了分辨率较粗的数字高程模型、土地利用类型、土壤类型、土地资源分区和行政区划的检索和下载功能。注册用户可以根据需要，根据相应的数据类型和特定的行政区域，下载相对应的数据。

4.2.3 数据资源模块

数据库包含土地利用数据、数字高程模型、土壤类型、气候数据、水文水资源、行政区划、交通道路等基础地理数据资源模块。

4.2.4 属性查询模块

属性查询模块根据用户对数据查询的需求，具有属性查询、空间查询等多种方式的查询功能。用户可根据输入的条件，查询不同数据的空间分布情况。同时，查询检索模块还有导出检索数据的功能。查询检索功能模块可调用相应的SuperMap iClient for JavaScript的API接口实现。属性查询可以按行政区划查询，可通过选择地级市（全部、某个）和县（区）（全部、某个）查询检索出相应行政区划的相关数据信息，检索结果高亮展示出来。

4.2.5 模型库模块

影响青稞生长的环境条件包括大于0℃的积温、大于5℃的积温、海拔高程、日照时长、降水等因素。不同的青稞种植区划模型取决于考虑的不同环境因素的组合。因此，模型库模块则提供了不同环境因素组合形成的判决条件，包括大于0℃的积温模型、大于5℃的积温模型、大于0℃的积温和海拔高程模型、大于5℃的积温和海拔高程模型等多种模型。模型库模块提供了不同模型的具体参考参数，用户也可以根据研究的结果和实际经验，修改这些参数。

4.2.6 决策区划模块

决策区划模块是该系统的核心模块。决策区划根据用户考虑的影响青稞生长的环境要素，判决青稞种植适宜区域，这要求不同的环境数据通过空间叠加分析来实现。考虑的不同环境因素对应不同的决策区划模型，包括大于0℃的积温模型，大于5℃的积温、海拔高程、降水等因素。其中，大于0℃的积温模型和大于5℃的积温只能选择一种因素，而海拔高程和降水则可以选择多种因素。因为青稞只能种植在耕地里面，所以土地利用类型已经限定在水田和旱地，不用再次判别。

4.2.7 后台管理模块

后台管理模块主要是对土地利用数据、土壤类型数据、行政区划数据、交通道路数据、水文水资源数据、气候数据、行政区划数据、植被类型数据、自然区划数据等基础地理数据和系统用户数据（管理员和普通用户）进行管理与维护操作，如新增、删除、编辑、保存和查询等。

4.3 系统界面设计

4.3.1 登录与注册

具体功能详见4.2.1用户管理模块。

4.3.2 工具导航栏

工具导航栏位于系统地图显示区的右上部，用于对地图的移动和导航，工具导航栏又包括全幅显示、放大、缩小、平移、距离测量、面积测量和清除工具。

4.3.3 地图显示区

地图显示区主要是展示被选中数据的边界地图轮廓，使用高亮线条表示边界范围。

4.3.4 地图组件

地图组件主要是比例尺、指北针、空间量算以及地图图层切换等组件。图层切换选项有影像图、地形图、道路图 3 种图层可选。

4.3.5 子图层控制

子图层控制用于控制当前操作的数据，子图层具体包括土地利用数据、土壤类型数据、行政区划数据、交通道路数据、水文水资源数据、气候数据、行政区划数据、植被类型数据、自然区划数据。

4.3.6 数据检索

用户首先根据需要选择需要检索下载的数据类型，然后选择相应的行政区划范围，最后点下载按钮，就可以下载相应的数据。具体功能详见 4.2.2 数据检索模块。

4.3.7 数据资源

数据资源提供对土地利用数据、数字高程模型、土壤类型、气候数据、水文水资源、行政区划、交通道路等基础地理数据的详细描述，包括数据的来源、数据的范围、数据的投影和比例、数据类型以及数据的分类系统及数据属性的具体意义，以便于用户了解数据的元数据。操作中，点击左侧的数据类型，便弹出相应数据的描述。

4.3.8 数据查询

属性查询根据用户对数据查询的需求，具有属性查询、空间查询等多种方式的查询功能。用户可根据输入的条件，查询不同数据的空间分布情况。属性查询可以按行政区划查询，可通过选择相应的区域、信息，查询检索出相应行政区划的相关数据信息，检索结果高亮展示出来。

用户首先根据需要选择需要查询数据类型，然后选择相应的行政区划范围，满足条件的数据就会高亮显示在地图区。

4.3.9 模型库

模型库模块则提供了不同环境因素组合形成的判决条件，包括大于 0℃的积温模型，大于 5℃的积温模型、大于 0℃的积温和海拔高程模型、大于 5℃的积温和海拔高程模型等多种模型。点击左侧的模型，便弹出相应数据的描述。

4.3.10 决策区划

在决策区划左侧，用户首先选择作物的各类，然后根据所要进行区划决策的模型，设置对应的参数。具体功能详见 4.2.6 决策区划模块。

4.3.11 后台管理

具体功能详见 4.2.7 后台管理模块。

4.4 数据库设计

数据库主要用于存储数据，系统的所有数据都会保存在数据库中，数据库在该系统占有非常重要的地位，合理的数据库设计将提高数据存储的效率，方便数据的管理。数据库采用的是 GEO databse 和 SQL Server，GEO databs 和 SQL Server 能够满足如今的商业环境要求不同类型的数据库解决方案，具有用于决策支持的数据仓库功能、与许多其他服务器软件紧密关联的集成性、良好的性价比，综合来看适合当前环境下系统的开发。

4.4.1 数据类型设计

数据库设计是系统建设成败的关键。为了高效查询和分析数据，需要对原始监测数据进行组织和分析。该系统的所有数据都存储在服务器端的数据库中，分为空间数据和属性数据，需要强大的基础数据库支持。数据库中的主要内容包括地形、土地利用、水系、交通网等内容。数据库中的这些数据皆为地理信息分为矢量数据和栅格数据两大类。矢量数据通常用坐标来定义空间实体，它能够用最小的存储空间精确地表达地理事物的几何位置。在矢量数据中，地理事物被分成了三类：点、线、面。

4.4.1.1 点数据

点数据表达的是没有面积和长度的地理实体，它用一对 x，y 坐标定位地理事物。事物的其他与位置无关的属性信息记录在其属性数据库中。该系统中的点数据主要有气象台站等。

4.4.1.2 线数据

线数据表达的是那些有长度变化而没有或者可以忽略宽度变化的地理实体。线数据由多个坐标点连接而成，表现为一组前后关联的（x，y），可以用来表现河流、道路、政区边界等。该系统中的线数据类型主要有：河流、政区边界、交通道路等。

4.4.1.3 面数据

面数据表达现实世界中具有一定空间展布和面积的地理实体，如湖泊、水库、岛屿、地块、地层等。它由封闭曲线所包围的区域来表示，并与相邻的区域有着明确的位置关系。该系统中的面数据主要包括：土地利用数据、土壤类型数据、行政区划数据、行政区划数据、植被类型数据、自然区划数据等。

4.4.1.4 栅格数据

栅格数据通常用来表达空间上连续分布的现象或事物，通过将所表达现象或者事物离散为规则的单元格来描述。栅格数据的栅格单元大小对于事物表达精度有着决定性的影响，栅格单元越大，表现事物或者现象的精度越低，反之则精度高，但同时数据所需的存储空间也会随之迅速提高。

栅格数据另一个重要的特点是每个栅格中的像元的位置被预先确定，所以非常容易进行重叠运算以比较不同图层中所存储的特征，可以方便地进行地图代数的运算，这也是目前 GIS 空间分析的主要方式。该系统中的栅格数据主要有研究区 DEM 数据等。

4.4.1.5 矢量数据

矢量数据一般通过记录坐标的方式来尽可能地将地理实体的空间位置表现得准确无误。矢量数据可提供有效的拓扑编码，图形输出美观，但叠加操作较困难，难以表达地理信息的空间变化性。

矢量数据和栅格数据均是地理信息的有效表达方式，并且各具优缺点。栅格数据的结构简单，容易实现图形的叠加操作，能有效表达地理信息空间可变性，但是其数据结构不严密，不紧凑，难以表达图形的拓扑关系，图形输出不美观。在需要的时候，两种数据结构可以相互转换。

在设计使用的系统中，两种数据结构都被使用，既可以满足复杂的图形叠加计算和空间数据分析，也可以满足制图等操作的需要。

4.4.2 数据库物理模型设计

数据库物理数据模型（Physical Data Model，PDM）可以由概念数据模型生成，提供系统初始设计所需要的基础元素以及相关元素之间的关系，数据库的物理设计阶段必须在此基础上进行详细的后台设计，包括数据库的存储过程、操作、触发、视图和索引表等。系统的 PDM 由 CDM 生成，可以根据 PDM 直接得到对应数据库管理系统的 SQL 代码。基于上述数据库物理模型的设计，得到数据库的各个数据表。

4.4.3 数据库表设计

4.4.3.1 用户数据表

字段名	中文字段名	数据类型	长度	主外键	说明
id	索引	int		主	自增长
UserName	登录名	nvarchar	50		非空
UserPwd	登录密码	nvarchar	50		非空
UserAuthorit	用户权限	Int			非空

4.4.3.2 交通道路

字段名	中文字段名	数据类型	长度	主外键	说明
id	索引	int		主	自增长
Scale	级别	nvarchar	50		非空
Name	名称	nvarchar	50		非空
Width	宽度	float			非空

4.4.3.3 行政区划

字段名	中文字段名	数据类型	长度	主外键	说明
id	索引	int		主	自增长
Area	面积	float			非空
Length	周长	float			非空
Scale	级别	nvarchar	50		非空
Name	名称	nvarchar	50		非空
Width	宽度	float			非空
Namedistict	地区名	nvarchar	50		非空
DistictBG	地市 GB	nvarchar	50		非空
Nameconuty	县名	nvarchar	50		非空
GonutyGB	县 GB	nvarchar	50		非空
Nametown	乡镇名	nvarchar	50		非空
TownGB	乡镇编码	nvarchar	50		非空

4.4.3.4 气象数据

字段名	中文字段名	数据类型	长度	主外键	说明
id	索引	int		主	自增长
Stationid	区站号	nvarchar	50		非空
Province	省名称	nvarchar	50		非空
Station	站名称	nvarchar	50		非空
Category	站类别	nvarchar	50		非空
Altitude	观测场海拔	nvarchar	50		非空
Longitude	经度	nvarchar	50		非空
latitude	纬度	nvarchar	50		非空
lgt0	0℃积温	float			非空
lgt0	5℃积温	float			非空
rainfall	降水	float			非空

4.4.3.5 土地利用类型

字段名	中文字段名	数据类型	长度	主外键	说明
id	索引	int		主	自增长
Name	名称	nvarchar	50		非空
Area	面积	float			非空
Length	周长	float			非空

4.4.3.6 土地资源分区

字段名	中文字段名	数据类型	长度	主外键	说明
id	索引	int		主	自增长
Name	名称	nvarchar	50		非空
Area	面积	float			非空
Length	周长	float			非空
Gradeone	一级分区	nvarchar	50		非空
Gradetwo	二级分区	nvarchar	50		非空

4.4.3.7 土壤类型

字段名	中文字段名	数据类型	长度	主外键	说明
id	索引	int		主	自增长
Name	名称	nvarchar	50		非空
Area	面积	float			非空
Length	周长	float			非空
Class	类	nvarchar	50		非空
Subclass	亚类	nvarchar	50		非空

4.4.3.8 植被类型

字段名	中文字段名	数据类型	长度	主外键	说明
id	索引	int		主	自增长
Name	名称	nvarchar	50		非空
Area	面积	float			非空

续表

字段名	中文字段名	数据类型	长度	主外键	说明
Length	周长	float			非空
Class	一级分类	nvarchar	50		非空
Subclass	二级分类	nvarchar	50		非空

4.4.3.9 自然区划

字段名	中文字段名	数据类型	长度	主外键	说明
id	索引	int		主	自增长
Name	名称	nvarchar	50		非空
Area	面积	float			非空
Length	周长	float			非空
Class	一级分区	nvarchar	50		非空
Subclass	二级分区	nvarchar	50		非空

西藏自治区青稞种植区划决策系统融合多源数据，通过现代遥感技术和地理信息系统技术及地理大数据的方法和手段，实现了边境地区行政区划、交通道路、数字高程模型、土地资源、气候资源、水文资源、土壤资源、自然区划等数据资源的统一规范、有效整合、补充、构建了全方位、多尺度的边境地区基础地理信息数据库，构建开发了数据库管理及青稞种植决策系统。该系统可以提供地理数据检索与下载、地理数据资源展示、空间数据查询与展示、区划决策规划、图件制作与导出等功能模块，其中，区划决策规划是系统的核心功能，同时具备 GIS 系统相应的基本功能模块。在实用性方面，有效支撑了高海拔边境地区青稞绿色增产的宏观决策和规划管理。系统决策的可靠性取决于西藏农业生产数据资源的积累，数据量越大、数据分类越细、数据越完整，系统的准确性、科学性就越高，对实际区域就更加有意义。